本著作获"中国政法大学科研创新项目资助（24KYHQ001）"
本著作获"中央高校基本科研业务费专项资金资助"（Supported by "the Fundamental Research Funds for the Central Universities"）
本著作系中国政法大学青年拔尖人才培养支持计划研究成果

严宽之变：
清代科场罢考问题研究

GOING ON STRIKE:
COLLECTIVE UNREST IN THE CIVIL SERVICE EXAMINATIONS
DURING THE QING DYNASTY

王学深 ◎ 著

中国政法大学出版社

声　　明　　1. 版权所有，侵权必究。

　　　　　　2. 如有缺页、倒装问题，由出版社负责退换。

图书在版编目（CIP）数据

严宽之变：清代科场罢考问题研究 / 王学深著.
北京：中国政法大学出版社，2025. 6. -- ISBN 978-7-5764-2089-0
Ⅰ. D691.349
中国国家版本馆 CIP 数据核字第 2025VZ4859 号

出 版 者	中国政法大学出版社
地　　址	北京市海淀区西土城路 25 号
邮寄地址	北京 100088 信箱 8034 分箱　邮编 100088
网　　址	http://www.cuplpress.com（网络实名：中国政法大学出版社）
电　　话	010-58908441（编辑室）58908334（邮购部）
承　　印	保定市中画美凯印刷有限公司
开　　本	720mm×960mm　1/16
印　　张	15.25
字　　数	250 千字
版　　次	2025 年 6 月第 1 版
印　　次	2025 年 6 月第 1 次印刷
定　　价	68.00 元

目 录

绪 论 ·· 001
 第一节 研究背景与名词界定 ·· 001
 第二节 学术史回顾 ·· 014
 第三节 史料运用 ·· 018
 第四节 本书架构 ·· 019

第一章 清代科场罢考问题概述 ·· 022
 第一节 清代以前士子群体行为概述 ···································· 022
 第二节 清代科场罢考的量化分析 ·· 028
 第三节 清代科场罢考原因概述 ·· 035
 第四节 清代科场罢考的规模与发动网络 ····························· 049
 本章结语 ··· 057

第二章 清前期朝廷对科场罢考问题的应对 ························· 059
 第一节 清代顺治、康熙年间对士子群体扰乱科场的处理 ··· 059
 第二节 康熙末年科举场域内的保官与留官罢考 ················· 062
 第三节 雍正朝的统治策略与对科场罢考的严厉惩处 ·········· 066
 第四节 雍正朝对于科场罢考问题律令的出台 ····················· 072
 第五节 乾隆朝的罢考案与乾隆帝对士子罢考处罚的态度 ··· 078
 本章结语 ··· 089

第三章　嘉庆朝统治危机与官方应对罢考事件策略的转变 …… 091
第一节　嘉庆危机 …… 091
第二节　嘉庆朝对罢考事件的态度与应对 …… 098
第三节　19世纪科场罢考事件处罚原则的转变：由责士转向责官 …… 116
第四节　嘉庆朝以后地方官员对科场罢考的应对 …… 126
本章结语 …… 130

第四章　19世纪地方精英对罢考事件的发声 …… 131
第一节　19世纪地方士人对罢考的发声、支持与回忆 …… 131
第二节　科场罢考事件在19世纪地方志中的叙述 …… 147
第三节　新旧并存——19世纪科场罢考事件的传播与舆论空间 …… 154
本章结语 …… 166

第五章　对抗与妥协：19世纪地方精英对罢考事件的介入 …… 168
第一节　19世纪下半叶的平衡木效应 …… 168
第二节　"官"与"非官"的博弈——科场罢考 …… 180
本章结语 …… 194

结　语 …… 196
第一节　阶层与可控性张力 …… 196
第二节　清代19世纪的统治 …… 198

附　录 …… 201

参考文献 …… 206

图表目录

一、表格目录

表 1-1	明代士子群体集体性事件	024
表 1-2	清代士子罢考事件府属分布统计	032
表 1-3	1846 年银钱比例	045
表 3-1	嘉庆四年（1799 年）江苏吴县士子罢考事件时序表	100
表 3-2	清代顺治、乾隆、嘉庆三朝处理士子罢考对比	102
表 3-3	雍正、乾隆、嘉庆、光绪四朝关于涉事罢考的地方官员的处罚规定	119
表 3-4	地方志对 19 世纪罢考事件"调解处理"的记载	127
表 4-1	地方精英记载吴县士子科场罢考案一览	143
表 4-2	嘉庆四年（1799 年）吴县士子群体罢考案二十五名参与者家世背景	144
表 4-3	中国数字方志库与中国方志库所收录的 18 世纪各版本地方志中关于士子罢考的记述	148
表 4-4	中国数字方志库与中国方志库所收录的 19 世纪各版本地方志中对士子罢考的记述	149
表 5-1	涉及士子罢考的 33 处州县职官任期转变情况	171

表5-2 乾隆时期与1850—1900年间广东、江苏、浙江三省新建书院对比 …………………………………………… 176

表5-3 "江南民团"主要人物、功名情况及朝廷封赠 …………… 185

二、插图目录

图1-1 《清实录》载士子群体罢考、闹考统计 …………… 029

图1-2 清代91次科场罢考事件趋势图 …………………… 029

图1-3 清代每20年等分科场罢考事件趋势图 …………… 030

图1-4 1801—1804年间浙江省粮价波动图 ……………… 044

图2-1 清代县学卧碑 ……………………………………… 060

图3-1 1723—1898年清代财政存银趋势图 ……………… 092

图4-1 信息传播与教育、权力的关系 …………………… 154

绪　论[1]

第一节　研究背景与名词界定

一、名词界定

清代科场罢考是指为表达诉求和谋取群体利益，本应参加科举考试的士子却群体性拒绝考试并时常伴有后续行为的科场事件。在清代以前的史料中几乎没有关于科场罢考的记述，直到雍正朝，清政府才将罢考视为一种严重的科场群体行为，将其直接纳入朝廷的管控之下。科场罢考不仅是清代特殊的士子抗议方式，而且是一种管窥中央和地方之间张力关系的新途径。本著作不仅要考察清代士子科场罢考的形式和主要特点，更希望以此为切入点，阐释国家对基层科场的管控措施和治理，揭示出朝廷应对罢考问题的"严宽之变"，从而体现出在18、19世纪之交，国家管控模式和统治方式的变化。更为直接地说，本著作的论述核心是通过清政府对于罢考士子态度与处罚力度的强弱转化，朝廷对待罢考问题由责士向责官策略的转变，地方士人对罢考的态度由静默到发声，再到直接介入罢考案判决、施加影响，展现出中央与地方像平衡木的两端，在18、19世纪发生了权力关系的转换。

---

[1] 本著作系在本人2018年新加坡国立大学博士论文《清代科场士子群体罢考问题研究》(Going on Strike: Collective Unrest in the Civil Service Examinations During the Qing Dynasty) 基础上修订完成。部分先期成果以论文与著作章节形式公布。参见《"凌辱斯文"与清代生员群体的反抗——以罢考为中心》，载《清史研究》2016年第1期；《清前期基层管控视域下的科场罢考案与律法适用》，载《清史研究》2022年第2期；《清代科举制度史论稿》，中国政法大学出版社2024年版。

严宽之变：清代科场罢考问题研究

在这种权力关系的动态转换过程中，科场成为双方角力的平台，而罢考则成为双方张力关系的体现。雍正、乾隆两朝对科举和士子治理的趋严转变、管控力度加强以及相应律令的适用与升级，使得罢考问题在雍乾时期得到快速而有效的控制，展现出清前期朝廷对科场治理的有效性。然而，伴随着嘉庆初年面临的一系列危机，朝廷在不改变律法的前提下采用了和雍乾时期不一样的方式应对科场罢考问题。本著作的研究反映出，自19世纪初始，由于朝廷经济状况快速恶化，急于应对各种危机，朝廷触手逐渐从地方回缩，让渡出部分权力给地方精英，从而释放出地方力量以维系统治。在因应的权力格局调整背景下，地方精英们得以发挥更强的能动性，并围绕科场罢考案件展开中央与地方、官与非官群体的博弈与妥协，进而在危机重重的19世纪保证清朝统治上的"长治久安"。本著作对清代科场罢考问题的研究体现出清代国家基层管控策略动态调整与科场治理的效果。

清代士子罢考以群体性表达不满为主导，以希图获得利益为目的，士子们一同行事，以期法不责众。[1]与之同时，科场罢考也是尚未出仕的非官群体与各级官员之间，地方社会与中央和省府之间的一种互动行为，故而从这一角度来看，士子群体罢考体现了一种社会互动的结果。[2]为了更好地了解清代科场罢考这种集体行为，需要率先定义几个关键词。

首先，本著作中"清代"一词的研究跨度涵盖了有清260年，即以清初顺治三年（1646年）科举制度完全恢复为起点，至光绪三十一年（1905年）正式废除科举制为终点。下文所提及的清前期，指顺治三年（1646年）至乾隆六十年（1795年）；清后期，指嘉庆元年（1796年）至光绪三十一年（1905年）。"科场"在本著作中是指涵盖县试及其以上各层级科举考试的场域，包括童生试、岁科两试、乡试、会试、殿试等。但是，这并非意味着在清代各层级考试中均会出现罢考行为。就目前所收集的资料而言，罢考事件多发于生员的岁科两试和童生的院、府、县试阶段。

其次，"士子"是科场罢考的主体，在本著作中涵盖了童生、生员、监生、贡生、举人、进士等以追求科举功名为目标的读书人和功名持有者。本

---

[1] 这种行为可以借用西方社会史学家查尔斯·蒂利（Charles Tilly）提出的"群体行为"（collective action）来理解，即人们为追求共同权益而聚集行动。参见 Tilly, Louise A. and Tilly, Charles, *Class Conflict and Collective Action*, Sage Publications, 1981, p. 17.

[2] 燕道成：《群体性事件中的网络舆情研究》，新华出版社2013年版，第21页。

绪 论

著作对"士子"的界定与詹姆斯·M. 波拉切克（Polachek, James M.）所界定的"士"的范围类似，即"所有持有或追求科举功名的低级别科举精英，或者对朝廷事务持有意见者",[1]均可纳入"士子"的范围。在巫仁恕对于明清都市民变的研究中，也有类似的描述。他将举人以下、童生以上的所有读书人纳入"士阶层"，强调他们在集体行为中的主导者身份。[2]简而言之，因为参与科举考试这一行为本身已经代表了一种身份的界定，所以在中华帝制晚期，所有参与科举考试的成员均可称为士子。

再其次，本著作研究的是士子群体的科场罢考行为，以及官方对这种行为的管控、应对与态度，由于个人原因的弃考不在本著作研究之列。清代地方社会中士子的个人特权与力量是微不足道的，他们更多凭借群体力量或优势，以集体行事的方式向地方和中央施压，而罢考正是这种群体行为中的典型代表。恰如瞿同祖对于清代地方生员的描述：他们的权力或力量主要来源于集体团结和集体行动，比如联名请愿或集体罢考。[3]笔者所收集的资料显示，清代科场罢考以百人以上为多见，多者可达近千人。正因如此，《大清律例》卷19《兵律·军政·激变良民》，将四五十人定性为士子群体罢考的参照和判罚依据。据载：

"直省刁民，假地方公事，强行出头，逼勒平民，约会抗粮，聚众联谋，敛钱构讼，及借事罢考罢市，或果有冤抑不于上司控告，擅自聚众至四五十人，尚无哄堂塞署，并未殴官者，照光棍例，为首拟斩立决；为从，拟绞监候。如哄堂塞署、逞凶殴官，为首斩决枭示。其同谋聚众，转相纠约，下手殴官者，拟斩立决。其余从犯俱拟绞监候。被胁同行者，各杖一百。"[4]

最后，本著作研究的核心词——罢考，在科举领域内专指本应参加科举考试的士子群体性地拒绝参加科考，有时甚至阻碍其他士子参考，并经常性地发展至哄闹官衙、殴打学官的暴力性群体行为。但实际上，以上定义是笔者根据史料研究总结得出的。可以说，无论在清代，还是在当代，都没有对

---

[1] Polachek, James M., *The Inner Opium War*, Harvard University Asia Center, 1992, p. 20.
[2] 巫仁恕著，[日]吉田建一郎译：《明清都市民变研究的再检讨——集合行动的角度从》，载[日]山本英史编：《近世の海域世界と地方统治》，汲古书院2010年版，第106—107页。
[3] 瞿同祖著，范忠信、晏锋译：《清代地方政府》，法律出版社2003年版，第300—301页。
[4] 张荣铮、刘勇强、金懋初点校：《大清律例》卷19，天津古籍出版社1993年版，第311页。

"罢考"一词专有、统一、权威的界定。纵观雍正朝以前的各种官、私版本的史料，几乎没有对于科举领域"罢考"一词的定义，与之相近的"罢举"一词也极少出现在各种典籍中，"罢考"更多是对行政领域内"罢考功""罢考课""罢考满"的一种简易描述。直到雍正帝在位期间，清代中央政府才将"罢考"视为科场内一种严重的群体行为，直接纳入朝廷管控之下。因此，根据笔者对于清代科场罢考问题的研究，可以将罢考定义为：在清代科举体制下，为表达某种诉求，本应参加科考的士子却群体性地拒绝考试，并时常伴有后续行为的科场事件。[1]

通过上文对关键词的定义可知，清代士子群体的科场罢考行为基本具备两大特征：其一，参与人数众多。在许多事件中，参与士子达百人以上，但参加罢考者以士子为限，主要领导者与组织核心大多是功名持有者，如生员、监生、举人等。其二，罢考时常伴有后续更为激烈的互动行为，如士子对州县官、学官的殴打，闹署，朝廷与地方官府的弹压，地方官与士绅的调解，以及清后期士子逐渐增多的京控、省控等行为。由此而言，清代士子群体科场罢考体现了群体行为中人数众多、社会互动与行为情感这三要素的加速转变。[2]

二、核心观点

清代地方社会中的士子群体作为王朝统治的基石，与朝廷联系最为紧密，可视为统治稳定与否的晴雨表。科举则直接体现清代国家利益，不仅是朝廷笼络、管控士人群体，增强固有统治意识形态的凭借，更是连接士民与朝廷的桥梁。换言之，科举是一种使政治合法化的教育性策略，而参与到科举制度内的各层级考试者怀着一种对朝廷合法性的认同。因此，以士子群体罢考作为研究切入点更能体现朝廷与地方士绅、士子群体间的张力所在。魏希德（Hilde De Weerdt）将科举考试定义为一种"文化空间"（culture space），其考试内容成为

---

[1] 对于后续行为的解释是：如果将罢考（即士子群体性拒绝参加考试）视为一个动作节点，那么在这个节点之后所发生的行为均可视为罢考的后续行为。因此在这种定义下，士子群体在发动罢考之后，并不是结束了所有抗议行为，而是时常伴有暴力型和非暴力型两种后续行为，暴力型如打官、闹署，非暴力型如省控、京控等。

[2] Jaap van Ginneken, *Collective Behavior and Public Opinion: Rapid Shifts in Opinion and Communication*, Routledge, 2003, p. 73.

绪 论

各方角力的平台，[1]而在本著作中，科场本身同样是矛盾冲突体现的平台。对科场罢考的研究可以明晰冲突双方，即"中央"与"地方"、"官"与"非官"两组关系在权力妥协与重构中的互动，并探究清代统治政策和模式的演变。

本著作不仅要考察清代科场士子群体罢考的形式和主要特点，厘清什么是罢考和什么因素导致了科场罢考等问题，更希望以此为切入点，研究清代政府和地方精英是如何应对士子罢考问题的，他们的态度如何，从而折射出18、19 世纪国家管控模式的变化，特别是围绕"中央-地方"这一组主要矛盾着墨。更为直接地说，本著作的论述核心是，通过清政府对罢考士子处罚的强弱转化，朝廷对待罢考问题由责士向责官策略的转变，地方士人对罢考态度由静默向发声的转化与直接介入，以及朝廷与地方围绕士子群体科场罢考的权力博弈与妥协等多组变化，描绘出一幅图景：中央与地方像平衡木的两端，在18、19 世纪发生了权力平衡关系的转换，从 18 世纪中央集权下的垂直管控模式（强调在各层级范围内以国家为主导）转换为 19 世纪中央与地方相互维系的互动模式（侧重国家与地方相互间的权力妥协），官方更加依赖地方精英以保持社会稳定，保证清代国家治理上的"长治久安"。

在清朝逐渐衰落的过程中，国家与地方在管控与妥协中实现了相互维系的平衡统治模式，展现出在 19 世纪朝廷触手回缩，地方精英能动性增强，以及与之相伴的朝廷与地方间权力的互动关系。本著作认为，由于发生了 18、19 世纪这两种模式的转换，清政府在基层社会让渡出部分权力，从而将地方力量释放出来，更有效地发挥地方精英的能动性，保障了清代在 19 世纪衰落期得以有效地施行国家统治，构成了清代延续其统治有效性的根基，而这种变化可视为"乾嘉变革"[2]中的重要一环。换言之，清代从雍正、乾隆两朝

---

[1] Weerdt, Hilde De, *Competition Over Content: Negotiating Standards for the Civil Service Examinations in Imperial China (1127-1279)*, Harvard University Asia Center, 2007, p. 16.

[2] 此观点由罗威廉（William T. Rowe）提出，他用英文"Qianlong-Jiaqing Transition"予以表述。参见 Rowe, William T., "Introduction: The Significance of the Qianlong-Jiaqing Transition in Qing History", *Late Imperial China*, Vol. 32, No. 2, 2011, pp. 74-88. 中译本参见 [美] 罗威廉著，师江然译：《乾嘉变革在清史上的重要性》，载《清史研究》2012 年第 3 期。罗威廉在其著作《中国最后的王朝——清代》的"危机"章节中也表达过类似的观点。参见 Rowe, William T., *China's Last Empire: The Great Qing*, Belknap Press, 2009, pp. 149-174. 此外，罗威廉也以乾嘉之际包世臣的各种思想为研究切入点，以表达和巩固"乾嘉变革"的观点。参见 Rowe, William T., *Speaking of Profit: Bao Shichen and Reform in Nineteenth-Century China*, Harvard University Asia Center, 2018.

集权下的垂直管控模式转向了嘉庆朝以后的地方精英模式，[1]从雍正、乾隆两朝的强硬集权统治时代迈向了嘉庆朝以后朝廷与地方权力再分配与妥协阶段。本著作将这种变化视为朝廷统治策略的一种改变。

具体到罢考问题上，在18世纪，朝廷出台了一系列严惩罢考士子的律例条文和判例。例如，针对雍正二年（1724年）生员王逊等人策划发起的封丘罢考案，朝廷采用了断然措施，予以惩治，该案成为警示全国士子的标志性案件。雍正十二年（1734年），朝廷颁布全国通行的《禁止生童罢考上谕》后，自康熙朝末期快速上升的士子群体罢考势头被遏制。从1734年到1798年的六十余年间，士子群体罢考仅发生了5次，凸显了在18世纪国家高度集权时期，律法运行高效，对士人管控有力的事实。

在18、19世纪之交，朝廷面临社会、政治、经济等一系列问题与危机，王朝衰变论再次上演。在这一大动荡背景下，朝廷面对士子群体罢考事件，虽然并未对处罚罢考士子的律例作出实质性修改，但在案件判决上主动后退，采取软化处理士子群体罢考事件的做法，这尤其以嘉庆四年（1799年）苏州府吴县士子群体罢考案为标志。自此以后，朝廷在大多数情况下都会软化处理罢考事件，给士子以生路。相应地，朝廷处理士子罢考事件的原则也由18世纪的责士转向19世纪的责官，[2]即18世纪朝廷支持地方官，遇到罢考事件，不问"是非曲直"，率先强硬地对地方士子予以弹压、惩治、威慑，按照"光棍例"或"激变良民律"判罚；在19世纪，罢考事件发生后，朝廷则倾向于认为是州县官激变士子，以致不能安抚地方（属于失职），故多以撤职查办甚至发配充军来惩治官员。

结合上文，应该指出的是，在清代官方律例和雍正、乾隆、嘉庆、光绪四朝的《大清会典》《大清会典则例》《大清会典事例》中，并没有对严厉处罚罢考士子的规定作出实质性修改，即领导罢考为首、为从者在官方律例中

---

[1] 在本书的论述中，垂直管控模式指朝廷在18世纪处于权力集权与高压状态，律令运行高效，朝廷与地方的关系呈垂直统治状态，强调朝廷的绝对主导权，故施行对士子的刻意压制政策，对士子群体罢考事件的处理偏于强硬，很多案件由雍正、乾隆两位帝王通过奏折直接指挥。地方精英模式指在19世纪王朝衰落，中央管控力下降和地方精英势力抬头、能动性增强的背景下，朝廷触手退却，地方更多依赖精英治理，地方与朝廷的关系变得疏离，故为了达到维系、平衡统治权的目的，朝廷与地方精英进行权力妥协，从而使得官方对士子群体罢考问题绕开已有的律令条文进行软化处理。

[2] 王学深：《"凌辱斯文"与清代生员群体的反抗——以罢考为中心》，载《清史研究》2016年第1期。

仍旧是死罪。即使在嘉庆朝以后，朝廷也希望继续以严厉的律例条文威慑士子群体，以整饬风俗人心。所以应用于科场罢考问题的"光棍例"和"激变良民律"像紧箍咒一样笼罩在士子们的头上，直至科举制度被废除。朝廷认为必要时，总会拿出律例条文以作警示，体现出朝廷在19世纪的弹性统治策略与平衡之术。

然而，19世纪朝廷对士子群体罢考事件的实际处理，却与雍正、乾隆两朝大相径庭。虽然律例犹在，但朝廷往往偏离或违背律例的规定，采取另一套处理方式。其缘由在于，朝廷在19世纪的大背景下，以获得地方支持为目标，主动妥协于地方士绅精英。朝廷弱化对士子群体罢考案件的处理，也体现出这种处理方式是一种统治策略的转换。

随着地方精英的能动性增强，士人对科场罢考问题的态度也经历了从19世纪初期到19世纪中叶以后的转变，逐渐从发声支持向直接干涉地方判决过渡。在一定程度上，随着地方崛起，精英们将地方政府"转化"为与他们一样的地方利益代表，与朝廷对话，而非脱离政府展开行动。这种在18、19世纪所发生的统治模式转换和权力妥协，源自18世纪末爆发的白莲教起义，扩展与确立于太平天国运动之后。嘉庆初年，在朝廷面对内外压力的环境下，如果嘉庆帝采取与其父祖同样的方法对待地方的读书人，无异于加重社会矛盾与冲突，乃至自绝根基。因此，朝廷放下身段，收起紧箍咒，更好地平衡中央与地方关系以维持统治，无疑是一种对危机处理行之有效的做法。

三、"乾嘉变革"理论与本著作的阐释

近年来，海外学界率先提出了"乾嘉变革"的观点，强调以更加积极的视角来研究和肯定嘉庆帝所作出的努力。罗威廉是美国约翰斯·霍普金斯大学清史领域的专家，他在2011年率先发文讨论"乾嘉变革"在清史研究中的重要性议题。第二年，该文被译成中文，在《清史研究》发表，题为《乾嘉变革在清史上的重要性》。[1]这篇文章在一定意义上可以视为十几年来"乾嘉变革"问题的源起。1970年，孔飞力（Philip A. Kuhn）出版《中华帝国晚期的叛乱及其敌人：军事化与社会结构，1796—1864年》一书，该书虽然并非

---

[1] [美]罗威廉著，师江然译：《乾嘉变革在清史上的重要性》，载《清史研究》2012年第3期。

专门研究嘉庆朝史事，但将"团练"和地方精英能动性的源头指向了嘉庆初政时期。这部著作在1980年再版，[1]但是在这一时期的海外学术界，除曼素恩（Susan Mann Jones）和孔飞力合著的《清王朝的衰落与叛乱的根源》[2]一文外，对19世纪上半叶清朝的研究长期未受到足够重视。

20世纪90年代初期，国内学者张玉芬和关文发等人将目光聚焦于嘉庆帝及其亲政后所开启的一系列改革，并将这些改革称为嘉庆初年的"咸与维新"之举。[3]魏克威还就嘉庆初年改革的失败原因作出分析，提出"不敢严格执法""缺乏持久性""时代大背景"三方面因素。[4]这在一定程度上深化了之前关于嘉庆朝研究的认知，也提供了新的学术视野。降至2006年，刘朝辉在《嘉庆四年改革初探》中，通过"诛和珅，惩贪吏"，"并用满汉，诏求直言"，"整漕务，革陋规"，"严盈余，定税额"四个方面，论述了嘉庆帝亲政后的改革。[5]不过，虽然此后清史研究日益蓬勃发展，但关于嘉庆朝在清代历史上所发挥作用的研究，相比于对康乾盛世的研究，仍可用"相形见绌"四字形容。正是在这种大学术关怀不足的背景下，罗威廉认为，嘉庆朝作为由盛转衰的关键时期，应该获得更多的关注。他认为，"新掌权的嘉庆皇帝及其朝廷多方面的积极行动，在清帝国的历史上以及'中国'从中产生的历史中确实有着长远的影响"，[6]并再次引发了学者对19世纪的研究与思考。

罗威廉提出了对于"乾嘉变革"的疑问和研究思路，即"积极重新评价这位新掌权的皇帝（嘉庆帝）及其行政的贡献——少问'他们做错了什么？'多问'他们究竟如何设法让清帝国很好地回归正轨，使得其又存在了一百年？'"[7]。换言之，清朝在19世纪的衰落是人所共知的事实，这一点不可

---

[1] Philip A. Kuhn, *Rebellion and Its Enemies in Late Imperial China: Militarization and Social Structure, 1796-1864*, Harvard University Press, 1980.

[2] Jones, Susan Mann and Kuhn, Philip A., "Dynastic Decline and the Roots of Rebellion", in John K. Fairbank ed., *The Cambridge History of China: Volume 10: Late Ch'ing 1800-1911, Part 1*, Cambridge University Press, 1978, pp. 107-162.

[3] 张玉芬：《论嘉庆初年的"咸与维新"》，载《清史研究》1992年第4期。相关研究参见关文发：《嘉庆帝》，吉林文史出版社1993年版，第59—114页。

[4] 魏克威：《嘉庆时期的内政改革和失败》，载《长春师院学报（社会科学版）》1998年第2期。

[5] 刘朝辉：《嘉庆四年改革初探》，载《兰州学刊》2006年第2期。

[6] [美]罗威廉著，师江然译：《乾嘉变革在清史上的重要性》，载《清史研究》2012年第3期。

[7] [美]罗威廉著，师江然译：《乾嘉变革在清史上的重要性》，载《清史研究》2012年第3期。

否认，但是，我们的研究应该尽可能思考并回应：为什么清朝在衰落的过程中，还能较为有效地应对来自内外的各种危机，自嘉庆朝始又统治了116年。恰如罗威廉所言："在嘉庆初年，中央政府的'退却'以及伴随发生的地方精英势力的崛起，大概是政府有意推动，或至少是同意的。"[1]韩承贤将19世纪初期视为地方士绅能动主义的起点，也是朝廷建立起与地方士绅弹性互动关系的关键时期。[2]刘志伟在研究广东里甲体制向图甲体制的转变时，也强调清中期以后中央权力对地方的控制力弱化，地方有了更大的力量空间。[3]与此相应，朝廷对罢考事发的州县地方官的判罚由前期的宽松转向后期的严厉，体现了前期统治者认为罢考是地方官对士子管控不力的结果，而后期统治者认为罢考是地方官欺压士子、不仁于地方所致。

基于这个框架，罗威廉在《乾嘉变革在清史上的重要性》一文中，对近年来米丹尼（Daniel McMahon）、马世嘉（Matthew Mosca）、韩承贤、麦卡弗里（Cecily M. McCaffrey）和王文生等人的观点和文章进行了评述。例如，米丹尼直接将嘉庆的系列变革称为"嘉庆革新"（Jiaqing Restoration），他认为学界不应以惯性的王朝危机的方式看待嘉庆朝，而强调乾嘉之交正是清朝的一次机遇。嘉庆帝施行了一系列改革，如重用王杰、那彦成、董诰等一批清正的官员；以儒家理念广开言路，保持信息通畅；改组军机处，使得朝廷行政效率提高；更加关注民生福利，重视王朝道德。[4]韩承贤则强调嘉庆帝对科场骚乱案件在律法方面的软化应对。马世嘉认为，"随着乾隆皇帝在1799年去世，汉族学术精英可以出版关于边疆问题的著述而不用担心触犯忌讳，大量的研究史料得到刊行"。[5]在此基础上，2014年王文生所著《白莲教起义与华南海盗：清帝国的危机和改革》（*White Lotus Rebels and South China Pir-*

---

[1] ［美］罗威廉著，师江然译：《乾嘉变革在清史上的重要性》，载《清史研究》2012年第3期。

[2] Han, Seunghyun, "Changing Roles of Local Elites from the 1720s to the 1830s", in Peterson, Willard J. ed., *The Cambridge History of China: Volume 9: The Ch'ing Dynasty to 1800, Part 2*, Cambridge University Press, 2016, p. 649.

[3] 参见刘志伟：《在国家与社会之间：明清广东地区里甲赋役制度与乡村社会》，中国人民大学出版社2010年版。

[4] McMahon, Daniel, "Dynastic Decline, Heshen, and the Ideology of the Xianyu Reforms", *Tsing Hua Journal of Chinese Studies*, New Series, Vol. 38, No. 2, 2008, pp. 231-255.

[5] Mosca, Matthew, "The Literati Rewriting of China in the Qianlong-Jiaqing Transition", *Late Imperial China*, Vol. 32, No. 2, 2011, pp. 89-134.

ates: *Crisis and Reform in the Qing Empire*）[1]以及米丹尼所著《重审清代的衰落：19世纪初期帝国的能动性与边境管理》（*Rethinking the Decline of China's Qing Dynasty*: *Imperial Activism and Borderland Management at the Turn of the Nineteenth Century*）[2]都以嘉庆改革作为切入点论述了国家能动性的议题。在米丹尼看来，"嘉庆革新"在很大程度上并非朝廷衰落的表征，而是王朝的机遇，由此延长了盛世余晖。[3]

笔者认为，这种变革是以嘉庆帝为代表的朝廷在盛世之后的一种统治策略的转变。嘉庆帝希望以一种弹性的统治模式改变雍正、乾隆时期较为激进的统治策略，使朝廷触手逐渐从地方回缩，从而在经济状况急剧下滑、地方危机日益加深的大背景下，释放出更多的地方力量，有效且经济地维护统治。亦即，"乾嘉变革"是朝廷统治策略转型，精英阶层能动性增强，传统社会阶层变动的转折期。正是以此时期为清代政策的前后分野，朝廷的触手逐渐从地方回缩，让渡部分权力空间给予地方精英，让后者更为积极地参与到地方公共事务的管理中，从而更加"经济性"地保证统治的长治久安。由此，清朝从盛清时期的国家能动主义（state activism）逐渐转向晚清的地方精英能动主义（elite activism）。

笔者结合个人有关清代科场罢考问题的研究，对此理论较为认同，将全书纳于这一理论下展开研究。[4]甚至在一定程度上，笔者认为清朝以嘉庆四年（1799年）全面亲政为分水岭，呈现出前期和后期的不同统治特点。清前期统治者大多展现出破旧立新、积极进取、文武并重、马上天子等特点，凸显了王朝的能动性，以及统治者强调效率、质朴和直接的执政风格。然而，成熟之后即是守旧，常规之后即是因循，嘉庆朝之后的"马上天子"形象和王朝能动性大大削弱了。

以嘉庆朝作为分水岭，清后期许多制度在这一时期最终形成，如军机处

---

[1] Wang, Wensheng, *White Lotus Rebels and South China Pirates*: *Crisis and Reform in the Qing Empire*, Harvard University Press, 2014.

[2] McMahon, Daniel, *Rethinking the Decline of China's Qing Dynasty*: *Imperial Activism and Borderland Management at the Turn of the Nineteenth Century*, Routledge, 2014.

[3] McMahon, Daniel, "Dynastic Decline, Heshen, and the Ideology of the Xianyu Reforms", *Tsing Hua Journal of Chinese Studies*, New Series, Vol. 38, No. 2, 2008, pp. 231-255.

[4] 王学深：《"凌辱斯文"与清代生员群体的反抗——以罢考为中心》，载《清史研究》2016年第1期。

的改组和科举制度的完善等，却也在这一时期逐渐落于窠臼，破立为少，因循为多，在行政、用人等诸多方面呈现出程式化、烦冗化的特点。正因如此，笔者更愿意将嘉庆朝所作出的努力和改革称为"有限度的变革"，而这一变革也是在不伤及"祖宗之法"和有利于嘉庆帝个人亲政这两个大原则下展开的。可以说，嘉庆帝的变革是对康乾以来清朝各项制度的继承和针对个别问题的调整，这一时期既是清朝统治的定型期，又是逐渐丧失破立精神，只能囿于成法，小修小补的因循期。

总结性地说，在面对政治、社会、经济等多方面的困局与危机时，嘉庆帝不得不实质性地采取与其父祖不同的做法以为应对。清朝此时改变了18世纪外向型的发展模式，取而代之的是内在化发展道路。王文生认为，"在面对内外危机的局面下，嘉庆帝意识到为挽救过度负荷的政权，他不得不收缩其父强硬和激进的国家政策"。[1]韩承贤同样以嘉庆帝与道光帝支持地方精英对公共事业的参与，展现出与乾隆时期不同的面相：朝廷的触手回缩，而地方精英的能动性得以充分发展。[2]虽然朝廷在地方社会中触手的收缩可以视为国家权力在基层的撤退，但这种策略也让清朝统治回归到一种保守但更持续、稳定的社会秩序的轨道上。这种朝廷主动的退却保持了朝廷在盛世过后的有效统治。

近年来，许多学人的研究虽然并非专门探讨"乾嘉变革"问题，但是都在各自领域发现或承认嘉庆朝作为清代承上启下关键期的特点。韩承贤的《盛世之后：十九世纪初苏州地方士绅与国家》（*After the Prosperous Age：State and Elites in Early Nineteenth-Century Suzhou*）一书在18世纪至19世纪清代中叶变革框架下，通过朝廷对地方事业的管控与参与，对捐纳士人政策的转变，对地方崇祀的限制，以及对地方志的审查等方面，论证了19世纪初期的转折点问题，[3]强调清政府社会控制力所发生的转变，尤其是19世纪初期权力模式的转移。作者的核心论点即，自19世纪初期起，士人能动性得以提升，不似18世纪一样仰朝廷鼻息，并以苏州士人作为这种能动性的典型代表，强调

---

[1] Wang, Wensheng, *White Lotus Rebels and South China Pirates: Crisis and Reform in the Qing Empire*, Harvard University Press, 2014, p. 9.

[2] Han, Seunghyun, *After the Prosperous Age: State and Elites in Early Nineteenth-Century Suzhou*, Harvard University Asia Center, 2016.

[3] Han, Seunghyun, "Changing Roles of Local Elites from the 1720s to the 1830s", in Peterson, Willard J. ed., *The Cambridge History of China: Volume 9: The Ch'ing Dynasty to 1800*, Part 2, Cambridge University Press, 2016, pp. 649–701.

19世纪中央与地方的互动关系。作者承认，从朝廷视角（即 view from top 模式）观察，清朝的确面临各种危机，其政权在19世纪确实衰落了。但是，从地方回看中央（即 view from bottom 模式），随着地方士人能动性的增强，反而在某种意义上增强了统治基础。[1]除了此书，韩承贤先后发表的《清初至清代中叶对科场骚乱案的惩罚》（The Punishment of Examination Riots in the Early to Mid-Qing Period）[2]和《18世纪20年代至19世纪30年代地方精英角色的转变》（Changing Roles of Local Elites from the 1720s to the 1830s）[3]两篇论文同样都是在论述19世纪地方士绅能动性的变化。综而言之，韩承贤所强调的核心皆是：随着乾嘉变革的开展，社会控制权由中央向地方转移。

国内学人如李立民在关于清代宗学与科举的研究中指出，伴随着科举考试对宗室成员的准入，宗室子弟弃"学"从"举"是满洲子弟价值观由"满洲认同"向"社会认同"外在转向的一个缩影。[4]黄丽君近著《化家为国：清代中期内务府的官僚体制》将研究视野聚焦于内务府机构变革的乾嘉时期，同样关注到嘉庆朝以后内务府机构所发生的诸多变化，特别是中央机构内廷外朝化和注重成规两点。作者指出，"嘉庆朝以后的皇帝任使包衣官员逐渐不再宸衷自裁，反而越加依赖制度成规……优先考虑的是该员的任官经历与资格，而非彼此主仆关系的私人连结，超迁拔擢的情况逐渐少见，体制因素对包衣个人的影响随之趋重。内务府与皇权互动的变化，体现出皇帝对待包衣奴才的态度更趋于一般的君臣相对，即本书所谓'化家为国'的寓意"。[5]作者认为，"在嘉庆朝以后，无论是军机处还是内务府的外朝化，却呈现出皇帝逐步依赖制度，君权运作越加不彰的现象。相较于盛清君主的独裁作风，清代中期以后皇帝与官僚制度的互动模式可谓统治格局的一大变革。换言之，嘉道

---

[1] 王学深：《评 Seunghyun Han After the Prosperous Age: State and Elites in Early Nineteenth-Century Suzhou（盛世之后：十九世纪初苏州地方士绅与国家）》，载《汉学研究》2017年第35卷第1期。

[2] Han, Seunghyun, "The Punishment of Examination Riots in the Early to Mid-Qing Period", Late Imperial China, Vol. 32, No. 2, 2011, pp. 133-165.

[3] Han, Seunghyun, "Changing Roles of Local Elites from the 1720s to the 1830s", in Peterson, Willard J. ed., The Cambridge History of China: Volume 9: The Ch'ing Dynasty to 1800, Part 2, Cambridge University Press, 2016, pp. 606-648.

[4] 李立民：《清代宗学、科举与宗室知识精英的社会认同——兼论新清史"满洲认同"的转向问题》，载《北京社会科学》2020年第9期。

[5] 黄丽君：《化家为国：清代中期内务府的官僚体制》，上海人民出版社2023年版，第10—11页。

时期可谓皇权与官僚体制互动转型的关键时期"。[1]强光美对清代内务府大臣的研究也提出,"嘉庆朝可视为一个分水岭,此前内务府大臣以异途出身为主,此后,科甲正途逐渐取代异途,成为内务府大臣的主要入仕途径",[2]印证了黄丽君关于内务府大臣和官员在嘉庆朝以后日益依仗科举的论断。

杨品优近著《科举会社、州县官绅与区域社会——清代民国江西宾兴会的社会史研究》将科举文化史与地方社会进行有益结合,在研究中引入了"乾嘉变革"理论。作者指出,"嘉庆朝与乾隆朝在政治、思想、社会等方面的不同,以及乾嘉变革,导致了学界更加重视对嘉庆朝以及道光朝的研究"。[3]丁修真所著《清代"科场之款"的嬗变》一文侧重讨论国家层面出现的科场经费之制,并提出自嘉庆以降,"受财政危机影响,科举成本转嫁于地方,'科场之款'的奏销与实销日益脱节,造成人才选拔'经济重心'下移"。[4]这一观点实际上印证了笔者强调的观点,即嘉庆初年三大危机,特别是财政危机,导致统治策略转型。不仅在事权上,清朝自嘉庆以降更加依赖地方社会,在经济资源方面同样如此,这导致了地方能动性的增强。韩策在其对"江督易主"的研究中,也将嘉庆四年(1799年)以后,两江总督汉人继任者增多纳入"乾嘉变革"的脉络中。[5]

嘉庆朝处于清朝由盛转衰的关键期,清朝各项制度、政策和律例大多在这一时期完善并定型,但这也就意味着各方面逐渐转入因循与守成阶段。嘉庆帝亲政后所进行的诸多变革,如行政、用人、开言路,以及释放地方力量以维系统治的执政策略,都是针对如乾隆朝晚期和珅长时间把持军机处和言路所造成的信息不畅,以及和珅所提拔官员遍及朝野等具体问题所进行的,其目的是树立起嘉庆帝亲政后绝对的权威;而广开言路,允许京控,释放地方力量,软化应对基层管控的某些事件,又是嘉庆帝亲政后针对户部存银大幅度下滑,基层管控失效,以及白莲教起义等现实危机所被迫作出的调整。对于这一观点,不妨引用朝鲜士人眼中嘉庆帝亲政后的改革以为佐证。据

---

[1] 黄丽君:《化家为国:清代中期内务府的官僚体制》,上海人民出版社2023年版,第13页。
[2] 强光美:《内外之间:清代的总管内务府大臣》,社会科学文献出版社2022年版,第30—31页。
[3] 杨品优:《科举会社、州县官绅与区域社会——清代民国江西宾兴会的社会史研究》,中国社会科学出版社2018年版,第10页。
[4] 丁修真:《清代"科场之款"的嬗变》,载《历史研究》2022年第5期。
[5] 韩策:《江督易主与晚清政治》,北京大学出版社2023年版,第22—23页。

《朝鲜李朝实录中的中国史料》载，"（嘉庆）皇帝御极以后，锐意图治，早朝晏罢，屏退奸党，升庸名流，惩于和珅，权不下移。虽果断有余，而或临事生疑，下行群工之事，举朝惴栗，供职惟勤。"[1]

因此，嘉庆帝的改革并非要转变清朝统治的性质或进行彻底性的革新，而是针对他所面对的具体问题与危机，所采取的务实而又弹性的统治策略。从激进到务实的统治策略转型，让嘉庆帝有效地治理了乾隆朝中晚期以来的某些弊病，从而有效地延续了盛世之后的余晖。笔者认为，嘉庆帝亲政后在施政各方面所作出的努力这一积极视角，不同于传统的负面和消极的观点，是目前开展"乾嘉变革"研究的一个初步认识。朱浒近期著文《盛衰之理：关于清朝嘉道变局性质的不同阐释及其反思》分析了嘉道变局的三种阐释模式——"王朝周期变动观""社会形态发展观""传统社会转型观"及其局限性，并提出了"从实践出发的历史社会学"研究视角。[2]这是对于清史学界嘉庆变革议题有益的理论性反思，也提醒清史学者从更加实际的问题入手研究变革议题，并兼顾对"变"与"不变"之间的复杂关系的讨论。也许，挣脱18世纪的"盛世束缚"，转而将研究视野下移至19世纪，跳出固化历史研究中强调的"是什么"，转而探究"为什么"，摆脱嘉庆因循守旧的单一论述，转而强调"乾嘉变革"的大时代背景，正是未来清史研究的一个方向。

第二节 学术史回顾

国内学界对清代科场罢考问题的最早关注源自对"土客之争"的研究。梁洪生著《从"异民"到"怀远"——以"怀远文献"为重心考察雍正二年宁州移民要求入籍和土著罢考事件》（2003年）以怀远文献为依托，集中探讨了雍正二年（1724年）宁州移民要求入籍，由土客冲突引发的土著士子罢考事件。与怀远情况类似，土客冲突同样激烈的还有江西万载县。当地土客相互攻讦长达数十年，而罢考是土著生童群体对抗棚籍士子群体的主要手段。围绕万载县的研究成果有如谢宏维著《棚民、土著与国家——以清中期

---

[1] 吴晗辑：《朝鲜李朝实录中的中国史料》（第12册），中华书局1980年版，第4990页。
[2] 朱浒：《盛衰之理：关于清朝嘉道变局性质的不同阐释及其反思》，载《史学理论研究》2021年第2期。

江西省万载县土棚学额纷争案为例》（2004年），罗艳春著《教育、族群与地域社会——清中叶江西万载书院初考》（2006年）。特别是谢宏维所著《和而不同——清代及民国时期江西万载县的移民、土著与国家》（2009年）一书，在论文《清中晚期至民国时期江西万载的土客冲突与国家应对》（2004年）的框架上，详细论述了江西万载县因移民入籍形成土客之争，该地冒籍事件多发，而土籍生童为了抵制客籍侵占自身利益，发动罢考以表明自身态度。以上论述均关注到从乾隆二十八年（1763年）土客士子统一取士后发生矛盾，并在嘉庆时期逐渐演变成土著士子群体以罢考为手段逼迫朝廷就范，达到分额的目的。以上著述均展现出在基层社会中，科场已成为土客博弈的平台，而罢考是土著士子的抗争手段，体现了地方史的视角。

国内学界对清代科场罢考问题的细化探讨逐渐出现，凸显政治史与整体史观念。李世愉所著《清代科举制度考辨》（2005年）中的《封丘生童罢考事件剖析》一文探讨了雍正二年（1724年）颁布"士绅一体当差，一体纳粮"的上谕后，河南封丘生童发动的大规模罢考事件。该文对生童罢考事件的背景及经过进行了详尽的论述，并提出清代科举制度本身的缺陷，舆论重视不够、引导不力，地方官为官不正，官场相互推诿陋习等众多原因共同导致了这次影响全国的士子罢考案件。当然，作为"清朝历史上第一次全县生童集体罢考事件"的封丘生童罢考，对雍正帝及整个官僚群体都有很大的震动，引发了学者更多的关注与思考。李国荣在《清朝十大科场案》（2007年）一书中则将"封丘生童罢考"案件的标题取为"秀才造反"，由此可见该问题的代表性和严重性。作为清政府统治基础和科举受益者的士子群体，本应按部就班逐级科考，以求得功名，出仕为官，"秀才造反"四字本身就说明了该次生童罢考的严重性质。该书以雍正帝谕令和士子所享有的特权为出发点，探讨了雍正帝发布"士绅一体当差，一体纳粮"谕旨对于整个生童群体的震动，不仅在封丘县，而且在巩县等，士子都表现出不满情绪，造成了社会的不稳定。

虽然以上一系列学者都有部分关于士子罢考的论述，但在2009年以前国内学界尚没有将士子罢考作为主要关注点予以研究的成果。贺晓燕于2009年在《探索与争鸣》第8期发表的《清代生童罢考、闹考、阻考之风述评》一文，可以说开创了以士子"罢考"为直接切入点的先河。该文直接关注清代生童罢考、闹考问题，探讨了清代生童罢考事例，并对引发罢考的原因作了剖析。该文第二部分引入《清实录》《皇朝文献通考》《大清会典事例》等史料，以说明清代律令对于罢考的禁止。该文最后对罢考原因进行探析，将其归结于生童特权、士风日下、科场腐败等。巫仁恕在《激变良民：传统中国城市群众集体行动之分析》（2011年）一书中注意到雍乾时期对士子科场罢考的严厉处罚和取得的良好管控效果。李世愉和胡平所著《中国科举制度通史·清代卷》（2015年）童试部分收录"罢考之处罚"条目，强调康雍乾时期官方对科场罢考的处罚态度与管控。

最近对罢考问题的学术专论是笔者的两篇拙作《"凌辱斯文"与清代生员群体的反抗——以罢考为中心》（2016年）和《清前期基层管控视域下的科场罢考案与律法适用》（2022年），以及拙著《清代科举制度史论稿》（2024年）中的部分章节。第一篇文章关注清代因"凌辱斯文"这种独特原因而引发的生员群体罢考行为，探析了士子群体罢考动因、罢考网络、罢考规模，阐释了国家对基层科场问题的管控措施和治理应对，揭示出朝廷在应对罢考问题上的"严宽之变"，展示了在时代变化大背景下清代科场治理的弹性策略。第二篇文章以科场罢考案为切入点，揭示了清前期顺治、康熙年间对科场事件的治理与管控处于随意和宽松的状态，随着雍正、乾隆两朝对科场事件治理的趋严转变、管控力度加强以及相应律令的适用与升级，科场罢考问题在雍乾时期得到快速而有效的控制，展现出清前期朝廷对科场治理的有效性。在拙著中，"19世纪清政府与地方精英互动模式探析——以科场罢考案为例"重点讨论了朝廷在应对罢考事件时的"严宽之变"，以及"官"与"非官"的"冲突-融合"模式。

海外学界从社会史与政治史视角对清代科场罢考问题进行了研究。在日本学界，清代士子群体科场罢考问题在1957年就已经被荒木敏一关注到。他在文章《雍正二年的罢考事件与田文镜》中研究了雍正二年（1724年）河南封丘的士子罢考事件，并认为士子享有相当于九品官的"衣顶"和"免役"两项特权，而这两项特权对士子的生活影响极大。前者成为士子行为的保护符，后者则使其免除承充官役之苦。作为享有一定特权的社会阶层，士子群体在科举不公时，常以罢考、闹考等方式表达诉求，甚至出现胁迫地方官员、暴力冲击考场等极端行为，以争取自身利益。[1] 荒木敏一敏锐地看到了士子

---

[1] [日] 荒木敏一：《雍正二年的罢考事件与田文镜》，载《东洋史研究》第15卷第4号（1957年3月），第464—483页。

群体所特有的待遇与性格,并认识到生童罢考与清代社会、政治问题的联系。

在荒木敏一之后,日本学界对清代罢考问题的关注处于停滞状态,学者们更多关注地方士绅、地方群体事件和阶层问题,直到2005年岸本美绪再次将目光投向士子群体罢考事件。在2005年"明清司法运作中的权力与文化"学术会议上,岸本美绪发表了《冒捐冒考诉讼与清代地方社会》一文,后收录在《明清法律运作中的权力与文化》(2009年)一书中。岸本美绪以嘉庆七年(1802年)发生在山东济宁直隶州金乡县的一次身份冒籍案件为切入点,在因地域冒籍而引发的罢考类型外(如江西万载县士子罢考),又引入了因身份冒籍而引发的罢考类型。在这次本应有560余名士子参加的考试中,仅有130余名士子参加,酿成"天下共知"的巨案。除描述案件发展外,岸本美绪以"地方官的困境"作为小标题来讨论案件后期的处罚问题,但没有深入且直接的论述。本著作之后将以此事件为案例详细讨论自嘉庆朝起,朝廷对士子罢考事件的应对策略由责士转向责官的问题。

海外学界从法律史视角对清代科场罢考问题进行了研究。其中韩国学者对清代士子罢考问题有所关注,两名重要学者的著述无法绕开。第一部是闵斗基的《国家政体和地方权力:帝制中国晚期的转型》(*National Polity and Local Power: The Transformation of Late Imperial China*)(1989年),在第二章提出清代的生监阶层具有强烈的共同意识,并总是以发动群体行为作为抗议的手段。第二部是韩承贤的《清初至清代中叶对科场骚乱案的惩罚》(*The Punishment of Examination Riots in the Early to Mid-Qing Period*),[1]从法律史视角讨论了清代朝廷对士子骚乱的处罚,以英文 riot 作为对这种行为的注脚,并讨论了"激变良民律"在科场罢考案件中的适用,对于从法律史的角度研究朝廷对士子的态度具有重要的意义。2012年,韩承贤又发表了《文治下的抗议:嘉庆四年苏州士人的集体抗议与皇帝的反应》一文[2],讨论了嘉庆时期发生在江苏吴县的士子罢考事件和士人对此案件的回忆,并试图讨论朝廷对处理类似案件的态度转变。韩承贤的这两篇论文对于士子群体罢考研究的开创性意义和重要性不言而喻,也成为后续英文著作无法绕开的学术标杆。

---

[1] Han, Seunghyun, "The Punishment of Examination Riots in the Early to Mid-Qing Period", *Late Imperial China*, Vol. 32, No. 2, 2011, pp. 133—165.

[2] [韩]韩承贤著,廖振旺译:《文治下的抗议:嘉庆四年苏州士人的集体抗议与皇帝的反应》,载《"中央研究院"近代史研究所集刊》2012年第75期,第77—114页。

第三节 史料运用

本著作对清代科场罢考问题的写作以大量的原始材料为支撑，笔者将收集与整理的史料分为政书类、档案类、诏令奏议类、方志类和报刊类。

在本著作写作中，笔者大量使用了中国第一历史档案馆所藏的原始宫中档奏折、军机处录副奏折，并引用台北"故宫博物院"宫中档和"中央研究院"历史语言研究所收藏的内阁大库档案等。在政书和档案史料中，本人以已出版的档案史料为主。具体将利用以下文献：清代各朝实录，中国第一历史档案馆编《清代档案史料丛编》，康熙、雍正、乾隆、嘉庆、光绪五朝《大清会典》，乾隆朝《钦定大清会典则例》，嘉庆朝《钦定大清会典事例》，光绪朝《钦定大清会典事例》，素尔讷编纂《钦定学政全书》，三泰编纂《钦定大清律例》，奎润编《钦定科场条例》，故宫博物院文献馆编《史料旬刊》，祝庆祺《刑案汇览三编》，中国人民大学清史研究所、档案系中国政治制度史教研室合编《康雍乾时期城乡人民反抗斗争资料》，杜家骥编《清嘉庆朝刑科题本社会史料辑刊》等。在地方志的选取与使用中，以清代和民国版本为主，兼及现代编纂版本，选取地点以涉及科场罢考案为原则。特别是利用《中国地方志丛书》和《中国方志丛书》两套方志类书籍，并以中国数字方志库和中国方志库两大数据库作为研究基础。这些档案、奏折和方志的使用将为本书的写作与创新性提供必要的保障。

此外，因为本著作对 19 世纪下半叶报刊媒介对传播士子罢考的作用给予了分析，所以对于晚清报刊的利用同样重要，而《申报》数据库、《大公报》数据库、晚清民国报刊数据库为本著作的研究提供了丰富的史料。此外，晚清报刊如《益闻录》《点石斋画报》《杭州白话报》等均为本著作写作提供了支持。

在上述资料以外，笔者对于文人笔记小说、文集的收集也为本著作在士人对罢考问题态度转变的写作上大有帮助。这一部分史料不仅可以扩充罢考事件的收集，同时可以获知记载事件士人的态度和他们如何对事件予以介入。比如，在乾隆十年（1745 年）浙江鄞县所发生的"贱民"冒籍应试后，地方士子罢考抗议，而士人全祖望在他给宁波府知府魏某的柬帖中就强烈地表达了对家乡士子罢考行为的支持和对贱民冒籍应试的不满，并收入《鲒埼亭集》

中。[1]比较重要的文人笔记与文集如叶梦珠著《阅世编》，汪辉祖著《学治臆说》，袁守定著《图民录》，董沛著《正谊堂文集》，缪荃孙著《艺风堂杂钞》，诸联著《明斋小识》，郭柏苍著《竹间十日话》，薛允升著《读例存疑》，李绂著《穆堂类稿》，徐珂编著《清稗类钞》，李慈铭著《越缦堂日记》，魏源著《古微堂外集》，叶廷琯著《鸥陂渔话》，朱缓著《知止堂文集》，钱思元著《吴门补乘》等。

除了常规史料，本著作同样留意小说甚至戏文对于士子罢考的记载。如在秦腔剧本《一字狱》中，就有对四川夔州府以生员万人杰为代表的士子群体罢考事件的详尽描述。[2]虽然故事为戏文中所讲述，具有虚构的成分，但亦可见士子群体罢考的力量，和以此作为与州县甚至更高官府对抗，以表达自己诉求的主要手段。民间士人记录和在群众中流传这则故事本身即表达了他们对以罢考手段维护自身利益的支持与诉求。

本著作对目前学界的研究成果依据中文专著、英文专著、日文专著、中文文章、英文文章、日文论文六大类收集整理，不仅涵盖历史、科举类著作，还对社会学、新闻传播学领域的群体行为和舆情传播网络等内容进行了搜集和整理。

第四节　本书架构

本著作通过对清代士子科场罢考一系列问题的探寻，将中央与地方围绕罢考问题的处罚与态度放置在朝廷管控由强转弱的语境下，力图在18、19世纪中央与地方社会、官府与士子和士人群体的互动及双方力量的动态变化中研究清朝在世纪之交所发生的社会转变。这种写作方式不仅能够以清代内在变化的视角呈现中央与地方的互动和统治模式的转换，跳出"冲击-回应"理

---

[1]　（清）全祖望撰，朱铸禹汇校集注：《全祖望集汇校集注》卷34，上海古籍出版社2000年版，第637页。

[2]　董健主编：《中国现代戏剧总目提要》，南京大学出版社2003年版，第105页。清朝生员万人杰准备回祖籍四川夔州府应试，在为他送行的席间却听得泸州征收盐税，横征暴敛，结果激起了民变。宋兴前去征剿，以致泸州杏花村浩劫。郑全真、郑若兰父女侥幸逃生，郑若兰准备写就冤状，趁着夔州府考试之机，依靠应试生员群体上告。正当生员们聚集一处商议如何应对时，赶回夔州听闻此事的生员万人杰，"阅罢冤状义愤填膺，号召生员抛却科第功名，通过罢考挟制学台专折奏事"，结果夔州府开考之期，生员群体皆不作文，明言"如不起折参总督，就绝不补考"。

论模式的窠臼，更在一定层面上回答了清朝在王朝衰落的背景下还能继续存在百年的原因。

本著作在写作过程中，力图回答以下一系列问题，以更好地展开对清代士子群体罢考的研究：什么是罢考？罢考的主要导火索、形式、步骤有哪些？朝廷和士人如何应对士子罢考问题？他们的态度分别是什么？朝廷为何发生了对士子处罚的前后转变？士人群体对罢考问题态度转变的原因为何？地方精英如何利用罢考作为抗衡官方的工具，他们又是如何介入罢考案判决的？是否可以将朝廷对士子群体罢考事件的应对视为一种社会危机控制，清代前后期又如何差异性地应对危机？结语部分还会进一步阐述本著作最终回应了清史研究中的哪些议题。

第一章，首先梳理清代士子群体科场罢考事件，并与前代士子群体事件作对比，强调科场罢考是清代特有的士子群体行为。本章的一个重点就是对清代罢考事件作量化分析，通过数据凸显罢考事件前后趋势，并以省、府为单位进行细致讨论。其次，通过引入清代罢考类型叙述，强调19世纪罢考事件增多的根本原因。最后，本章对清代士子发动罢考的三大步骤和群体规模进行概述。通过本章的梳理，基本上可以回答以下问题：什么是罢考？什么原因导致了科场罢考的发生？在清代前、后期，士子科场罢考有什么变化趋势？科场罢考是集中的地域性事件还是全国的普遍性事件？

第二章，着重强调清前期（1646—1795年）朝廷对于士子群体罢考事件的态度逐步严厉。朝廷对待罢考事件，由顺治、康熙年间的革除功名，未对罢考问题予以管控，转向18世纪雍乾时期的强硬措施。其中，以雍正二年（1724年）河南封丘罢考案为标杆，实际上拉开了雍乾时期高度集权背景下垂直管辖模式的序幕，先后采用"光棍例"和"激变良民律"给予罢考士子以严厉惩处。乾隆帝对士子罢考的态度与其父一脉相承，不仅相继出台一系列法律、条规，更是通过陕西扶风罢考案和广东阳江罢考案树立起处罚罢考士子的典型，被视为"重刑下的立法设计"。

第三章，侧重书写在面对一系列危机的乾隆、嘉庆两朝交替之际，嘉庆帝采用软化的态度处理士子科场罢考问题，也为19世纪朝廷处理士子罢考事件树立了新的典范。乾嘉交替的18、19世纪转折时期，正是朝廷面对一系列危机的关键期，嘉庆帝处于处理和珅、白莲教起义和户部存银急剧下滑的三重困境之下，因此选择了不同于其父乾隆帝的统治策略，开启了"不是维新的维新"。随着朝廷的财政匮乏及地方管控力下降,朝廷统治触手主动且有限度地从地方回缩,对士子管控趋于软化。朝廷也因此用不一样的方式处理士子罢考事件,尤其以嘉庆四年(1799年)江苏吴县士子罢考案为典型。与之相应,朝廷处理罢考案的策略由责士转向责官,涉案的地方官员多受到惩处,显示了朝廷对士子罢考态度的转变。

第四章,核心是描绘随着朝廷触手在19世纪回缩,对地方的统治力下降,地方士人开始以多种媒介发声支持罢考士子,展现出不同于18世纪的画面。本章通过士人对顺治十八年(1661年)福州府罢考案和嘉庆四年(1799年)吴县士子罢考案的记录与回忆,展现了19世纪士人通过文集、笔记等方式开始发出支持士子的声音。此外,地方志以及新媒介——报刊,尤其是《申报》,成为士人发声的载体。这些证据充分展现出19世纪初期至19世纪中叶地方士人能动性不断增强,发出了不同于18世纪高压态势下的非官方声音。

第五章,论述地方精英能动性进一步增强,从而在发声支持罢考士子之外更为直接地介入罢考案的判罚过程中。随着19世纪后半叶地方精英拥有了更强的能动性,他们在地方上也较官府掌握了更多的权力。在19世纪社会转变和朝廷统治策略转型的情况下,地方政府实际上和地方精英共同筑成了地方利益的保护体,罢考成为中央、州县和地方精英三者间互动的平台。本章通过同治时期广东广宁罢考案和光绪时期浙江平阳罢考案,展现出地方精英权力在19世纪下半叶的扩张和对士子罢考案的直接介入。这不仅反映出地方士绅的能动性,更展现出19世纪朝廷统治模式的变化。

在结语部分,笔者再次强调了本著作的核心论点:清代中央与地方通过士子科场罢考案的互动,展现出清代统治从18世纪的国家垂直管控模式转向19世纪的地方精英能动模式,由此形成了中央与地方相互依靠、相互维持的统治局面,使得清朝能够在盛世余晖后,依旧有效地统治了一个世纪。

第一章
清代科场罢考问题概述

第一节 清代以前士子群体行为概述

在中国古代历史中，士子的科场群体行为并非清代独有，科场骚乱几乎与科举制度相伴始终。北宋咸平五年（1002年）被任命为主考官的陈恕就遇到了士子大闹考场的麻烦，自己也成为被攻击的对象。14 500多名举人参加礼部主持的省试，但出人意料的是陈恕和他的同僚以"贡举非其人"等理由仅录取了218人，远远低于六年前那次省试录取1500人的纪录。如此大的落差使得落第士子失望而愤怒，他们将矛头直指陈恕。士子将陈恕的造像涂上血污，写有他名字的牌子被挂在路旁，让行人鞭挞。[1]北宋类似的士子抗议事件时有发生，欧阳修在嘉祐二年（1057年）担任礼部知贡举的主考官后，改变了原有的取士标准，以古文和重策论作为自己的评分原则。虽然录取了曾巩、苏轼、苏辙等享誉宋代的人物，但突然变革的录取标准，也引发了落第士子的不满和骚乱，并招致朝野上下的抨击。

降至南宋，这种士子的群体行为变得越来越激烈。在高宗朝绍兴丙子年（1156年）的秋试中，郡守林大声因庇护闽籍冒考士子，导致"论不能夺，

---

〔1〕 贾志扬：《宋代科举》，东大图书股份有限公司1995年版，第3页。这一事件延伸了陈宝良关于生员闹事始于南宋的论述。参见陈宝良：《明代儒学生员与地方社会》，中国社会科学出版社2005年版，第404页。

则欲以试日遏其入"，最终"士不胜忿，群起抗之，以是罢举"。[1]在此之后，还有时任漳州府教授的杨宏中于判卷之时，被冲入府衙的一群落第士子殴打之事。士子们手持棍棒，冲破考场门卫，痛打杨宏中，其余官员也"尽遭毒手"。当愤怒的士子散去，朝廷追查无果，只好将知州钱蒠降一级，而漳州士子停礼部考试一科。[2]在周密所著《齐东野语》的《杭学游士聚散》篇目中，也详细记载了类似的士子群体事件。其文载：

"杭学自昔多四方之士。淳祐辛亥，郑丞相清之当国，朝议以游士多无检束，群居率以私喜怒轩轾人，甚者，以植党挠官府之政，扣阍揽黜陟之权。或受赂丑诋朝绅，或设局骗胁民庶，风俗寖坏，遂行下各州，自试于学，仍照旧比分数，以待类申，将以是岁七月引试为始。会教官林经德对士子上请语微失，于是大哄肆骂。时赵京尹与跨委官调停，一时但欲求静，遂许以三百名内，一半取土著，一半取游士，于是乃息。"[3]

相较于宋代，明代士子群体行为更为多发。在成化年间（1465—1487年）发生的苏州三学生员群体大骂内使王敬的事件就是典型代表。[4]至嘉靖朝以后，士子群体事件愈加频发（表1-1），晚明最为著名的莫过于《民抄董宦事实》中所记载的士子群体抗议事件。董其昌之子和仆人殴辱了生员范启宋，且"董宦父子，既经剥褫虐辱范氏，由是人人切齿痛骂，无不欲得而甘心焉"。士子发布揭帖，百姓涌上街头，最终将董宅烧毁。虽然对于事件性质尚有"士抄"与"民抄"的争论，但可以肯定的是士子群体在此事件中发挥了主导作用。在松江府府学公文中有这样的记载："查得三月十五日行香时，五学生员在于明伦堂为生员范启宋，众口称冤，俱系作揖，从容跪禀。随蒙本府许捉陈明，原无龃龉颜色，诸生亦皆欣然谢散，并无哄众攘臂。"[5]通过

---

[1] 佚名：《京口耆旧传》卷2，钦定四库全书本，第18页。这条记载是目前笔者所收集到的最早，也是真正意义上的士子罢考事件。

[2] 《宋会要辑稿》（第113册），卷10589·选举16，中华书局1957年版，第4527页。

[3] （宋）周密：《齐东野语》卷6《杭学游士聚散》，明正德刻本，第21页。

[4] （清）俞樾：《茶香室丛钞》（第2册），中华书局1995年版，第781页。明成化十九年（1483年），太监王敬至杭州、苏州采办药材、书籍，令杭生员抄写书籍，有如《子平遗集》多至千卷者，激起江南士子不满。诸生乃大噪呼其在门下者皆入指敬面而骂之。文中述及永乐年间秀才骂内使发充军事。

[5] 佚名：《民抄董宦事实·府学申覆学院公文》，1924年昆山赵氏又满楼刻本。

记载可以清晰地看到,生员群体利用群体和特权优势向官府施压,他们跪在明伦堂前,希望借助"圣人"的权威以讨还"斯文"与公道,而这种做法无疑激发了百姓的言论与行为。《署府理刑吴初审申文》有言:"至于生员,宜守卧碑,自爱其鼎,一言一动,小民将则而象之,而一人有衅,众友不平,似出狐兔之悲,实类鹭鸶之党。虽放火之夕,委无一人至者,而肇端之咎将谁执乎?范启宋十四日告状姑苏,十七日告状江阴,固不能分身号召,而陆兆芳先事起衅,且据董仆有'畅哉畅哉'等语,虽审尚未确,始祸之端,安所解乎。"[1]这条审文既说明了士子群体是士民"领袖",百姓以他们的行为、言论为风向标的事实,又说出了这一群体一人有事则群体攻击的特点。

表1-1 明代士子群体集体性事件

时间	地点	事件	资料来源
嘉靖四十一年（1562年）	福建莆田县	县丞殴打生员,生员诉诸同袍,诸生大哗,殴县丞,并聚众家丁围知县宅	姚旅:《露书》卷7,《四库全书存目丛书》,子部第111册。
嘉靖四十三年（1564年）	顺天府	提学御史徐爌清理冒籍生员,士子汹汹不服,及是愈怒,遂捽执委官于坐号其衣冠	《明世宗实录》卷541,嘉靖四十三年十二月二十二日。
隆庆元年（1567年）	江苏无锡县	知县韩应元之政令生员大哗,面加唾辱,同年常州知府同样为五邑诸生合击,几毙于市	黄卬:《锡金识小录》卷4,手搏诸生。
隆庆元年（1567年）	南京	监生群体反对考官王希烈、孙铤录取不公,监生下第者数百人喧噪于门外	《明穆宗实录》卷12,隆庆元年九月二十三日。

---

[1] 佚名:《民抄董宦事实·署府理刑吴初审申文》,1924年昆山赵氏又满楼刻本。

第一章 清代科场罢考问题概述

续表

时间	地点	事件	资料来源
隆庆五年（1571年）	处州	生员集体殴打参议方岳，戍边十二人	谈迁：《国榷》卷67，中华书局1958年版，第4156页。
隆庆六年（1572年）	处州	生员因请托不遂，聚众闹事，殴打地方官	《明穆宗实录》卷68，隆庆六年三月辛亥条。
万历四年至万历五年（1576—1577年）	安徽徽州府	婺源县及休宁县各千余人，包围徽州府通判官衙	[日]谷川道雄、森正夫：《中国民众叛乱史》，平凡社1983年版。
万历八年（1580年）	山东文莱县	生员候沐封反对劳役，发动骚乱	[日]谷川道雄、森正夫：《中国民众叛乱史》，平凡社1983年版。
万历十七年（1589年）	浙江上虞县	生员张绮等数十人殴打知县	[日]谷川道雄、森正夫：《中国民众叛乱史》，平凡社1983年版。
万历二十年（1592年）	浙江嘉兴府	生员吕协祖等反对课税，发动暴动，四百余人响应	[日]谷川道雄、森正夫：《中国民众叛乱史》，平凡社1983年版。
万历二十一年（1593年）	浙江乌程县	生员闵文奇被尚书家奴陶洪鞭打、羞辱，生员王绍基等集合诸生千余人向督学请愿	支允坚：《梅花渡异林》卷4《时事漫记》。
万历二十五年（1597年）	江苏苏州府长洲县	生员反对知县江盈科	沈德符：《万历野获编》卷26。
万历二十七年（1599年）	云南	税监杨荣虐待生员，后诸生群起反击	谈迁：《国榷》卷78，中华书局1958年版，第4841页。

续表

时间	地点	事件	资料来源
万历二十八年（1600年）	湖北钟祥县	反抗税监陈奉，湖北钟祥县生员带头暴动	［日］谷川道雄、森正夫：《中国民众叛乱史》，平凡社1983年版。
万历三十年（1602年）	江苏省苏州府	生员反抗知府暴动	［日］谷川道雄、森正夫：《中国民众叛乱史》，平凡社1983年版。
万历三十一年（1603年）二月	江苏常熟县	因谣传知县擅杀生员，生员周濂、孙汝炬被知府扑责后率士子抛砖、殴打知府	《花当阁丛谈》卷5；［日］谷川道雄、森正夫：《中国民众叛乱史》，平凡社1983年版。
万历三十四年（1606年）	湖广	提学副使董其昌被势家怨恨，生童数百人群拥毁署，董其昌上疏乞休	《明神宗实录》卷420，万历三十四年四月丙寅。
万历三十四年（1606年）	福建漳浦县	生员程可兆纠集千人暴动	谈迁：《国榷》卷80，中华书局1958年版，第4963页。
万历三十七年（1609年）	安徽合肥县	生员金文华等殴打知县曹光彦	《明神宗实录》卷461，万历三十七年八月己酉。
万历四十年（1612年）	南直隶宁国府泾县	五县童生围攻乡宦顾文宪宅	《明神宗实录》卷493，万历四十年三月己未。
天启元年（1621年）	四川	蜀王将生员扑责致死，导致生员杨桂带头反对蜀王	《明熹宗实录》卷6，天启元年二月十二日。
天启三年（1623年）	南直隶	诸生因落榜闹考场	《虞书》
天启三年（1623年）	江西	藩王阍尉赵成殴打侮辱士子，生员张绍伊等带头抗争	《明熹宗实录》卷42，天启三年十二月十七日。
崇祯十一年（1638年）	江苏常熟县	生员带头同民众千人将知县赶下台	［日］谷川道雄、森正夫：《中国民众叛乱史》，平凡社1983年版。

续表

时间	地点	事件	资料来源
崇祯十四年（1641年）	安徽建平县	生员殴打知县	［日］谷川道雄、森正夫：《中国民众叛乱史》，平凡社1983年版。
崇祯十五年（1642年）	江苏无锡县	生员将知县赶下台	［日］谷川道雄、森正夫：《中国民众叛乱史》，平凡社1983年版。
崇祯十七年（1644年）	江苏常熟	生员及民众将乡绅赵士锦房屋砸烂	［日］谷川道雄、森正夫：《中国民众叛乱史》，平凡社1983年版。
崇祯十七年（1644年）	江苏苏州府	因监生被扑责，生员反抗知府	《启祯记闻录》卷3

通过上文梳理和列表，我们可以大致了解士子的群体行为在宋明时期已为多发。但是笔者也发现士子真正以科场罢考方式表达诉求的事例非常少见，更多的是以群体闹署或者骚乱的形式抗争。在宋明文献中更是不见"罢考"一词的使用与记叙。反观清代史料，不仅科场罢考屡被提及，而且士子群体也更倾向于以罢考的形式逼迫地方官就范，以获得他们声称的权益。当士子群体诉求无法被满足时，他们会进一步发展至闹署、巡游等阶段。

换句话说，清代以前几乎没有真正意义上的"罢考"和相应处罚。直到雍正朝以后，朝廷才真正重视并正式定义这种士子科场群体行为，将其纳入朝廷的管控之下，按"光棍例"给予罢考为首者斩立决，从者绞监候，参与者革除功名，并杖一百的严厉惩处。如巫仁恕研究中曾提出的，明代的集体行动以反抗型为主，而清代则以前摄型为主，明清也完成了"从抗议到陈情"的转变。[1]

本著作认为，雍正朝开始重视罢考，并给予士子严厉处罚，是出于两点考虑：第一，这种做法秉承了雍正帝对于士子打压的一贯态度，强调朝廷管理的有效性和保持对士人的高压态势，以维持朝廷对地方的垂直管控；第二，

---

[1] 巫仁恕：《从抗议到陈情：新型群众集体行动的兴起与清朝官府的对应》，载邹振环、黄敬斌执行主编：《明清以来江南城市发展与文化交流》，复旦大学出版社2011年版，第259—263页。

雍正帝对拥有特权的士子加大处罚，以及开豁贱民的两手措施，是缩小良贱差距，模糊士、民、工、商的阶层界限，从而重新厘定社会阶层和道德秩序的一种努力。[1]这也部分解释了雍正帝将士人的罢考与商人的罢市和平民的反抗等放在一起惩治，甚至用同样的条例予以处罚的动因。

第二节　清代科场罢考的量化分析

正如开篇的释义，清代士子是童生、生员、监生、贡生、举人、进士等参加各层级科举考试的功名持有者与尚未获得官职成员的合称。就目前已经掌握的资料来看，士子群体的科场罢考最高层级发生在乡试阶段，因此本著作所囊括的叙事范围是从最低级别的县试至最高级别的乡试。由于科举考试的特殊性，绝大多数的罢考发生地是州县或州县以上的城市，甚至省会。在城市中所发生的科场罢考行为必然展现出地方士子的诉求以及同地方政府管控者的张力，一定程度上反映出自主力量与管控力量的交锋。但是，本著作要反复强调的是，士子群体和朝廷的管控力量并非不同阶层间截然对立的冲突，更非在王朝统治下的叛乱（尽管18世纪清王朝如此看待），而是士子群体将罢考视为与朝廷沟通与角力的空间和平台，更多时候他们只是为了这个群体的共同利益。

在了解了士子罢考的定义、清以前士子群体行为的特点和雍正朝开始着力控制罢考行为等情况之后，为了更加直观地了解清代士子科场罢考的趋势，笔者以所收集的清代士子科场罢考资料绘制出三幅图，以反映这一清代特有的群体行为。

首先，笔者以《清实录》作为统计对象，其中明确提及"罢考""闹考"的事例起自雍正朝，只出现一次。此后至乾隆朝、嘉庆朝，罢考、闹考案件逐渐增多，其中乾隆朝10次，嘉庆朝2次，道光朝9次，咸丰朝3次，同治朝6次，光绪朝6次。平均到每年，分别为雍正朝0.078次，乾隆朝0.167次，嘉庆朝0.08次，道光朝0.3次，咸丰朝0.273次，同治朝0.461次，光绪朝0.176次（图1-1）。

---

[1] Matthew H. Sommer, *Sex, Law, and Society in Late Imperial China*, Stanford University Press, 2002.

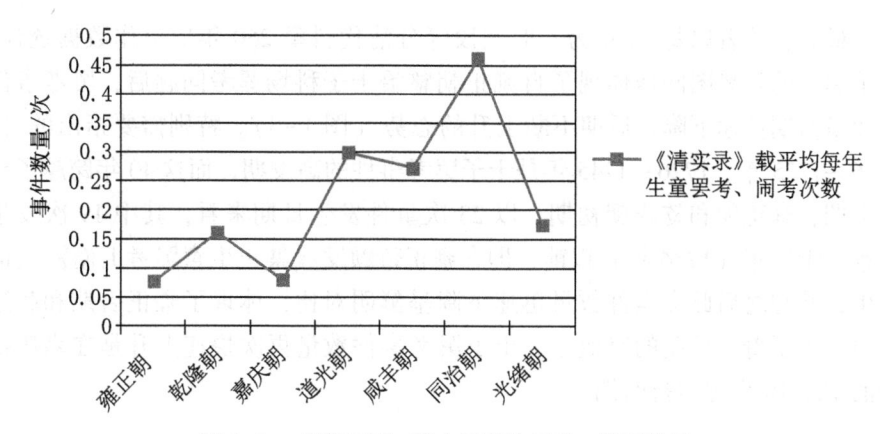

图 1-1　《清实录》载士子群体罢考、闹考统计

其次，笔者扩大史料搜检范围，对目前所收集的所有材料进行统计，得出清代所发生的 91 次罢考事件。以清代顺治三年（1646 年）科举完全恢复至光绪三十一年（1905 年）废除科举制度，即 1646—1905 年这 260 年为研究时限，士子群体罢考平均每年 0.35 次。清前期（1646—1795 年）150 年中，共发生士子罢考 29 次，平均每年 0.193 次。清后期（1796—1905 年）110 年中共发生罢考事件 62 次，平均每年 0.564 次（图 1-2）。清后期相较于前期，无论发生罢考的绝对数还是年平均数，都在 2 倍以上（绝对数是 2.14 倍，年平均数是 2.92 倍）。

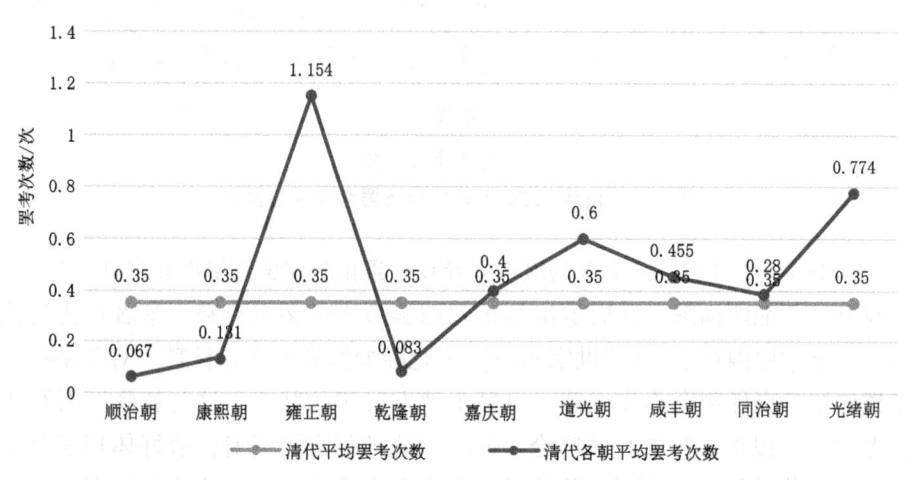

图 1-2　清代 91 次科场罢考事件趋势图

最后，笔者以每 20 年为一时间段等分清代科举 260 年历史作数据统计。士子罢考的趋势图同样体现了自雍正朝整治士子科场罢考问题后，罢考事件次数呈前期快速下降，后期不断上升的态势（图1-3）。特别需要指出的是，1706—1725 年、1726—1745 年是士子罢考事件的高发期，而这 40 年跨越了康熙末期、雍正朝和乾隆朝初期，以 23 次事件发生日期来看，其中 19 次发生在雍正十二年（1734 年）以前，即在雍正帝颁发《禁止生童罢考上谕》之前发生，并与之后此类案件数量迅速下降呈鲜明对比，体现了雍正后期和乾隆朝对于士子着力控制的有效性。士子罢考事件数量再次快速上升是在嘉庆初期的 18、19 世纪转折时期。

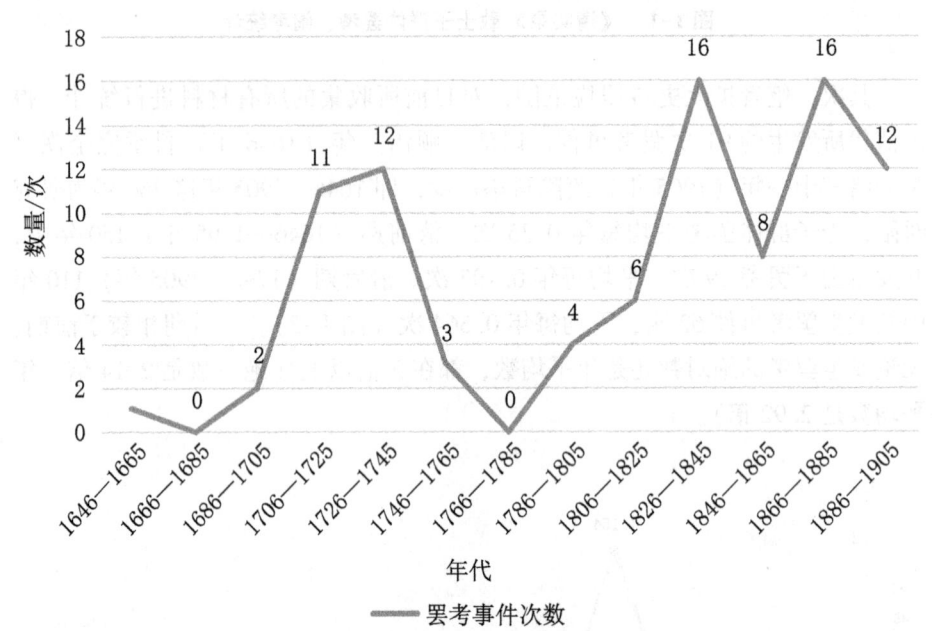

图 1-3 清代每 20 年等分科场罢考事件趋势图

图 1-1 与图 1-2、图 1-3 的最大差异在于雍正时期罢考事件的多寡。图 1-1 并没有与其他两幅图一样展示出雍正朝的罢考事件多发态势。笔者认为造成这一差异的原因在于，《清世宗实录》为乾隆朝修纂的官方材料，对于某些士子群体罢考事件刻意不作记载，以显示地方安宁的状态，这与乾隆帝对科场罢考"一严以贯之"的立场吻合。同时，这种刻意的回避，恰好体现了朝廷对士子的警觉和压制心理。若辅以地方志和文人笔记、文集中的记载，则弥

补了这一记载的不足，出现了图 1-2、图 1-3 中与图 1-1 不同的态势。

在图 1-2 与图 1-3 中，我们看到罢考事件数量在雍正时期由上而下的巨大转折，一方面，这凸显了罢考问题在康熙后期至雍正前期已经成为朝廷应该予以正视的严重问题，也解释了为何直到雍正朝才正式定义"罢考"一词，并将其纳入朝廷管控下；另一方面，这一转折展现了雍正帝对士子罢考问题的严厉态度、集中控制的决心与处置的有效性，与这一时期朝廷意图压制士人和士子群体的时代背景相吻合。

虽然存在差异，但三幅图拥有一个共同的趋势：自嘉庆朝以后，罢考事件数量再次快速上升。通过统计可知，清代后期的罢考事件，无论在绝对数量还是在每年的平均次数上，都比前期明显增多，这种转变与前面提及的政府控制力衰退的时代背景吻合。这一现象更与朝廷软化处理罢考事件、地方精英崛起以及权力关系的妥协与重构有关。因此，三幅图在一定程度上都反映出 18、19 世纪社会形态的转型。综而言之，在雍正朝后期开始认真面对严重的科场罢考问题后，这一问题被迅速解决，展现了朝廷对士子垂直管控的有效性和对士子一贯的高压态度，然而随着盛世远去，清政府的管控力下降后，科场罢考再次成为一个突出问题。

在对罢考作概况研究后，笔者进一步按照发生罢考的地域对这一问题进行深化分析。通过统计得知，清代罢考事件发生频率由高到低的省份依次为湖南 14 次，江苏 10 次，广东 10 次，河南 9 次，江西 7 次，山东、贵州各 6 次，浙江、福建、安徽各 5 次，直隶和甘肃各 3 次，吉林、四川、陕西各 2 次，奉天、湖北各 1 次。若以施坚雅（Skinner, G. William）的地域划分模式[1]作为解释载体，那么罢考次数由高到低为长江中游地区 27 次，华北地区 20 次，长江下游地区 15 次，岭南地区 9 次，云贵地区 6 次，东南沿海地区 5 次，西北地区 4 次，满洲地区 3 次，长江上游地区 2 次。若以东、中、西划分，则罢考比例分别为 57.1%、29.7%、13.2%。由此可见清代士子群体科场罢考案件集中于长江中下游地区和华北区域。

---

[1] [美] 施坚雅主编，叶光庭等译：《中华帝国晚期的城市》，中华书局 2000 年版，第 244 页。施坚雅将 19 世纪的中国分为八大区域：云贵高原、长江上游（四川盆地）、长江中游（汉水、赣江、湘江、沅江四大水系流域）、长江下游（江南地域，钱塘江及杭州湾）、西北（黄河上游，以甘肃为主）、华北（黄河下游，淮河，渭河流域）、岭南（西江、北江、东江流域）、东南沿海（武夷山奔流入海所形成的盆地）。

若以府为单位划分，清代 91 次士子罢考事件则具有东南部相对集中，中、西、北部相对分散的特点（表 1-2）。在可以考察到府属的 84 次罢考事件中，东南部以广东、江苏、福建最具代表性。江苏省发生罢考事件最多的府是松江府（3 次），若加上该省其他府一同考虑，则会发现罢考集中于长三角附近的江南地区，其中镇江府 1 次，江宁府 1 次，泰州 1 次，常州府 1 次，太仓直隶州 1 次，苏州府 1 次，江南地区的士子罢考占到了本省的 90%。与江苏相似的是广东省，罢考事件全部集中于珠三角的惠州府、广州府、肇庆府三地，分别为 1 次、4 次、5 次。福建省则呈现沿海特性，其中福州府 2 次，泉州府 1 次，漳州府 1 次，汀州府 1 次，几乎全部集中于东部沿海地区。

表 1-2 清代士子罢考事件府属分布统计

省	府（州）	罢考事件数量
福建（5 次）	福州府	2
	泉州府	1
	漳州府	1
	汀州府	1
山东（6 次）	莱州府	1
	兖州府	2
	济宁直隶州	1
	泰安府	1
	东昌府	1
江苏（10 次）	镇江府	1
	徐州府	1
	江宁府	1
	松江府	3
	泰州	1
	常州府	1
	太仓直隶州	1
	苏州府	1

续表

省	府（州）	罢考事件数量
广东（10次）	惠州府	1
	肇庆府	5
	广州府	4
江西（5次）	南昌府	2
	广信府	1
	南安府	1
	袁州府	1
浙江（4次）	宁波府	3
	绍兴府	1
河南（7次）	开封府	3
	陈州府	1
	河南府	1
	汝宁府	1
	彰德府	1
贵州（6次）	思南府	2
	威宁府	1
	黎平府	2
	贵阳府	1
湖南（14次）	靖州	1
	衡州府	2
	辰州府	1
	长沙府	5
	岳州府	3
	郴州	1
	沅州府	1
甘肃（2次）	肃州直隶州	1
	庆阳府	1

续表

省	府（州）	罢考事件数量
陕西（2次）	凤翔府	1
	咸宁	1
四川（2次）	重庆府	1
	滋州	1
安徽（5次）	六安州	2
	安庆府	3
直隶（3次）	沧州直隶州	2
	大名府	1
吉林（2次）	长春厅	2
湖北（1次）	黄州府	1

与沿海地区相反，华中、华北、西北地区的罢考事件则具有分散性。以湖南为例，虽然罢考事件在长沙府发生了5次，但其他各府州也均有发生，呈现零散化倾向。在湖南的14次罢考事件中，靖州1次，衡州府2次，辰州府1次，长沙府5次，岳州府3次，郴州1次，沅州府1次，事件发生地域覆盖了五府二州，地域跨度广且较为零散。再如，山东的6次罢考事件涵盖了5个地域，分别是莱州府1次，兖州府2次，济宁直隶州1次，泰安府1次，东昌府1次。在已知的河南7次罢考事件中，开封府3次，陈州府1次，河南府1次，汝宁府1次，彰德府1次，与山东具有类似的分布特点。这种分散性也适用于直隶、甘肃、陕西等地的罢考事件。

通过上文对清代罢考事件的统计可知，科场罢考实际上与地域的人口密度、科举参加人数息息相关。在以省为单位的大区域概念下，罢考呈现出南部较北部集中、东部较中西部集中的态势。同时，这种集中性与地方经济发展也有紧密联系，这一点在府属罢考事件统计中有明显体现，即经济发达地域如长三角地区、珠三角地区和东南沿海区域罢考集中高发，而经济欠发达地域罢考事件则呈现零散、突发的态势。

第三节 清代科场罢考原因概述

清代士子群体科场罢考的原因不同，但无论哪种因素，都对地方社会治安构成了不安定因素。正如上文所言，清代士子群体科场罢考更多强调的是群体利益，或有意为之的科场滋扰。但不可否认的是，科场罢考成为士子群体与朝廷进行互动的一种方式。贯穿清代的士子罢考，以"凌辱斯文"引发罢考、抗粮罢考、反官罢考为多见。降至19世纪，随着朝廷管控力的下降、社会秩序的崩塌以及面临西方压力等因素，一些新动因引发的士子罢考事件与传统因素引发的罢考事件交替出现，比如因社会秩序失范，19世纪捐官和冒籍引发了更多的士子罢考事件。而降至19世纪40年代以后，随着西方势力的进一步侵入，涉及反洋人的科场罢考事件频发。

虽然19世纪的罢考次数是18世纪的两倍以上，但并不能简单且绝对地归结于新因素使然。笔者认为，士子罢考在19世纪的多发，更多的是因为朝廷对于士子群体控制力下降而出现的结果[1]。在这种背景下，士子群体更倾向于用罢考这一形式表达自己的诉求，与地方政府和朝廷较量。而州县地方官对士子罢考更多采取了安抚、调解等措施，与18世纪的径直上报、率兵弹压大相径庭。因此，正是在这种更为重要的统治模式转变背景下，加之新因素使然，才导致了19世纪士子群体罢考数量的上升态势。

根据统计，清代引发士子罢考的首要因素是"凌辱斯文"，共25件次，占比27.47%。其他引发罢考的因素依次为反官或留官罢考，共19件次，占比20.88%；冒籍或土客冲突引发的罢考，共17件次，占比18.68%；抗粮税罢考，共16件次，占比17.58%；滋事罢考，共8件次，占比8.79%；反洋或反洋教罢考，共6件次，占比6.59%。下文根据士子罢考动因占比多寡，依次叙述。

一、因"凌辱斯文"导致的罢考

有清一代，士子群体中的生员、监生等功名持有者享有相应的司法特

---

[1] 正如已反复强调的，步入19世纪后，朝廷在面临内忧外患之际主动放权于地方，导致了官方对于士子群体罢考事件的弱化处理，处罚原则也由责主转向责官。与之相应的是，在19世纪初期地方士绅力量随着朝廷的退却而得以提升与扩展，对于士子群体罢考案也给予发声与支持。至太平天国运动以后，地方士绅、士人代表甚至直接出面和朝廷或省级政府进行讨价还价，以回护、保全士子，并使他们得以安然无恙。

权。[1]顺治十年（1653年），朝廷就颁布律令，规定生员若犯小事，应由府州县教官予以申饬，若犯大事，则由学政斥革后定罪，并郑重声明，如地方官擅责生员，由学政纠参。其文载："顺治十年题准：生员犯小事者，府州县行教官责惩。犯大事者，申学黜革，然后定罪。如地方官擅责生员，该学政纠参。"[2]康熙九年（1670年），康熙帝认为生员"关系取士大典"，将生员和"齐民"等同对待"殊非恤士之意"，遂颁布律令，强调生员"今后如果犯事情重，地方官先报学政，俟黜革后治以应得之罪"。[3]而词讼为小事，只需学臣加以申饬即可。即使是戒斥，地方官也不可随意"擅自扑责"，而是需要会同学官具禀学政，照例在明伦堂斥责。[4]这一条例作为州县官执政要点，被列入《大清会典》和各地方志条例中。[5]不过，虽然朝廷赋予生员以特权，但也意识到作为"四民之首"的他们可能恃功名而助长"骄矜之气"，从而导致群体行为。因此，早在顺治九年（1652年）礼部就颁布八条卧碑文，[6]置

---

[1] 王学深：《"凌辱斯文"与清代生员群体的反抗——以罢考为中心》，载《清史研究》2016年第1期。

[2]（清）素尔讷：《钦定学政全书》卷24《约束生监》，收录于沈云龙主编：《近代中国史料丛刊》（第30辑），文海出版社1968年版，第435页。

[3]（清）素尔讷：《钦定学政全书》卷25《优恤士子》，收录于沈云龙主编：《近代中国史料丛刊》（第30辑），文海出版社1968年版，第453页。

[4] 嘉庆朝《钦定礼部则例》卷57《生员事例》。明伦堂出自《孟子·滕文公上》，载"夏曰校，殷曰序，周曰庠，学则三代有之，皆所以明人伦也"，至清代是各地孔庙大典。明伦堂作为清代庙学结构的重要公共空间，承担重要的文化内涵和礼仪作用，根据《皇朝文献通考》卷65载，"生员入学需先于先师庙行四拜礼，后赴明伦堂，于台下序立，谒见业师"。因此，在明伦堂责罚一方面有先师责罚的意味，另一方面也是学官对于士子身份的一种责罚与警告，这种警告的法律权力源自顺治九年（1652年）颁戒斥生员文，并刊立卧碑于各处明伦堂内。

[5] 例如，光绪朝《定远县志》卷11《学校》、同治朝《安仁县志》卷6《学校·整饬士习》均载"生员所犯有应戒饬者，地方官不得擅自扑责，会同教官具详学政，革讯治罪"条例。

[6] 卧碑条例：（1）生员之家，父母贤智者，子当受教；父母愚鲁或有非为者，子既读书明理，当再三恳告，使父母不陷于危亡。（2）生员立志，当学为忠臣清官，书纪所载忠清事迹。务须互相讲究，凡利国爱民之事，更宜留心。（3）生员居心忠厚正直，读书方有实用，出仕必作良吏；若心术邪刻，读书必无成就，为官必取祸患，行害人之事者，往往自杀其身，常当猛省。（4）生员不可干求官长，交结势要，希图进身。若果心善德全，上天知之，必加以福。（5）生员当爱身忍性，凡有司官衙门，不可轻入；即有防己之事，止许家人代告，不许干与他人词讼，他人亦不许牵连生员作证。（6）为学当尊敬先生，若讲说皆须诚心听受；如有未明，从容再问，毋妄行辩难。为师者亦当尽心教训，勿致怠惰。（7）军民一切利病，不许生员上书陈言，如有一言建白，以违制论，黜革治罪。（8）生员不许纠党多人，立盟结社把持官府，武断乡曲；所作文字，不许妄行刊刻，违者听提调官治罪。（清）素尔讷：《钦定学政全书》卷2《学校规条》，收录于沈云龙主编：《近代中国史料丛刊》（第30辑），文海出版社1968年版，第40—42页。

于学宫明伦堂之左,以戒谕诸生,主要规劝他们不要有结社和干扰司法等行为。

一方面,这些规定对"士"的地位给予认可,将其与普通百姓采取不同的司法对待,使他们"齿于衣冠,得以礼见官长而无笞挞之辱"。[1]另一方面,这些规定也剥夺了地方州县官直接、随意处置生员的权力,必须经过该省学政将生员功名黜革,使之从"士"变回"民",才纳入地方管辖。如若不经此程序而直接对生员及其他科举功名持有者进行处罚,则干犯条例,构成"凌辱斯文",将受到严格议处,[2]而且往往因此导致士子群体的科场罢考事件。例如,康熙五十七年(1718年)四月,广东学政陈均举行院试,结果却因为"守备祁昶升以缉私宰,纵兵胡英殴辱监生廖必连。邑绅士愤之,不愿赴试",[3]导致士子科场罢考,该科无法进行。

不过,在18世纪,这种类型的科场罢考远不及19世纪多发。这一状况与"捐纳"任官增加有关。[4]有些捐官者目不识丁,更不要说熟知律法与体恤士子了,这与凭借科举入仕的官员对士子的认知大相径庭。[5]最终,一些

---

[1] (清)顾炎武:《亭林文集》生员论上,中华书局1983年版,第21页。

[2] 嘉庆五年(1800年)规定,擅自扑责生员的地方官降二级留任,因而致死者,降二级调用,系故勘致死者,从严治罪。

[3] 咸丰朝《兴宁县志》卷12《外志·事略》,1929年铅印本,第84页。

[4] 根据汤象龙的研究,在嘉庆五年(1800年)至道光二年(1822年)的二十二年中,捐纳共得银4400余万两,年均收入200余万两。汤象龙:《鸦片战争前夕中国的财政制度》,载汤象龙:《中国近代财政经济史论文选》,西南财经大学出版社1987年版,第187—241页。道光元年(1821年)至道光三十年(1850年)间,捐纳得银3300余万两,年平均百万两以上。汤象龙:《道光朝捐监之统计》,载汤象龙:《中国近代财政经济史论文选》,西南财经大学出版社1987年版,第30—45页。而至咸丰太平军起以后,捐纳所得更是不可计数,捐纳得银数所占银库比例从乾隆年间的10%—20%,骤增至嘉道年间的50%—60%,甚至在嘉庆七年(1802年)和嘉庆九年(1804年),捐纳得银占银库比例分别为82.77%和72.68%。罗玉东:《中国厘金史》,商务印书馆2010年版,第9页。根据艾尔曼的研究,不仅捐纳数字大为增长,捐官入仕者占官员总数的比例也从乾隆中期的22.4%,增长至同治年间的51.2%。Benjamin A. Elman, *Civil Examinations and Meritocracy in Late Imperial China*, Harvard University Press, 2013, p.247.

[5] 士子不仅代表了国家体面,也是地方的群体势力所在,因此,凭借科举入仕的地方官员面对这一遭到不公而集体行事的群体,往往对他们事之以礼,怀有希图地方无事的态度,保证这一特权群体的利益。例如,顺康年间的士人黄六鸿(生卒年不详)在其《福惠全书》中亦载明对绅士要"代之以礼","其有切己事,或弟子侄辈罹意外,亦必周全体面,所以正衣冠扶名教也"(《福惠全书》卷4《待绅士》);康乾时期历任州县、官至封疆的陈宏谋在其总结为官心得的《从政遗规》中亦言"生员莫轻打,干系诸生体面"(《从政遗规》卷上《五莫轻打》)。降至19世纪,一些士人和科举入仕的官员对于士的态度一成不变。王凤生的《牧令书》亦点明州县官对"士"要"爱之重之"(《牧令书》卷16《绅士》),而历任知县的方大湜更在其著作《平平言》中坦言"勿凌辱秀才",其言:

捐纳入仕者，因为不经行政手续，以致任意"凌辱斯文"，造成士子公愤，酿成群体罢考事件。例如，嘉庆二十五年（1820年）九月，刚登基的道光帝就谕旨军机大臣言"候补道洪燨，目不识丁，性成贪妄，上年署盐道时，于富商马姓被控服中狎饮一案，听嘱滥押诸生刑讯，几至罢考"，[1]要求督抚严刑查办。如此清朝四品官员竟然目不识丁，捐纳入仕为必然，而其不熟律例，未革先杖，几乎酿成罢考事件。又如，在浙江鄞县，知县每遇讯断民事诉讼案件，常"任意用刑"，一些士子也被其责罚，结果被举人顾清廉控告至省府，巡抚得知后大怒，并言"不得擅用非刑"。不仅如此，目不识丁的地方官因会承担县考、府考的任务，故往往命题错误，招致士子不满。徐珂在《清稗类钞·考试类》中记载了一则几乎导致士子罢考的逸闻：前吴县令曹益三，幼时为山东历城令厮养卒，后偷了主人的钱，捐官成为知县。笔墨不识的知县在恰逢县试之时，让幕僚代笔出题。幕僚拟题为"暮、春、者"三字，结果知县当场出题误书"者"为"在"，一时童生大哗，几至罢考。后来士子们纷纷作诗讽刺这个隶卒出身，靠着捐纳买来的知县，诗言："吓煞暮春在，题从何处来。县官不会做，只好做奴才。"又有言道："笑煞暮春在，童生做不来。龙阳曹县令，那得拔真才。"[2]这次险些发生的罢考，完全归责于朝廷为贱民出身的隶卒开了捐纳之门，以致胸无点墨又不熟律法的捐官者引发士子公怨，几乎酿成罢考事件。这种因捐纳官员目不识丁导致的士子罢考案在晚清呈多发态势，1876年初的《申报》还特意对此现象作出以下评论："州县校试童子军是天下第一难事！何也？以州县不尽正途出身耳！或监生报捐，或军功保举，甚有目不识丁令幕友书题，至封门后向靴中摸索者。诸童皆哗然，讪笑之。"[3]

（接上页）"粗暴之吏往往行以凌辱秀才为能事，殊不可必。余中丞治谱曰诸生即有一二不肖，须为众人惜体面，切不可窘辱太过，波及父兄妻子，此不惟全斯文之体面，收一时之人心……若父兄子弟之事亦是，至情州县亦须委曲，凡事从宽诸生之父，非大教不可加刑，亦培植斯文之一事，此长者之言也"（《平平言》卷2《勿凌辱秀才》）。方大湜认为对待生员不可使用凌辱之事，甚至事情涉及其家属时也需委曲应对，以全"斯文"之道，而那些"凌辱斯文"的州县官，在他眼中即为"粗暴之吏"。

[1]《清宣宗实录》卷5，嘉庆二十五年九月辛巳。
[2]（清）徐珂编撰：《清稗类钞》（第二册），中华书局1984年版，第602—603页。
[3]《罢考》，载《申报》1876年1月11日，第2版。

虽然朝中官员和地方士人认识到了捐纳官职导致"士心渐失"的危害[1]和可能引发科场案件，但是清政府为了获得财源，并没有真的整顿这种状况，以致咸丰朝以后因捐官而引发"凌辱斯文"的科场罢考事件层出不穷。如《清实录》载："前署汲县知县孟苞赋性狡悍，行同无赖……尤喜侮毁士子……绅民共愤"。[2]巧合的是，汲县前任知县李元祯同样贪腐无能，放纵其子李朝钧、幕友萧景运，以及家丁尤二、高二等朋比为奸，贿赂公行，甚至在士民间流传着"汲县官本姓李，谁有钱谁有理"[3]之谣。捐纳入仕严重影响了19世纪朝廷的行政效率与公正性，[4]更增加了士子罢考的可能性。捐纳官员并不以读书为上升路径，对于士子的认同感疏离，加之骤然任官，既无扎实的文化功底，又少"斯文"之气，更别谈对律令的熟识，因此往往导致"未革先杖"的违例事情发生。

二、反官或留官罢考

清代士子为了表达对于地方官的不满（主要针对府、州、县等各级地方官与考官），有时也会以科场罢考表达抗议，从而达到将地方官撤换，或者保持科场公平取士的目的。此类罢考大致可归纳为以下几种。

第一种是反地方官贪污罢考。如道光十二年（1832年），浙江西安县知县万启芬参奏嵊县知县何瑞榴纵容门丁刘珍、书吏沈清杨把持公事，以致士子"愤激罢考"。史载"嵊县知县何瑞榴，纵容门丁刘姓包倡架赌，并为刘姓生辰敛金五百。刘姓现在绍兴府城内大木桥买房，又听从已革复充书吏沈杨枝，即沈清杨，把持公事，以致士民愤激罢考"。[5]有时这种因地方官受贿而

---

[1] 咸丰朝时任左都御史的花沙纳就曾描述捐纳官职以致"失士心也"的状况："富豪竞进，寒士向隅，为乾隆时所未有。然天下士尚踊跃观光者，以科甲一途，非银钱所能为力，犹足贵耳。今乃并此而捐之，胥天下而出于利途，益令垂首丧气，口议腹诽，是失士心也。"参见沈云龙主编：《近代中国史料丛刊》（第34辑），《道咸同光奏议》，文海出版社1966年版，第1067页。咸丰年间的士人沈守之（生卒年不详）亦言："市井牙侩，仆隶人等无不各有官阶，一时有官多民少之谣。名器之滥，至斯为极。"参见（清）沈守之：《借巢笔记》，江苏省立苏州图书馆1940年版，第27页。
[2] 《清德宗实录》卷426，光绪二十四年八月癸未。
[3] 《军机处录副·补遗·戊戌变法项》，档案号3/168/9451/37，光绪二十四年七月二十九日。
[4] 许大龄即引用《皇朝道咸同光奏议》点明，"近来捐例频开，流品几不可问，吏治因以废弛"。参见许大龄：《清代捐纳制度》，哈佛燕京学社1950年版。
[5] （清）吴文镕：《吴文节公遗集》卷3《奏议一》，"查明浙江省被参各员及有关盐务各款折"，咸丰七年吴养原刻本，第2页。

· 039 ·

取士不公的罢考，会进一步演变成更大的骚乱。在道光二十四年（1844年）的浙江奉化县试上，上一年落第士子指控知县收受贿赂，于县试当日罢考，士子聚集起来攻击知县，并将其赶走，而这场骚乱最终由官府派兵弹压下去。[1]

随着19世纪朝廷管控力下降和吏治的下滑，特别是步入光绪朝以后，士子们反地方官贪腐的科场罢考事件更加频发，这也成为他们最好的博弈手段。光绪元年（1875年）十一月，广东四会县知县乌庭梧已经于县考前率先贴出招考告示，但至十一月二十日并没有士子投卷送考。结果他不得已推后考期，并于十一月二十七日与十二月一日二次、三次贴出招考告示。但依旧没有士子投卷应考，酿成全县士子罢考。事件发生后，知府迅速派人调查，访得因知县乌庭梧曾在前一年考试武生时，"有风示武童即今科第二名武举罗楚，欲其输洋六百元，许列案首"，[2]结果被罗楚拒绝一事。听闻此事的全县文童激愤异常，认为知县"于武试尚逐逐其欲，况文试而有不纠缠者乎"，[3]遂合议发动罢考。实际上，这次罢考事件不过是地方士子群体对知县积怨已久的爆发。在《四会县志》中对乌庭梧就有"性不爱士，士类多所裁抑。尝以褫革吓诸生"[4]的记载。士子显然是以罢考的方式对乌庭梧执政地方多年来不爱惜士子的行为予以回击，最终逼迫其离任。

第二种是反苛政罢考。例如，光绪八年（1882年）黄河决口，山东茌平县受灾严重。然而时任知县张熙瑞救灾不力且强民所难，引发士民之怨。次年春季县试准备开考，"合邑乡镇均有匿名帖宣誓，任何人士均不许应其考试"。[5]"故调齐之期无一至者"，导致全县士子罢考县试，以抗议知县的苛政行为。张熙瑞呈报程知府调停，晓以利害，谓"州县罢考罚科十次，于士子前途大有障碍，婉谕强迫，仅得数十人到场，勉强了案"。[6]后知县张熙瑞被革职查办，而士子罚停科考作结。[7]

---

[1] Smith, George, *A Narrative of an Exploratory Visit to Each of the Consular Cities of China, and to the Islands of Hong Kong and Chusan: In Behalf of the Church Missionary Society, in the Years 1844, 1845, 1846*, Seeley, Burnside & Seeley, 1847, pp. 251–252.

[2] 《罢考》，载《申报》1876年1月11日，第2版。

[3] 《罢考》，载《申报》1876年1月11日，第2版。

[4] 民国《四会县志》编五《宦绩》，1925年刊本，第61页。

[5] 牛占城修，周之桢纂：《茌平县志》卷11《灾异志》，1935年铅印本，第2—3页。

[6] 牛占城修，周之桢纂：《茌平县志》卷11《灾异志》，1935年铅印本，第2—3页。

[7] 山东省茌平县地方史志编纂委员会编：《茌平县志》，齐鲁书社1997年版，第13页。

第三种反官罢考集中于取士或分配学额不公方面。例如，光绪二十四年（1898年），安徽安庆府所管辖的怀宁、桐城、潜山、太湖、宿松、望江六县学额各44名，当年生员岁试，府属生员群集府城应试。考试后，安徽学政徐季和认为当年桐城士子优秀试卷较少，故而未能如额取中相应数量的桐城士子。而望江士子文字却"颇觉斐然可观"，乃将桐城所空出的两个名额拨给望江县士子。结果此举引发桐城士子的激烈抗议，"咸为不服"。光绪二十四年（1898年）桐城县知县贴出招考告示后，桐城士子虽然云集县城，却不肯入场应试，史载"士子虽齐集备卷而届期不肯入场"，以致酿成县试罢考。[1]知府、知县大为惊骇，传唤廪生讯问后，方知因学政少取桐城士子两人所致。面对士子罢考，知县与教谕怕持续罢考引发更大问题，故二人出面向士子保证本届如额录取士子。有了桐城士子的带头，同年潜山县士子也发动县试罢考以作对取士不公的反抗。[2]

除了以上反官罢考的类别，还有一种罢考因素值得注意，即留官罢考。士子们以罢考的形式挽留即将卸任的地方官，以图朝廷和省府可以延长官员任职期，这种因素的罢考在康熙晚期较为多见，下文将详细展开论述，体现出士子与官府的另一种互动模式。

三、冒籍引发的罢考

科举冒籍引发的社会秩序失范和土客冲突构成清代士子科场罢考的第三种主要动因。清代由于科举竞争的日益激烈和人口增加，对于科举资源的争夺已成白热化状态，以致"冒籍多一人，则土著更少一人"，[3]而在清代又以地域冒籍和身份冒籍两大类别最为常见。[4]在这种情况下，士子冒籍应试最易引发土客之争，土著士子往往群起攻讦客籍士子。雍正九年（1731年），江西南赣总兵刘章奏报，南康县开考时，因土客矛盾以致土籍士子不愿与客童一同考试，不仅齐集喧闹于衙门外，而且在考试期及补考期均"无一人应试"，[5]酿

---

[1]《罢考述闻》，载《申报》1898年11月9日，第2版。
[2]《罢考述闻》，载《申报》1898年11月9日，第2版。
[3] 中国第一历史档案馆：《乾嘉时期科举冒籍史料》，载《历史档案》2000年第4期。
[4] 王学深：《清代乾隆朝科举冒籍问题概述》，载《中国考试》2016年第4期。
[5] 中国第一历史档案馆藏：《江西南赣总兵刘章奏为南康县科考土著童生明东陞等喧嚣阻考办理情形事》，雍正九年八月十五日，档案号04-01-38-0056-044。

成罢考案件。

　　进入19世纪，读书应试的人数也与日俱增，而因冒籍酿成的罢考事件更为突出。例如，嘉庆二十二年（1817年），浙江省鄞县有皂吏之孙袁增意图参加宁波府试。这一做法引发士子不满，他们以冒籍为由攻讦袁增，也没有廪生愿意为他府试出具保结。又有童生董珪因殴打曾为袁增认保的蒋漪而受到杖刑，最终引发罢考。[1]又如，光绪十八年（1892年）安庆府于三月初二日府试时，怀宁县士子称文童陈缥为江苏金陵籍，却参加安庆府试，冒籍应试。一时士子激愤，要求知府惩处冒籍士子。但地方官对陈姓士子并未处理，以致士子大哗。他们在府考点名锁院时即大闹考棚，将场中桌凳击毁，公案、堂鼓一并掀翻，知府衙署的左右墙壁被破洞，并将头、二道门拆毁，士子群体高呼"罢考!"[2]而去。这种因土客冲突引发的罢考事件多发于江西、贵州、湖南、四川等移民聚集地。罢考往往连续十数年，其中尤以嘉庆时期江西袁州府万载县罢考案为突出。此外，除了地域上的土客冲突，身份冒籍同样容易招来士子群体的罢考抗议，他们对于"贱民"中的皂隶子孙应试尤为敏感。这同时也反映出当时社会秩序混乱的现实，此一类型以嘉庆时期山东金乡县罢考案为典型，下文将展开详述。

四、抗粮税罢考

　　清朝采取对有功名士子优免丁粮和杂役的政策，[3]又规定"地方官不得强令生员充当社长。凡总甲图差之类，一应杂色徭役，例应优免……生员不得抗粮遁赋，违者褫革。革后全完，准予开复"。[4]但是，清代国家只是免除了士子的丁粮，并没有免除他们的田赋。士子们对优免政策往往妄加利用，不仅故意拖延缴纳田赋，功名也成为整个家庭或者家族的保护符，以致拖欠朝廷钱粮问题严重，这导致朝廷与地方精英间冲突加剧，尤以顺治年间的江

---

[1] 参见周慧惠：《嘉庆间鄞县童生罢考事件考》，载天一阁博物馆编：《科举与科举文献国际学术研讨会论文集》（下册），上海书店出版社2011年版，第107—113页。

[2]《点石斋画报》土集十一《大闹考场》，第84页。

[3] 顺治十二年（1655年），朝廷规定生员以上有功名的士子被朝廷给予优待，可以免除缴纳丁粮，各府、州、县贴出告示，"将各学廪、增、附名数细查，在学若干……俾通知的确姓名，然后优免丁粮"。参见（清）素尔讷《钦定学政全书》卷25《优恤士子》，收录于沈云龙主编：《近代中国史料丛刊》（第30辑），文海出版社1968年版，第453页。

[4] 光绪朝《定远县志》卷11《学校志·教条》，光绪五年刻本，第21页。

南"奏销案"最为激烈。[1]虽然受到打压的士子在此后并没有形成大规模的反抗,但随着朝廷调整优免政策,地方士子常以罢考的方式反对朝廷的纳粮政策,乾隆时期即已出现因粮价波动导致的士子抗粮事件。[2]嘉道时期,湖北学政龙启瑞亦言士子们往往"阴借罢考为抗粮之计,以致观望不前。此等恶习深为学校之害"。[3]正如吴琦和肖丽红的研究所言,"相较于民众抗粮,绅衿抗粮事件具有更大的震慑力,其中所蕴含的社会问题也十分繁复"。[4]

清代地方社会的这种士子行为,对于国家税收无疑形成了致命的打击,故而也受到朝廷的格外重视。白凯(Kathryn Bernhardt)在对长江下游地区反抗行为的研究中就曾提出,生员虽然不用承担如平民一样高得惊人的赋税,"但作为包揽的从业者,许多下层士绅已经卷入了一种反抗国家赋税的行动"。[5]这些参与抗粮罢考的士子往往是组织有功名者参与其中,而不是动员更多的地方百姓参与到抗粮活动中。这一群体的封闭性特点抑制了士子群体鼓动普通民变的可能。

嘉庆、道光时期所发生的士子抗粮罢考案件又和当时社会通货膨胀、粮价上涨和"银贵钱贱"的经济危机相联系。[6]万志英(Richard von Glahn)认为19世纪初期的经济衰退与此时期严重的政治挑战和社会动荡有直接联系。[7]嘉庆十五年(1810年),江苏青浦县生员诸联在赴省会南京参加乡试

---

[1] 顺治十八年(1661年)六月,江南苏州府、松江府、常州府、镇江府因拖欠田赋而革除进士、举人、贡生、生员等功名士子13 000余人。据叶梦珠载,"奏销一案,据参四府共欠条银五万余两,黜革绅衿一万三千余人"。(清)叶梦珠:《阅世编》卷6《赋税》,中华书局2007年版,第156页。乡绅受处罚者约2000人,酿成著名的"江南奏销案",而对地方官同样采取无法完粮即刻降、革的处罚。其中最为著名的士人探花叶方蔼因欠钱粮一文,被革除功名,故而江南流传着"探花不值一文钱"的词句。

[2] 参见 Helen Dunstan, *State or Merchant*: *Political Economy and Political Process in 1740s China*, Harvard University Asia Center, 2006.

[3] (清)龙启瑞:《经德堂文集》别集下《严饬闹粮阻考札》,光绪四年龙继栋京师刻本,第4页。

[4] 吴琦、肖丽红:《清代漕粮征派中的官府、绅衿、民众及其利益纠葛——以清代抗粮事件为中心的考察》,载《中国社会经济史研究》2008年第2期。

[5] [美]白凯著,林枫译:《长江下游地区的地租、赋税与农民的反抗斗争:1840—1950》,上海书店出版社2005年版,第112页。

[6] 19世纪稻米、粟米、白麦、高粱等相近物价波动,参见王宏斌:《清代价值尺度:货币比价研究》,生活·读书·新知三联书店2015年版,第229页。

[7] Richard, von Glahn, *The Economic History of China*: *From Antiquity to the Nineteenth Century*, Cambridge University Press, 2016, p. 348.

时，留下了科举费用日增的记载："金陵之行，盘费日增，见昔人旧账，所用约三四金耳，予初试时只加其半，今则非二三十金不能行矣。寒士馆谷，一年所入几何，何所持作破浪想也。"[1]根据时任浙江巡抚阮元在1801—1804年间的浙江省粮价奏报，我们可以更清晰地看到19世纪初期以粮价为代表的生活成本一路攀升的趋势（图1-4）。

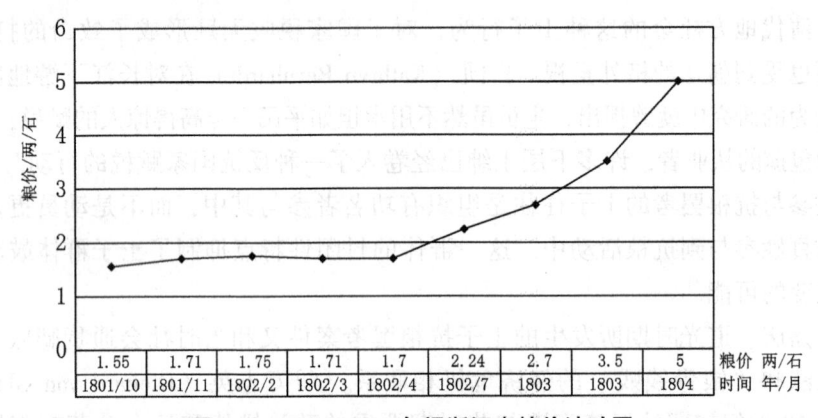

粮价 两/石	1.55	1.71	1.75	1.71	1.7	2.24	2.7	3.5	5
时间 年/月	1801/10	1801/11	1802/2	1802/3	1802/4	1802/7	1803	1803	1804

图1-4　1801—1804年间浙江省粮价波动图

资料来源：阮元1802—1804年间粮价奏折。参见Betty Peh-T'i Wei, *Ruan Yuan, 1764-1849: The Life and Work of a Major Scholar-Official in Nineteenth-Century China Before the Opium War*, Hong Kong University Press, 2006, p.191.

步入19世纪40年代以后，清朝的通货膨胀越发严重，全国多地银钱比价上升到1:2000（表1-3），而士子纳粮却以银两为计量单位，因此士子群体抗议与经济变化有紧密联系。例如，道光二十三年（1843年），福建屏南县知县符兆纶派皂役征粮，以制钱一千抑价六百，导致生员周良弼约同生员甘茂远、张官灼等上控，结果知县符兆纶将上控者标出"不予完粮，因激成罢考之变"。[2]若以19世纪40年代全国普遍的银钱比1:1600计算，那么1000文铜钱约价0.625两，所以屏南县以制钱一千抑价六百大致符合当时的银钱比例，只不过是"银贵钱贱"的时代背景酿成了士子抗粮罢考事件。咸

---

〔1〕（清）诸联辑：《明斋小识》卷11《考试盘费》，收录于《笔记小说大观》（第二十八册），江苏广陵古籍刻印社1983年版，第80页。

〔2〕民国《屏南县志》卷21《人物》，黄恩波纂民国钞本，第22页。

丰初年的广东长红罢考案也与此相关。道光朝以后因抗粮发生的士子罢考事件共 10 件次，占整个抗粮罢考类别的 62.5%，波及甘肃、河南、陕西、湖南、福建、广东等省。降及清末，河南扶沟县举人吕阳桐仍然希图利用罢考达到求减钱粮的目的。光绪二十五年（1899 年）七月，扶沟县知县杨敬修挂出文牌告示八月二十日开考后，"吕阳桐起意向学徒周尚文商议欲借罢考挟制县官求减钱粮，并令捐钱归入书院"。[1]由此可见，随着 19 世纪"银贵钱贱"危机加重，士子抗粮罢考多发并非个别省份的现象，而是全国性的共性事件。

表 1-3　1846 年银钱比例

地域	比价	资料来源
江苏	1∶2000	《中国近代货币史资料（1822—1911）》[2]，第 118 页
山西	1∶1700—2000	《中国近代货币史资料（1822—1911）》，第 118 页
河南	1∶2200—2300	《中国近代货币史资料（1822—1911）》，第 118 页
安徽	1∶2000	《中国近代货币史资料（1822—1911）》，第 118 页
福建	1∶1900	《中国近代货币史资料（1822—1911）》，第 119 页
湖北	1∶1800—1900	《中国近代货币史资料（1822—1911）》，第 119 页
广西	1∶1600	《中国近代货币史资料（1822—1911）》，第 119 页
广东	1∶1500	《中国近代货币史资料（1822—1911）》，第 119 页
甘肃	1∶2000	《中国近代货币史资料（1822—1911）》，第 119 页
直隶	1∶2200	《中国近代经济史统计资料选辑》[3]，第 37 页
江西	1∶1900	《中国近代货币史资料（1822—1911）》，第 119 页
云南	1∶1580—1640	《中国近代货币史资料（1822—1911）》，第 120 页
贵州	1∶1600	《中国近代货币史资料（1822—1911）》，第 120 页

[1] 台北"故宫博物院"藏：《军机处档折件》，《河南巡抚兼管河工事务张人骏奏报审办扶沟县举人吕阳桐聚众罢考未成案》，光绪朝，档案号 154367。
[2] 《中国近代货币史资料（1822—1911）》，收录于沈云龙主编：《近代中国史料丛刊》（第 2 辑），文海出版社 1966 年版。
[3] 严中平等编：《中国近代经济史统计资料选辑》，中国社会科学出版社 2012 年版。

续表

地域	比价	资料来源
陕西	1:1800—2200	道光二十六年（1846年）宫中档
湖南	1:2200—2300	道光二十七年（1847年）外纪簿
四川	约1:1600	道光二十七年（1847年）外纪簿

五、清晚期士子群体反洋罢考

除了以上几种贯穿清代的科场罢考动因，反洋或反洋教罢考成为19世纪一种新的趋势。晚清被迫开放通商口岸并允许外国传教士自由传教，导致了西洋传教士和本土士民摩擦加剧。[1]士子作为反教运动的领导者，往往先采用揭帖、公禀等形式抗议，当这些手段无法达到预期时，他们就会发动罢考以逼迫地方官府帮助交涉，甚至迫使朝廷就范，第二次重庆教案所引发的士子科场罢考事件就是典型代表。

此外，与当时的社会大背景相联系，反汉奸知府余保纯案也是典型代表。道光二十一年（1841年），时任广州府知府余保纯在奕山和杨芳的授意下，与英国代表义律谈判求和，还伙同南海知县梁星源、番禺知县张熙宇，应英方要求派兵弹压地方士民。因此，余保纯被士子们斥为"汉奸之首"，他甚至警告领导地方抗英的士绅们说："合约已成，士绅必须为所发生的任何事情负责。"[2]余保纯的这些话语与行为引发了士子群体的极大愤慨。恰逢当年八月初二日为府试日期，南海县被排在第一场，当余保纯乘轿到署衙门口落轿时，士子一见是"汉奸"余保纯便大声倡言："我辈读圣贤书，皆知礼义廉耻，不考余汉奸试"，[3]以致南海县士子全部罢考，其他各县士子也纷纷响应导致府

---

[1] 三元里抗英事件被魏斐德（Frederic Wakeman）视为"意识上的分水岭，它标志着反官府意识和激烈的反洋人主义的开始"。参见[美]魏斐德著，王小荷译：《大门口的陌生人：1839—1861年间华南的社会动乱》，新星出版社2014年版，第67页。三元里抗英事件更被日本学者铃木中正视为清末攘外运动的起点。[日]铃木中正：《清末攘外运动的起源》，载《史学杂志》第62卷第10号，1953年，第887—914页。

[2] [美]魏斐德著，王小荷译：《大门口的陌生人：1839—1861年间华南的社会动乱》，新星出版社2014年版，第18页。

[3] （清）梁松年：《英夷入粤纪略》，收录于广东省文史研究馆编：《三元里人民抗英斗争史料》（修订本），中华书局1978年版，第64页。

试无法开科，酿成士子罢考事件。罢考发生后，余保纯先派南海县和番禺县知县前来劝说，以安抚士子，希图继续开考，结果这两名同样因与英人媾和"有功"被赏六品顶戴与蓝翎的知县刚赶到署衙，便被士子们大声呵斥，"有如此清贵之金顶子不戴，而戴此污糟白石奚为？"[1]余保纯见罢考已成，众怒难平，便欲乘轿回府，结果怒气未消的士子们"以瓦块掷击，轿为之破"。时署理两广总督的怡良见士心难平，于是将余保纯革职查办以安抚士子，后又以雷州府知府易长华代理广州府知府任，并于八月初七日再次开考，仍作为头场考试的南海县士子在达到罢免"汉奸"官员的目的后，是科考试地方平静如常。诚如《筹办夷务始末》所载，"地方官稍缓。须臾不为救援，则六百万圆可以不给，而在粤之英夷几无孑遗，此广州府所以罢考，知府余保纯所以引疾去任，而可为前车之鉴者"。[2]

在地方社会中，府州县学和书院是士子们反洋教活动的空间和信息交换场所所在，且士子反洋教运动常常发生在府县试开考之时，更有利于士子间的聚集和相互联系。例如，同治元年（1862年）江西巡抚沈葆桢向朝廷奏报《湖南境内法国天主教堂被拆毁一折》中提及：

"据称本年二月，忽有湖南合省公檄痛诋该教，遍贴街市。适值开考，生童哗然，订期齐集，于十七日二更时分，突有多人拥至筷子巷及袁家井教堂，立时拆去，并将习教之义和酒店等器皿货物打毁。该教士坐船一只，及五里庙巷地方教堂，同时被毁。"[3]

因为开考士子多集中于府、县城内，在此引发的反洋教行为是地方官所关注和防范的重点。士子们的科场罢考行为又往往符合传统的儒家观念，故赢得大量士子、士绅和百姓的支持。1864年，刚上任江西巡抚的刘坤一治下发生因士子反对传教士和洋人的"罢考试，殴首府"之事，以致在刘坤一给蔡知府的信中，强调了士子与洋人的对立情绪，"二年既经启衅，彼此再难相

---

[1]（清）梁松年：《英夷人粤纪略》，收录于广东省文史研究馆编：《三元里人民抗英斗争史料》（修订本），中华书局1978年版，第64页。当时广州府因"求和有功"，许多地方官被赐六品顶戴，赏花翎，因此省城有流行的嘲笑之言曰"有顶皆白石，无帽不蓝翎"，更有"鬼子来，走得快，有白顶，蓝翎戴"的歌谣。

[2]（清）文庆等编：道光朝《筹办夷务始末》卷75，咸丰间内府抄本，第13页。

[3]《清穆宗实录》卷23，同治元年三月己酉。

安"。[1]甚至在反洋呼声日益高涨的背景下，当晚清涉及中外关系时，地方士民往往也会有更为激烈的反对。例如，光绪二年（1876年），郭嵩焘领命出使英国，在他尚未启程之时，地方士子已经指斥其为"湘奸"，并认为长沙修建天主教堂是经其同意。其后又有聚集长沙的士子，希图以乡试罢考作为对郭嵩焘出使媚洋的抗议，甚至欲烧其家。待郭嵩焘出使后返回湖南，他所作的《使西纪程》刊刻后，地方士子群体顷刻间"凡有血气者，无不切齿"，"他的出使，被人视为辱国。他本人则被视为贰臣、汉奸"。[2]因此郭嵩焘不得不以病为由，自求隐退，但湖南地方士民仍旧对其挞伐不断，以致其终身再未出仕。

更为直接的反洋矛盾是光绪十九年（1893年）的传教士安治泰入城事件。当安治泰要进入济宁城传教时，地方士子非常愤慨，乡绅也联名请愿禁止其入城，"以致城乡悚动，各乡正研拟反击之计。"[3]后济宁地区四社二十四乡士绅以黄大年为代表请愿。但朝廷迫于德国方面的压力，屡发电文于山东巡抚李秉衡，令其"妥为办理，即饬该县照料入城，保护一切"。[4]在这种情况下，安治泰不顾地方士民反抗，于光绪二十一年（1895年）闰五月初二日入城。早已不满的士子们在府城院考之时，皆不领卷，愤然罢考，并要求地方官府将安治泰驱逐。在相持之时，地方士绅也闻知赶到，"聚街塞巷，拥堵署门"，[5]最终导致安治泰被驱逐出城，总理衙门亦告知安治泰"暂缓入城"。[6]在这一案件中，科场罢考行为是在发布揭帖、请愿等行为无效后所作出的进一步努力和同官府的进一步博弈。

---

[1]（清）欧阳辅之编：《清代名臣奏疏文稿汇编》之《刘坤一书牍·致蔡筠菴太守》，同治五年六月十四日，清宣统刻本。

[2] 祖金玉：《走向世界的宝贵创获——驻外使节与晚清社会变革研究》，南开大学出版社2012年版，第20页。

[3] 王明伦选编：《反洋教书文揭帖选》，齐鲁书社1984年版，第160页。

[4] 中国第一历史档案馆、福建师范大学历史系合编：《清末教案》（第2册），中华书局1998年版，第637—639页。

[5] 朱承山、刘玉平主编：《济宁古代史》，中国社会出版社2012年版，第378页。

[6] 朱承山、刘玉平主编：《济宁古代史》，中国社会出版社2012年版，第378页。

第四节 清代科场罢考的规模与发动网络

一、士子群体罢考规模

虽然引发士子科场罢考的因素如上文所示有所不同,但是清代士子群体在发动罢考时,却往往拥有一种休戚与共的"共同体"观念,群起响应。社会心理学家萨拉森(Seymour Bernard,Sarason)在对这一观念的讨论中强调了社区内共同行为和集体意识,而这也是社区内自我认同的主要基础。[1]罗威廉将士子群体比作一个处于"中间阶层"的群体(intermediate group),构成社区成员间的"封闭体系",强调同一社区内成员的同质性。[2]这一群体在精神与物质上的不稳定性使他们流动于社会各领域,成为社会各阶层中"极具活力的群体",更容易触发各种社会活动。[3]正是出于以上心理和因素,士子发动科场罢考时往往参与人数众多。汪辉祖在《佐治药言》中就提出,州县官要待士子以诚信,"若不经意,恐小而士论不平,大则借端罢考"。[4]

顺治十八年(1661年)福州罢考事件,涉及士子百人以上,其中邓譔、林芬、林晟、黄国壁等十八人为领头发动者,附近十学生员除卞鳌、庐登、翁钦仁三人外,"百余人弃不入试"。[5]雍正五年(1727年)山东兖州营兵武登超责骂士子单珞、王勉、谢怀远案中,以单珞、王勉、谢怀远为领头,声言"如不当面捆打,我等俱各散去,不赴考试",以致"顷刻间聚集二百余人"罢考,并到学政衙门前喧闹。[6]嘉庆四年(1799年)吴三新"未革先

---

[1] Sarason, Seymour Bernard, *The Psychological Sense of Community: Prospects for a Community Psychology*, Jossey-Bass Inc. Pub., 1974, p. 157.

[2] [美]罗威廉著,鲁西奇、罗杜芳译:《汉口:一个中国城市的冲突和社区(1796—1895)》,中国人民大学出版社2008年版,第10页。

[3] 王鸿泰:《明清的士人生活与文人文化》,载邱仲麟主编:《中国史新论:生活与文化分册》,联经出版事业股份有限公司2013年版,第267—316页。

[4] (清)汪辉祖:《佐治药言·勤事》,乾隆五十一年刻本。

[5] (清)缪荃孙:《艺风堂杂钞》卷2《陈怡山福州学变记》,中华书局2010年版,第61页。

[6] 中国第一历史档案馆编:《雍正朝汉文朱批奏折汇编》(第9册),江苏古籍出版社1989年版,第189页。

杖"案中，带头向知府和学政呈讼的生员有李福等二三十人，而罢考的参与者是朝廷着力扶持的"府属高才诸生"——紫阳书院士子，规模百人以上，[1]即超过八成的士子参与到罢考事件之中。道光年间湖南耒阳县所发生的抵制县试事例，更可看到家族参与其中。[2]民国时期《沧县志》所记载的以孙廷弼为首的罢考案件，参与生员、武童达七百余人。[3]

通过列举，我们可以得知，士子罢考案件以生员作为领导主体，他们是士民中的翘楚，自然在群体事件中成为领导者，其规模多为百人以上。美籍传教士明恩溥就对州县官侮辱地方士子后的群体行为有着形象的描述："全体秀才们将像一群黄蜂一样挺身而出，对这种侮辱表示不满和抗议。"[4]

除了作为中间群体的生员，往往还有与之利益攸关的童生群体参与到科场罢考中。童生与生员群体更为接近，生活于同一空间中，而且童生作为生员的后备军，对"斯文"持有同样的态度。更重要的是，在清代科举考试前，童生都需要找"食廪生员"作保，[5]这使得生员与文童"同为乡里，谊属戚友"。[6]全祖望就曾对这种廪生与地方生童的关系给予评价，其言："国家试士之例，责保结于廪生，既为之挨保，又为之认保，所以严其踪迹者至备。夫以太守录送之士，而必寄耳目于廪生者，太守之去士远，而廪生之相去近也。"[7]正是这种利益关系，使得生童更容易响应生员的要求，形成规模巨大的罢考群体。与其他类型的"民变"相比，士子的科场罢考行为较少有士阶层以外的百姓或"地方闲杂人员"参与。为维护"特权"而发动的罢考与其他群体并没有直接联系，也与普通百姓自身利益无关。闵斗基认为，"生监的集体行为是与民人相分离的，虽在抗税或反地方官的运动中他们会利用民人的

---

[1] 同治朝《苏州府志》卷149《杂记六》，光绪九年刻本。
[2] [美]孔飞力著，陈兼、陈之宏译：《中国现代国家的起源》，生活·读书·新知三联书店2013年版，第80页。
[3] 民国《沧县志》卷14《事实志·轶闻》，文竹斋南纸印刷局1933年版，第27页。
[4] [美]明恩溥著，午晴、唐军译：《中国乡村生活》，时事出版社1998年版，第117页。
[5] 根据清代科场规定，岁、科两试名列一等者享受朝廷补贴，称为廪膳生员，应在院、府、县试前为士子认保，以互相稽查而防止弊窦。"如该童有身家不清，匿三年丧冒考，以及跨考者，惟廪保是问"。
[6] （清）徐珂编撰：《清稗类钞》（第二册），中华书局1984年版，第599页。
[7] （清）全祖望撰，朱铸禹汇校集注：《全祖望集汇校集注》卷34，上海古籍出版社2000年版，第637页。

力量，但到最后生监群体会保护自己的利益，而不是站在民的立场"。[1]

二、士子罢考的联系网络与发动过程

根据本著作的研究，士子群体在清代并没有发生罢考形式的根本变化，地域间的差异也较小。因此，根据笔者掌握的资料，清代士子罢考大致可分为三步：罢考前的准备与酝酿、罢考的发动与巡游、罢考的后续行为。

(一) 罢考前的准备与酝酿

士子群体受到利益侵犯后，如面对"凌辱斯文"等不公对待，往往会将委屈诉说于同学或同乡的其他生员、监生、童生等，以求得他们的理解与支持。然后，或群体上疏官府，施以压力，或生员群体间进行串联、召开会议商定，甚至有士子进行宣讲以作为发动罢考的准备。

顺治十八年（1661年）福州事件中的邓氏兄弟，被举人陈殿邦之兄陈忠陛状告，邓譔被诬陷曾用贩盐所得抵偿陈氏兄弟欠款。接受了陈氏兄弟贿赂的盐运使王志佐，竟然不辨真伪，打了生员邓譔三十大板。[2]邓譔将这种不公对待告诉生员林芬等人，引发以林芬为首的"十学数百人公愤"，他们"遍投上宪，邓譔哭于文庙"，[3]拉开了该案罢考的开端。再如，嘉庆四年（1799年）发生吴三新"未革先杖"事件后，生员群体趁学政平恕从松江回苏的机会，持作为其"特权"标志的手版，往谒学政，集体面述地方官受贿与凌辱斯文之事。[4]

根据笔者目前掌握的资料，在许多罢考案件中，士子群体会利用酒馆、饭庄等场所进行对事件的策划和商讨。如乾隆十八年（1753年）发生在陕西扶风县的士子罢考事件中，以辛大烈为首的生员群体在樊家庄酒铺策动罢考：由屈炳约同生员刘濬、安宁、乔玉书，辛大烈约同生员高法孔、高悦，再由刘濬邀同文武生员段文玉、史秉忠、史卜、魏应科、王三畏、李时花、王名选、谷大成，而谷大成转约李果秀、胡子义，胡子义转约生员张彩凤、张敬，定期十一月二十三日赴樊家庄酒铺会议。在会议时，由辛大烈概述生员受辱

---

[1] Min Tu-Ki, *National Polity and Local Power: The Transformation of Late Imperial China*, Harvard University Asia Center, 1989, pp.48-49.
[2] (清) 缪荃孙：《艺风堂杂钞》卷2《陈怡山福州学变记》，中华书局2010年版，第60页。
[3] (清) 缪荃孙：《艺风堂杂钞》卷2《陈怡山福州学变记》，中华书局2010年版，第60页。
[4] 同治朝《苏州府志》卷149《杂记六》，光绪九年刻本。

详情，听闻后，生员张彩凤言："这样凌辱斯文何必考试！"这样就约定了罢考事宜。[1]

无独有偶，道光二十七年（1847年），江西贵溪县也发生了一起惊动朝廷的罢考事件。该年四月十一日，有粮差刘春茂发生催缴生员侯邦理未经完纳的粮税。在催追期间，侯邦理不依，并与刘春茂发生口角冲突。刘春茂禀经该署，县传案查讯。侯邦理出言顶撞，该县知县与学官要将其革除功名并羁押，俟查明有无劣迹再行究办。生员侯邦理情急之下请人送信给贡生倪步蟾，请他设法解救。恰逢该年岁试之期，七月初五日开考，倪步蟾起意罢考，希图挟制该县，将侯邦理功名开复。为了搭救被知县扣押的生员侯邦理，收到求救书信的贡生倪步蟾联络生员刘丙照、董立恭、方入瀛、倪步阁、程光霁、汪元喜、倪黻秀等人一起会议，并誊写"换官再考"揭帖分别张贴。在事情预先败露后，倪步蟾写信给孔祥俚、方百富、方定士等人约定初八日在宾兴馆会齐商议。通过倪步蟾和孔祥俚的分头联系，共得包括武举汪廷杰、廪生李彬、生员彭飞等士子六十一人，决定在县试时发动罢考、阻考。[2]

又如，在持续数十年的江西万载县土客之争罢考案件中，以孙馨祖、唐辉等人为首的士子，在当地九仙宫、易衮章公证行、李家祠堂、辛家祠堂等七处聚会，商议发动罢考。[3]

除了上述酒馆、饭庄、祠堂甚至寺院[4]等公共空间，士子群体也会利用县学上课之机，将学堂作为他们沟通、联系的场所。光绪年间，长沙县易某曾经充当过善化县门丁，其子因身高不高的缘故，被戏谑称为"易三短子"。在县试之时，易某之子希望应县试，结果被邑人攻击。众士子即在长沙县学召开会议，易某亦到场。在众人集议时，有为易某之子辩护者称："长沙一邑，应考者将及三千，苟今岁能得一通秀才，亦未始非一邑之光也"，[5]结果导致与

---

[1] 故宫博物院编：《史料旬刊》（第26册），1935年，第925—926页。

[2] （清）吴文镕：《吴文节公遗集》卷17《审拟贵溪县滋事匪徒折》，咸丰七年吴养原刻本，第1—5页。

[3] 中国第一历史档案馆藏：《江西巡抚金光悌呈江西万载县把总吴从贵供孙馨祖等阻考案供单》，嘉庆朝，档案号03-2172-155。

[4] 以寺院作为公共空间鼓动罢考的资料仅见一则，文载："桐和秀才周尚文在大寺院鸣钟集合，以匿名传单贴在街上，宣扬科举制度的腐败，揭发县令孙敬修的劣迹，鼓动童生罢考。"河南省扶沟县志编纂委员会：《扶沟县志》，第八编·人物，河南人民出版社1986年版，第509页。

[5] （清）徐珂编撰：《清稗类钞》（第二册），中华书局1984年版，第604页。

反对易某之子应试的士子发生冲突。士子公推生员孔宪教为首，联名传檄通邑士子，在县学场所写定揭帖，并约定童生不为易某之子互保，廪生也不为其保结，以逼迫其就范。但易某之子以其族人名应试，瞒过众人，竟获第一。一时士子大哗，但当时的湖南学政陆宝忠赏识易某文才，准其入场复试。当日场题为"有不虞之誉，有求全之毁"，勉强入场的易某之子却一时得意感言"倘不遇宗臣赏识，几遭不白之冤"，结果引得士子大怒，众人覆卷而起，冲击栏杆，准备发动罢考。为了防止酿成罢考大案，学政陆宝忠不得已将易某之子从县试中除名。在此罢考案中，士子群体的集会、串联，以及揭帖的书写，都是在县学这一空间内完成的。

类似的还有，在江苏尚湖书院，因反对知县的取士原则，"士论纷纭，不一而足，数月以来竟约齐概不与课"。[1]由此可见，县学、书院等场所为士子们提供了信息互通、相互串联的空间，甚至在个别事例中，发动罢考前是由士子挨家挨户传遍告知。[2]

在罢考前的酝酿期，士子们往往约同伙伴，尽量使支持自己的人数增加以形成群体势力，并利用公共空间商定罢考事宜，凭借自己"士"的群体力量向官府施压，即使干犯违法之事，也以期士子群体人数众多，取得法不责众的结果。这再次印证了士子群体作为同一利益共同体，"辱一士则士林皆怨"，同时也说明了在清代县以下的地方空间中，士子群体有较大的活动空间，少被监督的事实，从一个侧面表现出地方社会的"自治"状态和士子群体的势力所在。

(二) 罢考的发动与巡游

士子群体发动科场罢考的形式不一，有的集体约定共不赴考，并将诉求告知官员。例如，嘉庆四年（1799年）苏州吴县吴三新罢考案，在众生员往谒学政平恕却未得到支持后，作为利益共同体的紫阳书院诸生，趁学政前来督考之时，以"三新未革先杖，不愿赴考"[3]为由发动罢考。也有罢考士子

---

[1]《书院罢考》，载《益闻录》1883年第274期，第374页。
[2] 在闽北建瓯房道流传着这样一则故事：当地七道乡有一恶霸绰号"八头"，时常横行乡里，并欺侮穷秀才。其他生员得知此事后，便准备在岁考时发动罢考，以作为要求知县惩治"八头"的手段。在准备发动罢考之前，生员杨立正就挨家挨户到房道每一生员家里通知，并言："俺这里的秀才，被人欺侮，大家不要去考。"大家都晓得这是杨立正要治"八头"，都不去考了。参见建瓯县民间文学集成编委会：《中国民间谚语集成·福建卷·建瓯县分卷》，1992年版。
[3] 同治朝《苏州府志》卷149《杂记六》，光绪九年刻本。

在考试点名前将名册偷走或撕毁，如道光九年（1829年）发生在湖南长沙县的知县王渭扑责生员徐邦俊案，生员和生童十六人在开考前散发揭帖传单，并于十一月十二日"扯碎引牌，抢夺簿册"，[1]以致士子无法投卷，纷纷罢考。

　　与以上发动罢考模式相比更为特殊的一类形式是士子们集会于县学、文庙等处表达不满，更有抬出孔子或诸神灵排位至贡院巡游以发动罢考的。士子群体罢考事件与城市群众反抗稍有不同的是，后者多以城隍庙、城隍神或宗教场所作为抗争的工具。城隍庙和城隍神是"冥界守护神"，因此带有以冥界监督、审判阳界的意味，而宗教庙观更是"保境安民"之所在。士子罢考则以庙学或文昌神灵为工具，[2]体现出发动罢考的士子群体与"文"的联系更加密切。士子们有时甚至以孔子牌位和先师像作为他们抗争的工具，因为地方州县官亦多是科举出身，他们在对先师的敬畏度上和士子群体相近。士子以持孔子像的形式巡游往往能取得较好的效果，但笔者也发现有将两者合二为一的事例。

　　在上文所述的福州案件中，士子们更是兼用文庙与城隍庙两个地点以为反抗。主人公邓譔因受到"凌辱斯文"的责打，引发生员群体的公愤，甚至哭于文庙，但判决却偏向盐运使王志佐。邓譔见状，不希望牵连其他生员，其言"此番求申不得，必致重辱，累及朋友"，[3]竟自尽于学政府衙门前。这一行径最终引发了生员乃至整个"士"群体的震动。诸生将邓譔尸体先抬于文庙阶下，后于乡贤祠为邓譔设位而哭。[4]当得知总督李率泰与王志佐"为犬豕交"，为王志佐护短后，十学士子于岁考之际，集于城隍庙，誓盟不听考。[5]

　　更为典型的罢考与游行相结合的案例莫过于康熙年间的掖县士子哭庙与

---

[1] 中国第一历史档案馆藏：《道光朝奏折》，档案号04-01-38-0141-023，微缩号04-01-38-006-2253，道光九年十一月初十日，《奏为长沙县知县王渭因案戒饬生员徐邦俊等借端阻考现在查办大概情形事》。

[2] 根据巫仁恕的研究，苏州地区民众更以玄妙观作为公共空间，玄妙观不仅是官府的宣示政策之所，更是民众抗争公议之地，形成了"地方公议"。巫仁恕：《明清江南东岳神信仰与城市群众的集体抗议——以苏州民变为讨论中心》，载李孝悌编著：《中国的城市生活》，联经出版事业股份有限公司2005年版，第149—206页。

[3] （清）缪荃孙：《艺风堂杂钞》卷2《陈怡山福州学变记》，中华书局2010年版，第60页。

[4] （清）缪荃孙：《艺风堂杂钞》卷2《陈怡山福州学变记》，中华书局2010年版，第60页。

[5] （清）缪荃孙：《艺风堂杂钞》卷2《陈怡山福州学变记》，中华书局2010年版，第60页。

巡游事件，最终导致岁试无法开考，学使被迫改期，酿成罢考事件。先是潍县知县管承宠希图利用地方武生吴苏纠集二十余人到省城请愿，向巡抚历陈管承宠之德政，以为管升迁铺路，并约定事成后管以重金酬谢。但在吴苏尚未到省时，巡抚已将管调任回掖。结果双方争执，管利用关系将吴苏功名斥革。士子不服学政革除功名的处罚，将事件告至莱州府知府处。知府陈士鑛竟然设计将吴杖责二十。结果正在府城等待岁试的生员们哗然，"辄呶呶以辱斯文尤守，且诉管纵奸诬人"，[1]一时情势汹汹。本已因凌辱斯文而愤怒的士子路遇陷害吴苏的地痞陈玉秀，后者狐假虎威，醉酒攘臂行于大街之上，竟诟骂士子。当昌邑县武生员徐卿为首的士子们与之发生口角之争时，竟被巡视的衙役扣押。闻知此事的廪生刘范约同十余同县生员到知府衙门处求情，历陈徐卿冤枉，希望知府放人。然而陈士鑛不仅拒见士子，甚至随着士子呼声见高，令衙吏"挥大棒扑诸生"。结果百余前来观者一时大愤，将士子的不满推向爆发的临界点。他们"大诟于（知府衙署）门外，内署闭，诸生狂哭，以头触扉，喊声震天"[2]。知府一时惊惧，要教谕、士绅代为调解。但知县管承宠盛气凌人的态度和折辱斯文的做法最终造成了近千名士子罢考并于府城巡游示威：

"诸生哭于圣庙，声闻数里。黠者抱孔子主以出，诸教官大骇，罗跪俯伏不敢动，亦不敢夺。诸生遂拥之行，民亦多哭。从者迎入府，置主于署门，环对长号。守大窘，役皆走散。学使侦知之，方喜守被困，少泄其憾。而是时众聚难散，实不可收拾。诸生击鼓谒学使，学使为之易试期"[3]。

在莱州府城的公共空间里，诸生抬孔子神主牌传巡游，表达了士子对于"凌辱斯文"愤怒至极的心情，同时也蕴含着辱士即凌辱至圣先师的意味。士子们哭圣庙及将孔子神主牌位放置于知府衙门内，是希望以至圣先师的名义，还士子公道。事件最终以士子一方赢得胜利告终，他们以罢考的方式迫使学使改易岁试考期，也凸显了孔子作为"至圣先师"在整个士人群体中的巨大影响力和"文"道仲裁者的身份。在士子巡游过后，一面士子状告巡抚，一

---

[1] 伍承乔编：《清代吏治丛谈》卷1，文海出版社1966年版，第55页。
[2] 伍承乔编：《清代吏治丛谈》卷1，文海出版社1966年版，第56页。
[3] 伍承乔编：《清代吏治丛谈》卷1，文海出版社1966年版，第56页。

面学使命学政亲自监督、杖责陈玉秀以谢诸生，同时经过地方调解，士子恢复考试。最终，士子群体以罢考和巡游的形式找回了"斯文"与公道。

（三）罢考的后续行为

在本书开篇对罢考的定义中，就提及了罢考是伴有后续行为的科场事件。进而言之，若将罢考即士子群体性拒绝参加考试视为一个动作节点，那么在这个节点之后所发生的行为均可视为罢考的后续行为。在这种定义下，士子群体发动罢考之后，并不是结束了所有抗议行为，而是常伴有暴力型和非暴力型两种后续行为。

在暴力型后续行为中，士子罢考后会采取更为激烈的抗争方式，如大闹州县衙门，殴打地方官、学官。康熙五十一年（1712年），因松江府知府乔光先不孚人望，士子们在九月二十日府考时罢考，并"鼓噪登堂，栏杆仪卫毁坏一空"。乾隆十七年（1752年），砀山县生员戚克讷倡言"凌辱斯文"，厉声恶骂，不许入场，黄修随即倡众罢考，搬桌散考。知县无力劝阻恢复考试，无奈返回县衙。行至西门时，戚克讷"率众抛砖掷轿，索退卷价"。[1]在德安府试时，士子罢考后冲入府署大堂，击毁门壁，当知县赶到弹压时，士子们竟将知县肩舆一并捣毁。[2]

降至晚清时期，士子罢考后更多伴随打官、闹署等行为，肢体冲突也不断升级。出任四川学政的瞿鸿机在保宁府士子罢考闹署案件中尝到了苦头。在考试武童时，士子间流传着"学台不愿考武，每县只阅前数十名"的消息，结果士子群情汹汹。在考试剑州士子时，士子鼓噪罢考，更与守门差役扭打起来，结果演变成了巨大闹署风波。数百名武童士子往学政府衙内冲击，一时守门兵丁抵挡不住，攻破了头门、二门，情况危急。知府、知县等地方官纷纷要求调兵弹压。

"（瞿鸿机）高坐大堂，厉声斥责，众凶徒却置若罔闻，继续进攻，掷砖飞石，打上公案，学士座后屏风，被击成了数块。书役承差，只好保护学士退至内室。署内差役人等排列到署阁门后，以死撑拒。只是凶徒们嚣张之焰更甚，竟胆敢将署阁门打碎"。[3]

---

[1] 台北"故宫博物院"编：《宫中档乾隆朝奏折》（第4册），1982年，第591页。
[2]《汉江闹考》，载《益闻录》1892年第1153期，第136页。
[3] 宋梧刚、潘信之：《唐才常传》，吉林人民出版社1997年版，第61页。

当士子们要冲进最后内堂时，知府大声疾呼："你等背叛朝廷，至于此极，快快把我打死，以快你等叛逆之心。"[1]恰好兵备道带兵弹压，才将士子们驱散。

除了罢考后的暴力型行为，一些罢考的士子采取京控或省控等非暴力方式，以作进一步抗争。例如，因嘉庆四年（1799年）罢考案判决并未带来生员们所期盼的结果，生员盛朝瑞、姚成勋、郭治丰、郑廷翰、周学恭、毛成鼎、程腾沧、江元甫、陈瑾、汪朝选、王丙、陈元基、金文煜、郑安祖、王兆辰、张兴仁、李某、陆耀东十八人竟自己组织并派吴三新为代表越级赴总督府呈控。[2]其中，生员王丙借给吴三新控督盘缠，陈元基代吴三新草拟呈送总督状词，张兴仁等人将自家轿役派出随吴三新上控。生员群体希望能够借助越诉作最后一搏，以期能够得到公正的对待，找回被辱的"斯文"。无独有偶，在晚清浙江处州松阳县，地方官索拿杨光淦、蔡致和两位廪生，致使一时人心惶惶，士子罢考，"该生等上省控诸抚学两宪，抚宪饬处州府傅太守调停其事"。[3]在万载县土客士子持续争斗并连续发动罢考的案件中，土客双方反复京控、省控，相互攻讦。降至清末，郴州发生因鞭笞廪生而引发的罢考案后，在知州已经被撤任的情况下，"地方士绅已由学宫拨款，预备京控。学宪柯大宗师亦拟封章入奏"。[4]通过以上叙述可知，在众多罢考案件中，士子们并未随着罢考这一动作节点本身而结束抗争，而是在持续做着博弈，以期自己是最终获得胜利的一方。

本章结语

本章节首先追述了清代以前士子群体反抗行为，展现出科场罢考是清代特有的现象，不同于宋明时期的士子抗议。进而，本章对清代士子群体罢考事件进行量化分析，印证了罢考事件的发生与地区人口、文教和经济成正相关关系，这直接导致罢考多发于长江中下游和华北地区。再其次，本章概述

---

[1] 宋梧刚、潘信之：《唐才常传》，吉林人民出版社1997年版，第61页。
[2] 清代越级呈控，无论案件对错，均会对呈控人按照《大清律例·越诉》处以杖责。参见李典蓉：《清朝京控制度研究》，上海古籍出版社2011年版。
[3] 《闹考巨案》，载《益闻录》1892年第1185期，第326页。
[4] 《罢考续述》，载《新闻报》1902年7月17日，第3版。

了引发士子罢考的几种主要因素，其中又以"凌辱斯文"引发的罢考事件最多，具有代表性。最后，笔者对士子罢考事件的步骤和罢考群体规模进行了概述研究。

更重要的是，本章通过图形对比和地域数据统计的方式，突出强调了罢考事件在雍正、乾隆时期一度被有效控制，而在19世纪初期，随着朝廷有意软化处理，罢考事件再次快速增多。虽然在19世纪有一些新的因素，如士子反洋教激发了罢考事件，但正如本书强调的，导致这种现象更重要的原因在于朝廷对士子群体的管控力下降，展现了清代士子利用科场罢考这一特殊手段与朝廷进行博弈的事实。接下来的两章将分析朝廷应对士子科场罢考问题的态度与惩治原则。

第二章
清前期朝廷对科场罢考问题的应对

第一节 清代顺治、康熙年间对士子群体扰乱科场的处理

清朝初期,朝廷从未放松过对士子、士人群体的监督与控制。早在顺治九年(1652年),礼部就颁布了晓谕生员条例,并在国子监及各府、州、县学刊刻成卧碑(图2-1),以警示和约束他们的行为。顺治十七年(1660年),朝廷在经过了江南奏销案后,又担心江南苏、松地区和浙江杭、嘉、湖一带士子聚众成风的状况会招致更大的问题,因此借礼科右给事中杨雍建奏言之机,要求各地学政"实心奉行,约束士子,不得妄立社名,纠众盟会。其投刺往来亦不许用同社、同盟字样,违者治罪,倘奉行不力,纠参处治,则朋党之根立破矣"。[1]不过,虽然朝廷出台了这些规定,但总体而言,在顺治、康熙时期,对士子群体聚众行为以及科场骚乱和罢考参与者的处罚相对较轻,也没有制定专门的法律条规,对参与者多以黜革功名为处罚措施,带有一定优容的态度。[2]

---

[1]《清世祖实录》卷131,顺治十七年正月辛巳。
[2] 王学深:《"凌辱斯文"与清代生员群体的反抗——以罢考为中心》,载《清史研究》2016年第1期。

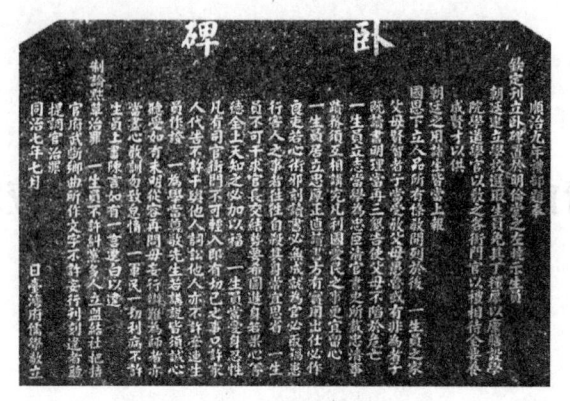

图 2-1　清代县学卧碑

例如，在前文曾提及的顺治十八年（1661年）福州罢考案中，因参与人数众多，形成了整个"士"群体共愤的局面。官府将殴打生员的举人陈忠陛、王钦祖和曹鸿芝黜革，将涉事的官员王志佐削职，并追究其庇护商人情事，而诸生仅受到学臣戒饬。[1]即使案件后续发展受到总督李率泰左右，形成对地方官的保护，省府也仅将十七名带头生员林芬、林晟、黄国壁、郑鳌毓、刘元蔚、陈章、陈谟、张星、高巖、林秋来、潘琦、刘新辉、林肇震、卢灼、陈元铉、郑有祚、陈作霖功名斥革，为首者棍责四十，为从者三十。[2]然而，罢考事件最终得以翻案，十七名士子功名恢复，依然允许乡试。如参与罢考的生员陈元铉就考中了康熙八年（1669年）己酉科举人。[3]

清朝初期如此惩处士子，显然继承并参照了明律中对于聚众殴官的处罚条例。据明中叶嘉靖朝士人雷梦麟《读律琐言》记载，明代对于士子参与聚众殴官的行为，处罚多以黜革功名为主。其中，"凡因事聚众，将本管官及公差勘事、催收钱粮等项一应监临官，殴打绑缚者，俱问罪……文职并监生、生员、冠带官、吏典、承差、知印，革去职役为民"。[4]清初法律体系基本上继承了明代律例成规，顺治三年（1646年）所刊行的《大清律集解附例》就

---

[1]（清）缪荃孙：《艺风堂杂钞》卷2《陈怡山福州学变记》，中华书局2010年版，第62页。

[2]（清）缪荃孙：《艺风堂杂钞》卷2《陈怡山福州学变记》，中华书局2010年版，第62页。

[3]（清）陈怡山：《海滨外史》卷3，收录于《丛书集成续编》（第26册），上海书店出版社1994年版，第469页。

[4]（明）雷梦麟撰，怀效锋、李俊点校：《读律琐言》卷20，法律出版社2000年版，第375页。

是清政府暂用明律最好的例子，其内容只是删除了关于钞法3条，增加边远充军1条，改动2处，其余无所变动。[1]如在福州罢考事件中，总督李率泰将士子治以"殴官、鼓噪、罢市"之罪，因尚无专门针对罢考问题的律法，判罚显然系承袭明代律例条规。通过对比明律可以发现，清初对于士子群体科场罢考事件的判决是以明代聚众案件作为参考标准，以黜革功名作为处罚手段。

康熙朝对逐渐多发的士子群体性案件的处理也基本沿袭了这一思路，康熙年间著名的乡试弊案导致的士子群体抗议即为此中代表。康熙二十六年（1687年）八月，江南乡试前传闻主考受贿，引得士子议论纷纷，但尚完成考试。待八月二十八日发榜，中式者"半属膏粱子弟"，引得众生监一片哗然，士子们认为考官取士不公。生员和监生作为利益共同体，集体行动，于省城各处粘贴主考受贿的揭帖，声言主考徇私受贿。九月初三日，整个"士"群体"往文庙鸣钟伐鼓，跪哭棂星门外"。[2]当常熟知县，也就是本场乡试的房官杨震藻经过庙门下轿时，"诸生监群共殴之，碎其轿"。[3]其后生员和监生群体又往正主考米汉雯署所，"鼓噪肆骂"，生监士子被扣押十三人。九月二十六日，当总督董讷回署时，"生监百余人具呈控告"。对于如此严重的事件，董讷先将十三人暂释，等待朝廷命令之后定夺。朝臣和康熙帝商酌后，康熙帝下旨"恩赦俱免"，[4]而米汉雯及副主考龚章俱照不谨例革职，礼部又黜革了十份乡试所取中试卷，以此平息了"士"群体的不满。

又如，康熙五十年（1711年），李煦奏报江南常州府所属的无锡、宜兴二县学臣因士子有抗粮之事，遂责打生员，以致"常州府士子喧哗略节"。[5]得到奏报的康熙帝在朱批中表明了态度："巡抚无能，专门著书为事。这等之事，巡抚所司何事？百口难辞，自有公论。"[6]康熙帝认为这种事情的发生是巡抚不作为所致，导致了地方对士子的斥责，引发士心不服，需要接受"公论"的评议。

---

[1] 瞿同祖：《清律的继承和变化》，载《历史研究》1980年第4期，第133—143页。
[2] （清）叶梦珠：《阅世编》卷2《科举》，中华书局2007年版，第54页。
[3] （清）叶梦珠：《阅世编》卷2《科举》，中华书局2007年版，第54页。
[4] （清）叶梦珠：《阅世编》卷2《科举》，中华书局2007年版，第56页。
[5] 故宫博物院明清档案部编：《李煦奏折》，中华书局1976年版，第94页。
[6] 故宫博物院明清档案部编：《李煦奏折》，中华书局1976年版，第94页。

综而言之，清初顺治、康熙时期（1662—1722年）的六十余年时间里，朝廷虽然有意约束士子行为，但实际上对士子的处置随意性较强。一方面，从中央到地方，对士子群体骚乱以及更为具体的罢考行为，没有形成固定的律例条文以为判决依据，只是较为笼统地以明朝案例作为判决参照。在康熙朝《钦定大清会典》及相关典章中都没有对科场罢考的定义和相关记录，而文人笔记、文集对这一时期发生的罢考事件的记述，实际上是雍正朝以后士人对罢考事件再定义和概念化的结果。[1]由此可见，朝廷此时对于这类案件尚不够重视。

另一方面，朝廷也希望尽量避免刺激士人群体，吸引他们与新朝合作，从而加速清朝对南方的平定。正是这种情况在一定程度上导致了士子群体行为与罢考的多发。可以说，在对士子的管控方面，虽然朝廷出台了一些相关禁令，但在实际管控和处罚上还是存在一个"模糊的界限"，而士子群体罢考即是这模糊区域内的代表。虽然朝廷所出台的各种约束士子的规定已经在态度上表明不支持这种行为，但从朝廷到地方，对于群体行为具体应如何处罚并不够明晰，直接导致朝廷在地方管控和对士子、士人控制上的失效。正是在这种朝廷力图管控与实际控制不力的矛盾中，康熙末年士子群体罢考次数快速上升，不过，朝廷依旧延续以革除功名作为处罚的立场，并无针对罢考的专门律例出台。

第二节 康熙末年科举场域内的保官与留官罢考

顺治、康熙年间朝廷对于士子相对优容的态度，导致士子罢考在康熙晚年较为多发，而其中发动罢考最具代表性的目的是留官或保官，士子以这种方式向朝廷表达请求或抗议。笔者对目前所收集的史料进行研究发现，康熙朝的士子留官罢考基本上是官员尚属造福一方的好官，故而士子以罢考的形式挽留，希望朝廷、省府能够听从士愿。但是，我们也不应忽视这种罢考行为可能潜藏的另一方面，即如巫仁恕所言，"集体保官行为其实是绅士迎合地

---

[1] 例如下文将会提及的康熙末年的江西士子留官罢考案，在康熙末期和雍正初年，称此事为群体"保官"；而在乾隆初年成稿的《穆堂类稿》中，李绂对此事用了"罢考"一词。显然，因为在雍正、乾隆时期，罢考已经被朝廷正式定义和重视，所以士人会用当时的罢考定义"概念化"顺治、康熙时期相对应的士子群体事件。

第二章　清前期朝廷对科场罢考问题的应对

方官的运动"。[1]也许事件双方都是为各自利益而自导自演一出罢考事件，"演"给省府和朝廷看。然而，本著作并不针对留官罢考的背后原因作深入探寻，而是强调康熙末期这种罢考事件增多的态势和朝廷对这一问题的应对。

康熙年间最典型的保官罢考事件是陈鹏年因被总督阿山攻讦而去职下狱，以致引发士子不满，发动罢考。陈鹏年，字北溟，号沧州，籍属湖广湘潭县，康熙辛未年（1691年）中进士，授为浙江西安县知县，后受河道总督张鹏翮举荐，转任山阳县知县，史载他历任"皆廉明著声"，[2]很快因政绩被擢升为江宁府知府。康熙四十二年（1703年），康熙帝准备第四次南巡，时任两江总督的阿山借此机会，希望增加地方税赋以为南巡花销，但陈鹏年坚持不允，声言"官可罢，赋不可增"。受到反对的阿山中伤之，当即上疏康熙帝，参奏陈鹏年"受盐、典各商年规，侵蚀龙江关税银，又无故枷责关役"。朝廷听信阿山奏报，故而陈鹏年被罢免知府职，甚至被处以刑罚。

听闻朝廷如此处理陈鹏年，对其爱戴的士子们极为愤慨，发动罢考以为声援，史载"生童罢考，四民奔诉"，[3]也有市民"呼号罢市"。[4]阿山命令不可给下狱后的陈鹏年送食物，以致陈鹏年自以为不可免，又被杖刑四十。狱卒因为敬重陈鹏年为人，私喂其饼耳。[5]其后正是因为士子的罢考行为，在一定程度上改变了朝廷的判决，甚至在科场罢考发生后，上千生员还要进一步发动京控诉说冤情，以致"诸生千余建幡将叩阍"。[6]生员们希望通过用"直达天听"的呈控方式表明立场，而这在一定程度上改变了朝廷的态度。此时，恰逢康熙帝南巡驻跸江宁织造府衙，曹寅借机奏报地方情形，将士子罢考和态度向康熙帝做了汇报，并力证陈鹏年之冤，以致"免冠叩头，为鹏年请，至血被面"。[7]大学士张英也利用觐见之机对陈鹏年施以援手，史载

---

〔1〕 巫仁恕：《从抗议到陈情：新型群众集体行动的兴起与清朝官府的对应》，载邹振环、黄敬斌执行主编：《明清以来江南城市发展与文化交流》，复旦大学出版社2011年版，第259—263页。
〔2〕 （清）萧奭撰，朱南铣点校：《永宪录》卷2上，中华书局1997年版，第76页。
〔3〕 （清）萧奭撰，朱南铣点校：《永宪录》卷2上，中华书局1997年版，第76页。
〔4〕 （清）赵尔巽等撰：《清史稿》卷277，中华书局1977年版，第10093页。
〔5〕 （清）钱泳：《履园丛话》，丛话一，中华书局1979年版，第22页。
〔6〕 （清）赵尔巽等撰：《清史稿》卷277，中华书局1977年版，第10093页。
〔7〕 王利器：《李士桢李煦父子年谱——〈红楼梦〉与清初史料钩玄》，北京出版社1983年版，第303页。

"及公见上,盛称鹏年,总督意沮,陈公得免罪,反以是见知,竟为名臣"。[1]在康熙帝向李光地打听总督阿山的官声时,李光地回答称"阿山任事廉干,独劾陈鹏年犯清议"。[2]最终,康熙帝决定宽免陈鹏年死罪,让他入武英殿修书。康熙四十七年(1708年),陈鹏年起复苏州府知府。在这次为保护陈鹏年而发动的科场罢考事件中,士子群体利用罢考表达心声,使得官员如曹寅、张英等看到地方态度后向康熙帝进言,形成地方与朝廷的互动。雍正元年(1723年),身为河道总督的陈鹏年卒于任上,朝廷给予其充分肯定,赠谥号恪勤,并评价其"洁己奉公,实心为国"。[3]

除保官罢考外,这一时期的留官罢考也时常见于士人的著述中。留官罢考是指在官员任满需要离开现任地方时,士子群体为了挽留惠政于地方的官员,通过科场罢考表达挽留的心声。康熙末年,官至大学士的白潢就曾亲身经历过一次留官罢考事件。白潢在贵州按察使任上被康熙帝称赞"居官甚好,操守亦好",[4]后在江西巡抚任上也颇有政声。他不仅为百姓减少漕规和耗羡负担,而且为士子力求增加乡试中额,从75名增加至99名,与浙江、湖广名额相同,被认为起到了振兴江西文风的作用,史载"今文风日上,实公振兴之力也"。[5]正因如此,白潢受到士子爱戴。然而,康熙五十八年(1719年),白潢却突然以年老力衰,不足以担任封疆重任为由,上疏康熙帝,奏请辞去巡抚职任,希望以闲散京官养老京师。不久,吏部秉持康熙帝旨意,议覆以户部右侍郎征用。然而,此时恰逢江西乡试,十三郡士子一同应试,一万两千余名士子等待三场之闱,云集省城。考试之前,尚未离任的白潢按惯例端坐于龙门外,监督士子点名入场等考务事宜。正在此时,吏部调令至,一时诸生哗然,共同表示"公不可失也,咸罢考不肯入场"。[6]

为了挽留白潢,士子们在罢考后"蜂拥督学衙门,呈请代疏题留",[7]希望康熙帝和吏部能够倾听地方士子的心声,将白潢留任。即使在白潢耐心

---

[1] (清)马其昶撰,彭君华校点:《桐城耆旧传》,黄山书社2013年版,第226页。
[2] (清)赵尔巽等撰:《清史稿》卷277,中华书局1977年版,第10094页。
[3] (清)萧奭撰,朱南铣点校:《永宪录》卷2上,中华书局1997年版,第76页。
[4] (清)李绂:《穆堂别稿》卷28《大学士白公家传》,乾隆十二年刻本,第3页。
[5] (清)李绂:《穆堂别稿》卷28《大学士白公家传》,乾隆十二年刻本,第15页。
[6] (清)李绂:《穆堂别稿》卷28《大学士白公家传》,乾隆十二年刻本,第16页。
[7] (清)李绂:《穆堂别稿》卷28《大学士白公家传》,乾隆十二年刻本,第16页。

劝导下，一万两千余名士子依然无一人应试，史载"公分遣僚属号召亲加劝谕，而万二千人无一人应名入场者，必俟学使拜疏，然后应试，遂误定期"。[1]事后经白潢反复劝解，加之吏部调令已至，士子们才在原计划一周后，于十五日入场应试，而白潢也承诺等到乡试发榜后再入京就职。士子们出于至诚，朝廷并未追究他们的罢考行为。当白潢入京觐见康熙帝时，见"圣祖天颜和悦"，康熙帝对白潢说："尔在江西声名甚好，所开武曲港一年免死数百人，尔身尚健，何为辞巡抚之任？"[2]康熙帝略带疑问的话语实际上肯定了白潢在江西巡抚任上的政绩，旋即将他升任为兵部尚书。这一事件中是否有白潢自导自演博得好名望以求升职的成分，尚难定论，但假若如此，则罢考成为地方士子和官员互动的一种工具，即与地方士绅为官员请立"去思碑"有异曲同工之妙。[3]然而，正是这种地方士子群体和地方官的互动与联系成为日后雍正帝所着意防范的行为。

同白潢事件类似，康熙末年，江苏泰州士民也曾有过一次挽留知州武柱国的留官行动。武柱国在康熙四十六年（1707年）和康熙五十二年（1713年）先后两任泰州知州。他在知州任上，为地方做了许多好事，被士民感戴。康熙五十二年（1713年）十一月初九日，武柱国接到朝廷调令，准备动身离职。听闻此事的百姓"相率塞城门留公，并塞公宅门"。[4]当时正逢州试日期，忙于考试事务的武柱国一面抚慰士子，一面劝导百姓，史载"父老愚肯导论累日，权罢考事。越日宅门始开，又一日城门始开"。[5]在这次地方士民的留官事件中，虽然士子和百姓听从武柱国的安抚，并没有执意以罢考作为挽留的手段，但从士民堵塞城门、宅门以挽留武柱国的行为中还是可以看到类似陈鹏年、白潢案例中的官民互动场景。

通过以上对顺治和康熙时期罢考案件的分析可知，这一阶段不仅存在士子参与罢考或闹署的事件，而且参与人数往往达百人甚至千人以上。但是，对于案件的处置，从皇帝到督抚都相对谨慎，随意性也较强，既有黜革功名

---

[1]（清）李绂：《穆堂别稿》卷28《大学士白公家传》，乾隆十二年刻本，第16页。
[2]（清）李绂：《穆堂别稿》卷28《大学士白公家传》，乾隆十二年刻本，第16页。
[3] 参见陈雯怡：《从朝廷到地方——元代去思碑的大盛与应用场域的转移》，载《台大历史学报》2014年第54期，第47—122页。
[4]（清）俞扬：《泰州旧事摭拾》卷9，江苏古籍出版社1999年版，第246页。
[5]（清）俞扬：《泰州旧事摭拾》卷9，江苏古籍出版社1999年版，第246页。

的案例，也有从宽免于处罚的范本。特别是发展至康熙晚期，保官或留官罢考已经是较为常见的士子表达抗议的方式，但即使如此，朝廷也没有对罢考行为正式定义和出台相关律例予以规范，而仅将其视为偶发事件，甚至康熙帝对于地方官员的这种"好名声"十分在意，故而多给予士子群体宽容对待，以黜革功名作为主要处罚。笔者认为，这可能缘于朝廷的统治策略：尽量采取对士子群体和地方官平衡驾驭的态度，从而保持朝廷对地方官与士绅的控制力。然而，康熙朝这种力图维护地方稳定的宽松状态在步入雍正朝以后被打破了。

第三节　雍正朝的统治策略与对科场罢考的严厉惩处

一、雍正朝对士子态度的趋严转变

顺治、康熙两朝对士子群体控制相对宽松的情况和对罢考行为的模糊界定，到了雍正朝则为之一变。[1]雍正时期，以皇帝为核心的朝廷着意控制士习、士风的态度变得强硬与激进，集权下的朝廷力图整顿社会并加强对士子的管控，体现了雍正帝意图将康熙朝晚期逐渐失序的社会转向朝廷主导下可控的"治"序。

雍正三年（1725年），朝廷议准各地督抚、学政严厉查处各地士子聚集纠众结社订盟之事，对于此类事件有意放纵或者玩忽职守的地方官若被告发，同样从重治罪。其谕旨载：

"士子纠众结社，于人心风俗实有关系，应饬令直省督抚学臣，嗣后除宿学之士授徒讲学，及非立社订盟，实系课文会考，无论十人上下，俱无庸议外，如有生监人等，假托文会，结盟聚党，纵酒呼卢者，该地方官即拿究申革。其有远集各府州县之人，标立社名，论年序谱，指日盟心，放僻为非者，

---

[1] 雍正时期对社会管控收紧，不仅体现在制定法律管控社会方面，也体现在介入地方管控的"改土归流"和"士绅一体当差"政策，以及经济方面的"摊丁入亩"政策等方面。具体参看Matthew H. Sommer, *Sex, Law, and Society in Late Imperial China*, Stanford University Press, 2002; Weinstein, Jodi L., *Empire and Identity in Guizhou: Local Resistance to Qing Expansion*, University of Washington Press, 2014; 杨启樵：《雍正帝及其密折制度研究》，上海古籍出版社2003年版。

照奸徒结盟律，分别首从治罪。如地方官知而故纵，或被科道纠参，或被旁人告发，将该管官从重议处"。[1]

正是随着康熙末期至雍正前期朝廷对基层社会治理思想的收紧，对士子群体的态度也由松转紧、由弱变强，朝廷和地方官府对士子科场罢考事件的处理变得愈加强硬。例如，康熙末期的留官罢考事件，尤为雍正帝所憎恨，他认为这种行为不仅是挟制官长，在一定程度上剥夺了朝廷对于官吏的任免权，更是地方官和地方百姓"勾结"的证据。因此，雍正三年（1725年），皇帝即明发上谕，要求禁止士民的保官运动。谕旨反映出雍正帝对士民群体行为的憎恶，他认为士民擅自聚众留官，即使是好官，也要议处。乾隆帝一以贯之，认为士子聚众罢考留官，乃是"刁民滋事"，对于士子留官罢考的厌恶态度也十分明显。

雍正帝谕旨载：

"谕内阁凡官员离任每有地方士民保留，如果该员在任，实有政绩，惠泽在人，爱戴出于至诚，理应赴上司具呈陈请。即或清正廉干之官，冤抑被劾，百姓为之抱屈者，亦可赴阙审理。乃迩来积习，无论官员贤否，概借保留为名，竟不呈明上司，辄鸣锣聚众，擅行罢市，显然挟制。其中买嘱招摇，种种弊端，殊为不法。如果保留尽系真情，何以升任官员不闻有人爱戴者耶？此乃刁风恶习，断不可长。朕闻年羹尧自西安起身之时，私嘱咸宁县知县朱炯贿人保留。因年羹尧悖逆贪虐，罪恶满盈，去时人人称快，竟无一人肯应者。然后出城所过州县，或有迎送多人者，或有一人不出，举手加额称庆，甚且唾啐者。夫百姓若果爱戴，自必通省皆然，断无此迎彼唾之理。可见保留官员者多非出于真情，皆买嘱逼迫而然也。嗣后官员离任，士民有擅行鸣锣聚众罢市者，分别首从治罪，其被保之员亦严加究治，以儆刁风。"[2]

---

[1]（清）素尔讷：《钦定学政全书》卷26《整饬士习》，收录于沈云龙主编：《近代中国史料丛刊》（第30辑），文海出版社1968年版，第464页。

[2]《清世宗实录》卷34，雍正三年七月庚戌。盖博坚（R. Kent Guy）曾对康熙末期和雍正初期朝廷对士人的态度转变论述："康熙末年至雍正初年标志着统治方式的一次重要转折……在雍正治下，士子既被国家支持，同时也受到了前所未有的管控与谴责。"参见 R. Kent Guy., *The Emperor's Four Treasuries: Scholars and the State in the Late Ch'ien-Lung Era*. Cambridge: Harvard University Press, 1987, pp. 23-24.

雍正帝还特别强调禁止地方士子和官府交结，以防范士绅和官府联合操控地方。康熙末年士子留官罢考事件中地方官和士子群体互动、串联的情况成为雍正帝整饬的对象。更为严苛的是，为了控制士人思想，清代严格控制流行戏剧和小说，士人更不能以观剧为名结社、聚会。朝廷如此严厉地控制时下流行文化，是为了剔除具有煽动性的内容，以再塑正统统治观念。[1]虽然在雍正帝治下的朝廷开豁了修建书院的禁令，但其动因还是在这些地方书院传播程朱理学中的忠君思想，以达到朝廷与地方在思想上的一致。甚至鄂尔泰也在云南请建书院，以作为朝廷正统思想扩张的重要工具。

雍正帝对于士子群体的刻意控制，是出于他对士子群体的担心，而这种心态最典型地反映在雍正时期的诏谕和殿试策问方面。雍正帝继位以后，不断下发谕旨要求惩治士习，其目的就在于端士习、正人心、化民风，进而预防可能的士子群体行为。雍正四年（1726年）的长篇诏谕，将雍正帝继位以来对于士子的方针阐述得非常清晰，其文载：

"为士者乃四民之首，一方之望，凡属编氓，皆尊之奉之，以为读圣贤之书，列胶庠之选，其所言所行，俱可以为乡人法则也。故必敦品励学，谨言慎行，不愧端人正士，然后以圣贤诗书之道，开示愚民，则民必听从其言，服习其教，相率而归于谨厚。或小民偶有不善之事，即怀愧耻之心，相戒勿令某人知之，如古人之往事，则民风何患不淳，世道何患不复古耶？朕观今日之士子，虽不乏闭门勤修读书立品之辈，而荡检逾闲不顾名节者亦复不少。或出入官署，包揽词讼；或武断乡曲，欺压平民；或违抗钱粮，蔑视国法；或代民纳课，私润身家……种种卑污下贱之事，难以悉数。彼为民者，见士子诵读圣贤之书，而行止尚且如此，则必薄待读书之人，而并轻视圣贤之书矣。士习不端，民风何由而正？其间关系极为重大。"[2]

通过这则谕旨，可以体会到雍正帝对于当世士子问题的担忧和迫切希望整顿士习的心态。终雍正一朝，"士习"或者如何控制士子群体成为雍正帝关注的议题，也几乎成为雍正朝每科殿试策问的主题。殿试作为皇帝亲选"天

---

[1] Chow, Kai-Wing, *The Rise of Confucian Ritualism in Late Imperial China: Ethics, Classics, and Lineage Discourse*, Stanford University Press, 1994, p.5.

[2] 《清世宗实录》卷48，雍正四年九月丁巳。

子门生"的最后一步,其考题最能反映当时皇帝所想和朝廷所需,而相应的状元之卷在很大程度上最能切合执政者心理。雍正一朝,除雍正元年(1723年)的登基恩科以选廉吏、收贤才为主旨外,其余四次殿试策问都与士习有关,占殿试主题比例达到80%。这与康熙时期20次开科殿试中,以"士习""士风"为题仅占殿试主题25%相较,比例明显大幅提升。

雍正二年(1724年)甲辰科殿试以"敦士风""劝农桑"为问;雍正五年(1727年)丁未科殿试以"端士习"为问;雍正八年(1730年)庚戌科殿试以"崇实学、端士习、取人才、擢贤吏"为问;雍正十一年(1733年)癸丑科殿试再以"培植士风"为问。可以说,在雍正一朝五次殿试中,士习成为重要议题。正是在雍正帝刻意强调对士子群体着力控制的背景下,雍正二年(1724年)封丘罢考案成为雍、乾两朝处理士子群体罢考案件的标尺,反映出朝廷对科场罢考问题的重视。

二、封丘罢考案——18世纪罢考事件判罚的标杆

正如上文所示,雍正帝继位伊始就已经开始转变对地方士子、士绅的优容态度,并开始整顿与改革康熙末年的种种弊端。随着雍正帝改革的深入,他认为对地方生监等绅衿免除当差和赋税等政策,对民人极为不公。为了打压士绅群体和调解地方社会矛盾,雍正帝决意改变清初士子免粮、免役的政策。雍正二年(1724年)发布上谕:

"不肖生员、监生,本身田产无多,辄恃一衿,包揽同姓钱粮,自称儒户、宦户,每当地丁漕米征收之时,迟延拖欠,有误国课。通都大邑固多,而山僻小县尤甚。该督抚着即严查晓谕;革除儒户、宦户名目。如再有抗顽生监,即行重处,毋得姑贷。倘有瞻顾,不即革除此弊者,或科道参劾,或被旁人告发,治以重罪。"[1]

如此诏谕,剥夺了地方士子凭借功名免纳丁粮的特权。其后竟然又在河南地方施行"将优免之名永行禁革,与民一例当差"的政策。施行八十余年的特权政策突然中断,令士子极为不满。同时,上文已经提及的雍正帝自继

---

[1]《清世宗实录》卷16,雍正二年二月戊午。

位伊始就力图整顿士风，希望士子能够学与德并重，并终其一朝保持对士子的高压政策，成为士子罢考的导火索。发生在雍正二年（1724年）的封丘罢考案，是以生员王逊为首的生监群体对于雍正帝"士绅一体当差，一体纳粮"政策的直接对抗，也是田文镜奏折中所言豫省"绅衿贡监往往遇事生风，一人为首，众皆附和"[1]的直接体现，更是雍正帝锐意强调对士子道德改革和地方生员反抗的张力所在。

封丘县位于河南省中东部，正好处于黄河北岸，因此该县河工任务较重，时常征调民人参与加固堤岸的工程。朝廷极为重视河南和封丘县的防汛工作，以兵部侍郎嵇曾筠出任河南首任副总河，驻扎武陟县监督河工。雍正二年（1724年）五月，因正属伏汛季节，加固堤坝任务紧迫，时任河南副总河的嵇曾筠与河南布政使田文镜商议，一致认为应征调人力迅速加固封丘县境内堤岸，故派封丘县知县唐绥祖"按地亩饬令各社添催人夫"[2]。此指令一下，各地方纷纷征派男丁修河，而因为士绅一体当差的政策，生员和监生等拥有功名的士子群体也在征调范围之内。这一政策引发士子们的不满，他们认为自己"齿于衣冠"，不应承担劳役。生员王逊迅速召集温瀍、方元龙、方元璐等百余士子共赴巡抚衙门呈控，又阻挠知县唐绥祖入城，并声言征收钱粮"应分别儒户、宦户，如何将我等与民一例完粮，一例当差？"[3]跟随王逊的百余人中，绝大多数为具有功名的生员和监生，甚至还有举人和进士参与其中。得到消息的巡抚、布政使、学政先派陈时夏安抚士子并传集诸生赴衙门，令教谕等善为劝喻，希望协商解决此事。陈时夏为了优容士子、缓和矛盾，"并不将诸生传至大堂审问，而是招致衙内，并备诸多板凳，俱令同坐，称为年兄，央其赴考"。在田文镜的奏折中也提及了这种态度和做法，"实臣等私有大事化小，小事化无之意也"[4]。王逊以威胁口吻提出，"若要我等赴考，必须免了我们按地出夫，参了唐知县。若是不免夫、不参官，生员们断断不

---

[1] 中国第一历史档案馆编：《雍正朝汉文朱批奏折汇编》（第3册），江苏古籍出版社1989年版，第196页。

[2] 中国第一历史档案馆编：《雍正朝汉文朱批奏折汇编》（第3册），江苏古籍出版社1989年版，第196页。

[3] 中国第一历史档案馆编：《雍正朝汉文朱批奏折汇编》（第3册），江苏古籍出版社1989年版，第196页。

[4] 中国第一历史档案馆编：《雍正朝汉文朱批奏折汇编》（第3册），江苏古籍出版社1989年版，第196页。

考!"[1]王逊等人并未得偿所愿,故于岁考之际发动罢考,全县仅有生员23人应试,而罢考者达到130人以上。[2]田文镜认为王逊等人不仅酿成罢考大罪,还以此要挟官长,故于五月二十七日直接向雍正帝上报罢考案情,并认为以王逊为首的士子群体"因求谋议免夫役,并儒户、宦户不遂其意,即纠众罢考,可谓全无国法矣"。[3]巡抚石文焯、学政张廷璐也分别汇报案情。石文焯以"似此率众罢考,挟制官长,不法已极"[4]表达自己的立场,他甚至向雍正帝请罪称:"臣自愧庸拙,抚豫一载不能移风易俗,咎复何辞!"[5]雍正帝在回复巡抚石文焯的朱批中,明确道出自己已经通过田文镜的奏折了解此事,并给予重视。在朱批中雍正帝写道:"此等事与尔何干?地方上有如此一二事整理整理倒是好事!"[6]进而雍正帝又言:"但若令尔等审理,未免避忌袒护属员,轻蔑士子之嫌,反有干碍。朕特遣部臣前来严加惩创,以正恶习。于田文镜前奏已有旨矣。"[7]

雍正帝在给田文镜的朱批中认为应该迅速捉拿并严惩士子,言及"此事光景未必止于此,只恐生出一点事来。尔等可将为首者出其不意拿解省城,加意看守,听候遣部臣审理……此上谕秘之"。[8]田文镜力行贯彻雍正帝旨意,先后在雍正二年(1724年)六月二十一日、二十三日、二十九日和七月初三日大力查拿涉事罢考的王逊、温濬、方元龙、方元璐、杜菁莪、边长虹、边峰、范瑚、邓几芳和徐丕泰等人,并将他们先解送到省城留心看守,后又转发至祥符县羁押。在查拿这些事涉罢考的士子后,田文镜于六月二十五日、

---

[1] 中国第一历史档案馆编:《雍正朝汉文朱批奏折汇编》(第3册),江苏古籍出版社1989年版,第208页。

[2] 中国第一历史档案馆编:《雍正朝汉文朱批奏折汇编》(第3册),江苏古籍出版社1989年版,第301页。

[3] 中国第一历史档案馆编:《雍正朝汉文朱批奏折汇编》(第3册),江苏古籍出版社1989年版,第197页。

[4] 中国第一历史档案馆编:《雍正朝汉文朱批奏折汇编》(第3册),江苏古籍出版社1989年版,第208页。

[5] 中国第一历史档案馆编:《雍正朝汉文朱批奏折汇编》(第3册),江苏古籍出版社1989年版,第208页。

[6] 中国第一历史档案馆编:《雍正朝汉文朱批奏折汇编》(第3册),江苏古籍出版社1989年版,第208页。

[7]《世宗宪皇帝朱批谕旨》卷30中《朱批石文焯奏折》,钦定四库全书本,第29—30页。

[8] 中国第一历史档案馆编:《雍正朝汉文朱批奏折汇编》(第3册),江苏古籍出版社1989年版,第197页。

七月初一日分别为文武士子补考一科,奏报称"自拿(王逊等生员)之后,并无一人再抗,地方宁谧"。[1]九月,雍正帝同大臣"商议",均认为王逊等策划罢考者不法之极,决定将为首生员王逊斩立决以为严惩,并警示地方士子。据田文镜奏报,从京师赶来河南审理案件的官员,"人人以为(罢考)三尺不赦,罪无可逭矣",进而"舜刑警百,立诛首恶"。[2]王逊被正法后,封丘士民"咸云王逊等罪恶滔天,死有余辜"。[3]这正是雍正帝希望看到的效果。在回复田文镜的朱批中,雍正帝认为"赏罚原系一理一点偏不得,善且不可为,而况恶乎!"[4]显然,对雍正帝而言,罢考不仅已被朝廷高度重视,而且成为危害统治的负面行为。

至此,朝廷对封丘罢考案定性,并对为首生员施以刑罚,从中央到省府,再到地方层面,无论官员还是地方士民,都认识到了罢考行为的严重后果,以及雍正帝对待罢考的强硬态度和整顿士习的决心。荒木敏一认为,封丘罢考案的处理结果是雍正帝对地方极严主义的体现,展现出弹压绅衿特权阶层刁风的决心。[5]李世愉也认为,通过封丘罢考案,清政府总结了教训,"对以后再出现的罢考绝不姑容"。[6]实际上,此案代表了雍正帝严厉处罚科场罢考行为的开端,亮明了朝廷的态度,更成为雍乾时期朝廷处理士子罢考事件的参照。

第四节　雍正朝对于科场罢考问题律令的出台

在经历了雍正二年(1724年)的封丘罢考案后,各省均以此案为参照,并以"光棍例"为处罚依据。最早在雍正二年(1724年)九月,朝廷就下令

---

[1] 中国第一历史档案馆编:《雍正朝汉文朱批奏折汇编》(第3册),江苏古籍出版社1989年版,第287—288页。

[2] 中国第一历史档案馆编:《雍正朝汉文朱批奏折汇编》(第3册),江苏古籍出版社1989年版,第682页。

[3] 中国第一历史档案馆编:《雍正朝汉文朱批奏折汇编》(第3册),江苏古籍出版社1989年版,第682页。

[4] 中国第一历史档案馆编:《雍正朝汉文朱批奏折汇编》(第3册),江苏古籍出版社1989年版,第683页。

[5] [日]荒木敏一:《雍正二年的罢考事件与田文镜》,载《东洋史研究》第15卷第4号(1957年3月)。

[6] 李世愉:《清代科举制度考辩》,沈阳出版社2005年版,第45页。

以陕西"光棍例"处理福建省罢考事件,题定"福建地方如有借端聚众罢市、罢考、打官等事,均照山陕题定光棍之例,分别治罪。其不行查拿之文武官弁,亦俱照例议处"。[1]具体而言,罢考为首者斩决,为从者绞监候,逼勒同行之人杖一百,而不行严拿之文武官弁皆照溺职例革职。此外,在雍正帝和臣下利用奏折沟通时,"从严惩治"是其主要原则。

雍正二年(1724年)十一月,贵州威宁总兵石礼哈奏报,该年九月考试之时,毕节县有士子邵藩爽、张时焕等十数人,以攻击士子邵汝钧为冒籍之名,大闹科场,致使考试无法继续。后在士子周权等人带领下,数百生童拥至州衙。石礼哈以河南罢考案为参照,其言"臣阅邸抄见河南封丘县劣生聚众阻考一事,已奉钦差严审在案",[2]并认为"诸生聚众成风,尤宜严儆。若不严究首恶,止以斥革枷责完案,此辈终无畏惧"。[3]甚至在奏报案情后的次年,石礼哈还密折奏报雍正帝,巡抚毛文铨对毕节案审办不当。可见,关于罢考案件虽有判例,但无明确律法,使得一些官员在处理罢考案件上有所出入。最终竟是雍正帝告诉石礼哈:"事已过,你署理不必重究此事也。如再有此等不法,再振作整理!"[4]

雍正三年(1725年),江苏靖江县发生罢考事件,作为江苏学政的俞兆晟先按雍正帝和朝廷要求停止该县士子考试,并言如此处理"所以斥匪类而警刁风最为允当"。[5]但在随后的奏折中,俞兆晟认为请求退衣顶的328名生员和生童,并不都是"强梗诈伪之徒"。他认为其中大多数士子实在是因为碍于情面,"一时随众列名,不知进退",[6]甚至认为靖江县在江苏本属偏邑,328名士子其情可悯,故希望雍正帝可以"开其自新之路。人非木石,虽有愚顽,自当惭愧变化,如是而尚有不率教者,臣必执法痛处,使江南士子感

---

[1] (清)允禄等监修:雍正朝《大清会典》卷166《刑部十八》,光绪官刻本,第29页。

[2] 台北"故宫博物院"藏:《石礼哈奏报毕节县生童聚众辱官阻考事》,雍正二年十一月十六日,档案号402017591。

[3] 台北"故宫博物院"藏:《石礼哈奏报毕节县生童聚众辱官阻考事》,雍正二年十一月十六日,档案号402017591。

[4] 台北"故宫博物院"藏:《石礼哈奏报毕节县生童聚众辱官阻考事》,雍正二年十一月十六日,档案号402017591。

[5] 中国第一历史档案馆藏:《江苏学政俞兆晟奏为靖江县罢考一案求退衣顶童生请开自新之路事》,雍正三年十二月二十一日,档案号04-01-38-0056-027。

[6] 中国第一历史档案馆藏:《江苏学政俞兆晟奏为靖江县罢考一案求退衣顶童生请开自新之路事》,雍正三年十二月二十一日,档案号04-01-38-0056-027。

颂圣天子至德深仁"。[1]虽然雍正帝本意是要严厉惩处士子并在朱批中写道"财利熏心不料如此之甚",[2]但最终还是照顾了学政俞兆晟的情面,准许停考的士子复考,不再追究此事,而这也是雍正朝少有的法外施恩的案例。

雍正五年(1727年),福建漳州府考试学政程元章监督武科士子考试时,因众人排队拥挤,以致持鞭责打童生驱散,士子以"辱及斯文,群起掷石"酿成停考。在福建布政使沈廷正的奏报中,依然言及应严格缉拿为首士子:"生童尚敢不法,刁风断不可长。密行确查为首之人,严拿惩究。"[3]如此上奏,明显是对雍正二年(1724年)严惩福建地方罢考、罢市诏旨的响应。同年发生的江苏太仓州知州王溯维杖责生员引发罢考一事汇报至雍正帝后,雍正帝即朱批"王溯维虽属过严,此起武童不法之极,严纠明白,将数人正法方是"。[4]由此朱批可见雍正帝对于士子罢考严厉惩治的态度。

雍正九年(1731年)六月,时任广东巡抚的郝玉麟具奏雍正帝上年五月内阳春县详报生员李国壁,拥闹公堂,武童汪武纬逞凶罢考;又封川县详报童生欧阳日等人殴书哗躁[5]等事。雍正帝对此的谕旨是:"当引豫省之例,正法一二人,方望其改革弊习。若塞责惩治,恐更长刁风也。但杀人之举亦万不可随朕之偶谕,草率顺从,此非阿谀之事也。"[6]由此可见,封丘罢考案依然为处理罢考案件的严格范例,郝玉麟参照封丘罢考案拟将李国壁判处流刑,而汪武纬施以绞刑。但是当郝玉麟针对罢考案提出"仰承圣训自不敢姑息以长刁风,惟平心按律揆其情罪似属妥协"[7]的处理意见时,雍正帝当即

---

[1] 中国第一历史档案馆藏:《江苏学政俞兆晟奏为靖江县罢考一案求退衣顶童生请开自新之路事》,雍正三年十二月二十一日,档案号04-01-38-0056-027。

[2] 中国第一历史档案馆藏:《江苏学政俞兆晟奏为靖江县罢考一案求退衣顶童生请开自新之路事》,雍正三年十二月二十一日,档案号04-01-38-0056-027。

[3] 中国第一历史档案馆编:《雍正朝汉文朱批奏折汇编》(第11册),江苏古籍出版社1989年版,第308页。

[4] 中国第一历史档案馆编:《雍正朝汉文朱批奏折汇编》(第9册),江苏古籍出版社1989年版,第625页。

[5] 台北"故宫博物院"藏:《广东总督郝玉麟奏报处理地方生员武童喧闹公堂及罢考事》,雍正九年六月十二日,档案号402012955。

[6] 台北"故宫博物院"藏:《广东总督郝玉麟奏报处理地方生员武童喧闹公堂及罢考事》,雍正九年六月十二日,档案号402012955。

[7] 台北"故宫博物院"藏:《广东总督郝玉麟奏报处理地方生员武童喧闹公堂及罢考事》,雍正九年六月十二日,档案号402012955。

第二章　清前期朝廷对科场罢考问题的应对

写下"未必也"[1]的夹批，再次体现出他对于科场罢考的不认同和意图从重处理的心态。

虽然全国各处督抚和地方官大多以雍正二年（1724年）封丘罢考案作为判例参照上奏，但朝廷毕竟没有颁布对科场罢考问题的具体定性意见和适用律例，案件的处理更多的是雍正帝和地方大臣以奏折方式就个别案件进行沟通、联系，并最终定刑，对于罢考案件尚缺乏全国统一的惩处规范。官员群体也还没有形成对罢考严重性质的一致意见，甚至还存在一些地方官为罢考士子求情的案例。例如，雍正年间，福建惠安县发生士子罢考事件后，朝廷拟按河南王逊例立决，时任刑部福建司郎中的程釜据理力争，以"罢考同，所由罢考者不同。河南以派夫挠国法，惠安以禁夜忤典史"为由，与司官包涛一道为士子求情，力争得减。[2]

雍正十年（1732年）编纂而成的《大清会典》，将雍正二年（1724年）题准"福建地方如有借事聚众罢市、罢考、打官等事，均照山陕题定光棍之例，分别治罪"的条文收入其中，明确了以"光棍例"作为处罚罢考士子的律令，这对于全国处理士子罢考事件具有规范性作用。但实际上，此条例更多的是面向和适用于福建地方，还是忽视了全国其他地域的士子罢考事件。因此，面对士子罢考事件逐渐增多的态势，朝廷急需出台全国性法律，以明确约束和惩治士子罢考行为。

雍正十二年（1734年），雍正帝命礼部商定如何惩治科场罢考行为，礼部尚书吴襄得旨后，拟定"生童罢考应停其考试，交督抚查究。如有司法不公不法，即据实附参。如生童无故罢考，除停试外，将首倡之人究拟"。[3]结果这一意见完全没有体会圣意，雍正帝下旨驳斥道："罢考原有应得之罪，今此奏必待审讯后分别定拟，而置罢考于不问。但以停考一科，当其罢考之罪，岂整饬士风之道乎？"[4]故雍正帝要求另议，最终确定"罢考，照光棍例，别首从治罪"，[5]是年，内阁颁布《禁止生童罢考上谕》，成为全国通行遵守

---

[1] 台北"故宫博物院"藏：《广东总督郝玉麟奏报处理地方生员武童喧闹公堂及罢考事》，雍正九年六月十二日，档案号402012955。

[2] （清）马步蟾纂修，夏銮纂：道光朝《徽州府志》卷12《宦业三》，道光七年刊本，第22页。

[3] 吴忠匡总校订：《满汉名臣传》，黑龙江人民出版社1991年版，第1746页。

[4] 吴忠匡总校订：《满汉名臣传》，黑龙江人民出版社1991年版，第1746页。

[5] 吴忠匡总校订：《满汉名臣传》，黑龙江人民出版社1991年版，第1746页。

的律例。该上谕言及：

"各省生童，往往因与地方有司争竞龃龉，相率罢考，此风最为恶劣。士为四民之首，读书明理，尤当祗遵法度，恪守宪章，化气质之偏，祛嚣凌之习。况国家之设考试，原以优待士子，与以上进之阶。凡此生童不知感戴国恩，鼓舞奋勉，而乃以私忿罢考，为胁制长官之计，有是理乎？嗣后，如果该地方官有不公不法、凌辱士子等情，许令生童等赴上司衙门控告，秉公剖断。倘不行控告而邀约罢考，即将罢考之人停其考试，若合邑合学俱罢考，即全停考试。该部妥议通行。"

该上谕适用于文武两试，[1]对士子的科场罢考行为作了明确的定性，给出了适用于全国的量刑标准，不仅严行禁止士子罢考行为，而且明确规定，各地发生罢考事件，均按"光棍例"判决，秉承从重处理原则。从上谕和"光棍例"的口吻，可以明显感受到雍正帝将罢考士子与引发社会矛盾的"光棍"画上了等号。

在量刑方面，除了将参与罢考的士子全停考试、黜革衣顶，雍正帝令刑部在全国划一，将各地罢考士子均依照"山陕光棍例"从重处理，并强调了对士子和对官员两方面的惩治原则。条例规定："擅自聚众至四五十人者，地方官与同城武职，无论是非曲直，拿解审究。为首者，照光棍例，拟斩立决；为从，拟绞监候。其逼勒同行之人，各杖一百。承审官若不将实在为首之人拟罪，混行指人为首者，革职，从重治罪。其同城专汛武职不行擒拿，及该地方文职不能弹压抚恤者，俱革职。其该管之文武上司官，徇庇不即申报该督抚、提镇，如不行题参者，俱交该部照例议处。"[2]在《大清会典》和各

---

[1]《钦定武场条例》卷12《士子罢考》载："凡聚众罢市、罢考、殴官胁制等事，将为首、为从及逼勒同行之武生、武童照依光棍例分别治罪。"据原案所载，"雍正十二年议准：地方官若有不公、不法、凌辱士子生童等身受其害者，准其赴该管上司衙门控告，秉公审理。如控告属实，即将地方官参处；虚者，将该生童等治以诬妄之律。倘该上司袒护地方官，不即准理或剖断不公，将该上司议处。若有豪横之徒，逞其私忿，聚众罢考，胁制官长者，审实，照例分别首、从治罪。其逼勒同行罢考之武生，褫其衣顶，武童记名，停其考试。如合邑、合学同罢考武生，全褫衣顶，武童全停考试。已经惩治之后，果能洗心涤虑改过自新，该督抚会同学政，察实具题，请旨。倘学政市恩邀誉、暗中寝息，或将罢考案内之人滥行收考，并该督抚通同徇隐，以及董率无方，不能约束之教官，一并交部处分。至生童罢考之时，或有同城武职从中调处寝息，其事者罚俸一年。"

[2] 光绪朝《钦定大清会典事例》卷771《兵律·激变良民》。

律例记载中,"无论是非曲直"无疑表明了雍正帝的强硬态度。朝廷将雍正帝诏谕和"光棍例"收入日后编纂的《钦定学政全书》《钦定科场条例》等政书中,以为地方参考。[1]

配合以光棍例处罚罢考士子的另一项措施是,雍正朝禁止涉及罢考案的士子捐免其罪,断绝了他们希图侥幸的后路。根据《皇朝文献通考》所载,清朝初期对士子群体在司法方面有特别照顾,"若举、监、生员、冠带人犯非奸盗诈伪者,流徒以下并听纳赎"。[2]然而至雍正二年(1724年),朝廷则停止捐赎条例,士子群体的特权丧失。虽然在雍正三年(1725年)再次允许士子捐免罪行,但在雍正十二年(1734年)强调,"十恶、强盗、光棍等犯不准捐免"其罪。[3]这显然是朝廷配合雍正帝整饬士子的上谕而出台的政策。在此条规下,罢考为首的士子们,依旧要按"光棍例"判罚,丧失了捐免其罪的可能。至于罢考为从者,刚毅在《秋谳辑要》中给出了二十八种秋审"情实"的情况,其中就包括与罢考极为相关的"匿名揭帖"和"光棍为从"

---

[1] 《钦定学政全书》卷26《整饬士习》所收录谕旨和条例在雍正朝的基础上增加了乾隆三十七年(1772年)的相关规定,条例如下:"雍正十二年奉上谕:各省生童,往往有因与地方有司争竞龃龉而相率罢考者,或经教官劝谕,或同城武弁排解,然后寝息其事,此风最为恶劣。士为四民之首,读书明理,尤当祗遵法度,恪守宪章,化气质之偏,祛嚣凌之习。况国家之设考试也,原以优待士子,与以上进之阶,论秀书升,遭逢令典,凡尔生童,不知感戴国恩,鼓舞奋勉,而乃以私心之忿,借罢考为挟制官长之具,何市井无赖至于此乎!盖因庸懦之督抚学臣,希图省事,草草完结,不加严惩,以至相习成风,士气益骄,士品日流于下,关系匪浅。各省生童等,如果该地方官有不公不法凌辱士子等情,自应赴该地方上司衙门控告,秉公剖断。嗣后倘不行控告,而邀约罢考者,即将罢考之人,停其考试;若合邑合学俱罢考,亦即全停考试。天下人才众多,何须此浮薄乖张之辈,是乃伊等自甘暴弃,外于教育生成,即摈弃亦何足悯惜。如此定例,亦整饬士习之一端,着该部妥议通行。遵旨议定:嗣后如地方官果有不公、不法、凌辱士子等情,生、童等身受其害者,准其赴该管上司控告。该上司秉公审理,即将地方官题参,按其情罪之轻重照例议处。倘系情虚,将该生、童等治以诬妄之罪。倘该上司袒护地方官,不行准理,或徇情营私,剖断不公者,一经发觉,将该上司从重议处。如有豪横之徒,逞其一时私忿,辄敢聚众罢考,挟制官长者,照山、陕题定光棍之例,分别首、从治罪。其逼勒同行罢考之生员,褫其衣顶,童生记名档案,俱停考试。如合邑、合学同罢考,即将合邑、合学罢考生员全褫衣顶,童生全停考试,仍照例分别杖责。如该生、童已经惩治之后,果能改过自新,该督、抚会同学臣,察实具题请旨。倘有不肖学臣,市恩邀誉,辄敢暗中寝息,或将罢考案内之人滥行收考者,该督、抚查参,将该学政照徇庇例议处。倘该督、抚通同徇隐,一经发觉,将该督、抚一并严处。至教官有教导士子之责,倘有生员等罢考,是必其平日董率无方,不能约束所致,应将该教官照溺职例革职。倘于生童罢考之时,该教官畏惧处分,或有同城武弁与之从中调处,寝息其事者,均照私和公事例治罪。"

[2] 《皇朝文献通考》卷209《刑考十五·赎刑》,钦定四库全书本,第6a—6b页。
[3] 《皇朝文献通考》卷209《刑考十五·赎刑》,钦定四库全书本,第22b页。

两项。[1]换句话说，参与动员和组织罢考，被判绞监候或斩监候的士子，在秋审中不会被宽宥，而将按"情实""予勾"处决。这些条例不仅再次证明了朝廷处罚罢考士子的强硬态度，也彻底破灭了士子的侥幸心理。

第五节　乾隆朝的罢考案与乾隆帝对士子罢考处罚的态度

一、乾隆朝对待士子罢考的律令升级

乾隆帝在对待士子的态度和罢考事件的处理上继承了其父果决、强硬的风格。他同样严厉对待士子，以及该群体的罢考问题，在其继位之初的恩科殿试中就强调了士子要"明达体用"，隐喻地告诫士子要约束士行。乾隆元年（1736年）四月初一日，福建巡抚卢焯上奏称莆田地方士子聚众闹署罢考。卢焯在奏折中向乾隆帝请示是否按"光棍例"处罚时言及，"臣看得闽省风俗强悍，生童挟制辱官，是以钦定严例，福建地方如有借事聚众罢市、罢考，均照山陕题定光棍例分别治罪，以冀稍知悛改"。[2]乾隆帝同意参照"光棍例"判决。此案的判罚，让乾隆朝的各种律例和科举政书内均添加了福建地方如有罢考，照山陕题定光棍例分别首从治罪的条例，并要求地方提调、武职协同弹压、缉拿。其文载：

"乾隆元年议准：定例内开，福建地方，如有借事聚众，罢市、罢考、打官等事，均照山、陕题定光棍之例，分别首、从治罪。嗣后，学臣考试地方，如有奸徒聚众生事、凌胁官长等情，学臣系封锁衙门，内外隔绝，无由禁缉；该提调及地方官并驻防武职立即协拿务获。审实，即照定例办理。若提调及地方官事前不能防范，事后又不严拿，及批审之后，徒以一二软弱无辜抵塞结案者，听督、抚、学臣据实题参。文职交吏部议处，武职交兵部议处。其廪保不加详慎，滥保匪人，以致场内生事者，一并斥革。"[3]

---

[1]（清）刚毅：《秋谳辑要》卷1《秋谳志略》，光绪十五年刻本，第6a页。

[2]"中央研究院"历史语言研究所藏：《内阁大库档》，《福建巡抚卢焯题报棍童聚众胁官》，乾隆元年四月初一日，登录号048281。

[3]（清）素尔讷：《钦定学政全书》卷21《提调事例》，乾隆三十九年武英殿刻本，第3—4页。

第二章　清前期朝廷对科场罢考问题的应对

以上乾隆帝对于卢焯的议复谕旨成为乾隆朝承接雍正朝严惩士子罢考的标志。在乾隆七年（1742年），乾隆帝还曾借广东石城、电白等县考试时士子不安分行为，特谕两广总督和广东巡抚、学政"董率有司教官严切训谕，务令士子等洗心涤虑、痛改前非，倘冥顽不灵，仍不率教，即按律惩治，不稍宽贷；如官员等有徇隐姑纵者，一经查出，定行分别处分"。[1]

更进一步，乾隆帝将士子罢考行为与揭竿而起的反叛一样对待，视罢考为动摇社稷的忧虑所在。乾隆九年（1744年）正月，闽浙总督那苏图根据兵科给事中胡定《申禁兵民结盟以杜骄悍疏》上奏他严查闽省的情况，又根据乾隆帝的谕旨覆奏称：

"民间如联盟、械斗、谤讪、抗官、拒捕、罢考、罢市、造军火器械、揭旗聚众等事，干系甚大，密速赶办，严加惩治，其余平常小疵，仍当加以教导，如再不率，然后案治。"[2]

对于那苏图的回奏，乾隆帝深以为是，回复："所见是矣。若能行之以实，日积月累，自可抒朕南顾之忧！"[3]由此可见，士子罢考在乾隆帝眼中绝非"小疵"，而是与诸多威胁社稷安定的事件画上了等号。在这一背景下，乾隆帝甚至要求督抚如此处理罢考等案件：

"该督抚先将实在情形奏闻，严饬所属立拿正犯，速讯明确，分别究拟。如实系首恶通案渠魁例应斩枭者，该督抚一面具题一面将首犯于该地方即行正法。"[4]

这实际上赋予了地方督抚在处理罢考案件上的先斩后奏之权。林乾在研究乾隆朝前期对群体性事件的处理时认为，乾隆十三年（1748年）是律法进一步严明的关键时间节点，"'激变良民'律由此变为'首条聚众抗官律'，惩罚的客体由官吏而变为聚众者，适用范围涵盖全国，具有普适性。"[5]雍正朝

---

[1]《皇朝文献通考》卷71《学校考》，钦定四库全书本，第12—13页。
[2]《清高宗实录》卷209，乾隆九年正月戊申。
[3]《清高宗实录》卷209，乾隆九年正月戊申。
[4] 张荣铮、刘勇强、金懋初点校：《大清律例》卷19，天津古籍出版社1993年版，第311页。
[5] 林乾：《清代乾隆时期群体性事件的法律控制及其效果考察》，载《国家行政学院学报》2018年第6期。

严宽之变：清代科场罢考问题研究

的严厉律规为雍乾两朝处理士子罢考案件奠定了法律基础，也明显地从顺康时期向雍乾时期发生重要的转变。[1]这种对地方士子和精英的管控，诚如韩承贤所言，不仅是希望规范地方精英们的社会行为，更是朝廷建构文化集权秩序的努力。[2]

在那苏图奏报后几个月，恰于该年八月顺天北闱之时，发生了因乡试搜检过严，辱及士子，致使生员二千余名自行散去的罢考事件。借进京之机，翰林官黄明懿奏报："今岁北闱科场搜检太严，及于亵衣下体……闻风退避散去者遂至二千余人之多，士气沮丧，有关国体"。[3]虽然在官方实录中并没有用"罢考"字眼予以定性，但"自行散去"的本质与罢考并无二致。乾隆帝面对奏报极为不满，他认为士子不肖，而翰林官求情乃不可理喻，故特地下旨反驳道：

"朕之剔弊除奸，本欲使怀瑾握瑜之人，脱颖而出，整顿颓风，培养士气，正所以崇国体也。而黄明懿反以为士气沮丧，其谬妄已极。此必有不肖之士子造作浮言，互相煽惑，以鼠窃狗偷之行，而有摇唇鼓舌之风。朕若不亟为整理，不但士习日颓，无所底止，即伊等将来亦不免清流之祸。朕心不忍，是以法在必行，以挽救之。黄明懿身为翰林，若欲建白谏诤，即当据实敷陈，今乃借进讲经书，隐讽时事，甚属奸险诈伪，着交部严察议处。"[4]

乾隆帝以上言论体现了他对士子群体自行散去不考的愤恨，特别是他对于黄明懿替士子发声的动机表示怀疑，甚至将其与"清流"之祸联系起来。

---

[1] 王学深:《清前期基层管控视域下的科场罢考案与律法适用》，载《清史研究》2022年第2期。这种整顿士习、严待士子群体的努力贯穿了整个乾隆朝，且越到晚期越为严格，而地方政府对于朝廷严待士子的态度也大多坚决贯彻执行。在中国第一历史档案馆所编纂的《乾隆中晚期科举考试史料》中，就收录了81件奏折，其中总督奏折2件，巡抚奏折6件，学政奏折73件（参见常建华:《士习文风：清代的科举考试与移风易俗——以〈乾隆中晚期科举考试史料〉为中心》，载《史林》2008年第2期）。如福建学政吉梦熊（1721—1794年）奏报："至闽中地处海滨，士子为四民倡率，必倍加整顿，务令读书砥行，循蹈规矩，悉归驯谨，方足以端士习而改浇风。"又如湖北学政李长森（1756—1823年）奏报："敬宣我皇上崇实黜浮、整饬士习之至意，令其共知恪守。其有州县并教官禀报文武生员劣迹及臣自行访实者，分别轻重，斥革究惩。"

[2] Han, Seunghyun, *After the Prosperous Age: State and Elites in Early Nineteenth-Century Suzhou*, Harvard University Asia Center, 2016, p. 11.

[3]《清高宗实录》卷224，乾隆九年九月乙亥。

[4]《清高宗实录》卷224，乾隆九年九月乙亥。

第二章　清前期朝廷对科场罢考问题的应对

尤其是乾隆九年（1744年）正是明清交替百年之时，敏感时间点令乾隆帝更为刻意地防范士子和士大夫"清流妄议"的行为。因此，乾隆帝一面对士子进行申饬和处罚，一面批评黄明懿，并将其奏言与讽讥时政相联系，并用"甚属奸险诈伪"为他给士子罢考辩护的言论定性。这种对士子的防范心理和对士大夫的惩罚措施，加之雍乾时期的"文字狱"高压政策，使得官员、地方士人、士子群体在18世纪再也不敢为士子请命、为罢考发声。

乾隆十七年（1752年），江苏巡抚庄有恭奏报砀山县戚克讷和黄修带头罢考，如廪生戚克讷倡言"凌辱士子，何必读书？率众罢考"。为此，庄有恭在给乾隆帝的奏折中拟将戚克讷和黄修"照光棍例为首斩决，为从绞候"，而参与者黄身检、曹兆祥、郭培义等各杖一百。[1]对庄有恭如此审定，乾隆帝深表赞同，立即朱批回复"从重治罪莫少宽贷"。[2]但在等待处决戚克讷和监押黄修时，两人却被上报"在监病故"，乾隆帝为之震怒，不仅下旨严查事件真伪，而且明发上谕表达对于二人身故的怀疑态度和"生童激众罢考最为学校恶习，既经审实，必明正典刑，方足示儆"。[3]该谕旨言及：

"据庄有恭审奏砀山县劣生戚克讷、黄修激众罢考一案，止将同行之黄身检等照例发落，而应拟斩决绞候之首从重犯，则称俱于取供后在监病故，毋庸具题。生童激众罢考，最为学校恶习，既经审实，必明正典刑，方足示儆。乃戚克讷、黄修二犯，皆以监毙而逃显戮，看来非系冒名顶替，即系畏罪自戕。即如湖南知县徐鸿升等于已经奉文勾决之重犯，竟敢临期疏纵脱逃，则戚克讷等之果系在监病故，岂可不为查察耶？总之，外省办事习气多涉虚伪，江南、江西承审伪稿各案舛谬甚多。由此观之，朕于各该督抚所办事件，虽欲深信而不可得矣。此案二犯悉皆监毙，其中大有情弊，着庄有恭悉心确查。得有实据，即将该县知县、典史题参，从重治罪，不可稍有徇隐。"[4]

由此谕旨可见乾隆帝对于处罚带头者的坚决态度，以及对于地方督抚、州县的严格控制。这种对案件的严厉处置与乾隆执政由"宽"向"严"的转

---

[1]　台北"故宫博物院"编：《宫中档乾隆朝奏折》（第4册），1982年，第591页。
[2]　台北"故宫博物院"藏：《江苏巡抚庄有恭奏为砀山县考试文童时有廪生戚克讷激众罢考审讯明确分别治罪事》，乾隆十七年四月十九日，档案号008218。
[3]　《清高宗实录》卷429，乾隆十七年十二月壬子。
[4]　《清高宗实录》卷429，乾隆十七年十二月壬子。

变相吻合，形成了对地方的集权控制和高压态势。而乾隆十八年（1753年）的陕西凤翔府扶风县的士子罢考案和乾隆二十六年（1761年）的广东阳江县士子罢考事件，都集中体现了乾隆时期对士子罢考的严厉态度，展现出18世纪雍乾集权治下的秩序。

二、乾隆十八年陕西扶风士子罢考案

乾隆十八年（1753年），陕西凤翔府扶风县生员屈耀向交县衙缴纳钱时，缺少一千五百余文，故知县张于畔令差役吴起前往屈家收缴剩余欠款。屈耀和差役吴起发生争闹，而屈耀之兄、生员屈炳护弟心切，也同差役争执，结果互殴各有损伤散去。差役吴起之子吴永年为该县马夫，听闻其父被殴之事，上门争闹。屈炳、屈耀及屈炳之子、生员屈谦益一同赴县衙呈控。结果吴永年约同皂隶[1]梁万奇、李寿在路途中等候，"吴永年即将屈谦益殴推倒地，令梁万奇帮同按住，扯破谦益中衣，复用污泥涂于身面"，[2]吴永年也将屈耀殴打。屈耀和屈谦益赴衙门呈控，在得不到地方官支持后，认为知县"纵差辱士，气愤不平"，起意罢考。

事后适逢生员辛大烈探望被打的屈炳，后者"备述受辱难"，[3]双方欲利用县试考试时约定阻考、发动罢考。两人分头联系，由屈炳约同生员刘濬、安宁、乔玉书等人，辛大烈约同生员高法孔、高悦，并进一步推及而下，由刘濬约同文武生员段文玉、史秉忠、史卜、魏应科、王三畏、李时花、王名选、谷大成，谷大成转约李果秀、胡子义，胡子义转约生员张彩凤、张敬，众人定期于乾隆十八年（1753年）十一月二十三日赴樊家庄酒铺会议。[4]屈炳仍旧赶往他处纠集人众，未及会议，由生员辛大烈主持。其间，辛大烈备述屈炳父子受辱之事，"商图罢考"。高法孔以犯法力阻，而张敬、史秉忠、史卜、谷大成、魏应科则俱答应再商议。段文玉则言："就是犯法，少不得审问根源。"生员张彩凤则称："这样凌辱斯文，何必考试？"[5]但众士子并未

---

[1] 清代皂隶属于贱民等级，虽然于地方颇有权势，但不属于良民阶层，无应试为官的权利。他们殴打生员阶层，比之州县官所为，更是对"斯文"的凌辱。关于清代贱民阶层的研究参见经君健：《清代社会的贱民等级》，中国人民大学出版社2009年版。
[2] 故宫博物院编：《史料旬刊》（第26册），1935年，第925页。
[3] 故宫博物院编：《史料旬刊》（第26册），1935年，第925页。
[4] 故宫博物院编：《史料旬刊》（第26册），1935年，第925页。
[5] 故宫博物院编：《史料旬刊》（第26册），1935年，第925页。

达成一致,各自散去。会后辛大烈约同其外甥张文烈书写罢考传单,屈炳遇见童生张元儒,告以受辱,约众阻考。

传单中不仅写入已经串联好的士子,还写上了一些并未与事的士子之名,如生员程宏道因为平日里端方,深受生童尊敬,故张元儒将其写入。写好后,辛大烈和张元儒在沿途发放传单,这场士子策划的罢考事件即步入实际行动阶段。众生员按照布置进行宣传,在县试之日,辛大烈与其外甥张文烈、生童高省三等人阻挠士子应考,于街头叫骂。在头场考试时,张文烈也以"差役殴辱斯文,纵容不究"[1]为名鼓动士子罢考。另一在场童生杨大度此时亦喊"文字既做不完,不如出去,以致众童俱不完卷,一哄而出",最终导致生童罢考。

很显然,这些生员将置于扶风县学的顺治帝《训饬士子》和康熙帝《圣谕十六条》条文规定于不顾,[2]策划了罢考—阻考案件。不过需要看到的是,不少生员闻知辛大烈等人要发动罢考后,均因干犯法纪而没有参与其中,但亦没有告发其事。地方州县、省府得知士子罢考后,第一时间派差驿道公泰、绿营参将高宗瑾前往弹压,以捉拿发动罢考的士子。对这件事的处理,凸显了雍正朝和乾隆朝对士子一贯的高压和严厉惩治的态度。地方官查学政条例内有"辄敢聚众罢考,挟制官长者,不可不严行治罪",故而按律例"审实,均照山陕题定光棍之例,分别首从治罪"。[3]

本案最终严格按照条律拟定判决如下:屈炳"挟嫌倡议,约会阻考,复令张元儒书写传单,密投马号,供证确凿……应照光棍为首例斩立决";生员辛大烈因听从屈炳倡议,代为预谋纠约生员并上街阻考、叫骂,照光棍为从例拟绞监候;童生张文烈、生员刘濬,听从辛大烈倡议在乡纠人会议,安宁、乔玉书听从安排,赴县向同寓诸生煽动阻考不可轻纵,照光棍为从例拟绞,酌减一等,各杖一百、流三千里;高省三、杨大度、李果秀、胡子义照逼勒同各行杖一百,折四十板;张采凤、段文玉会议之时言语不驯,照不应重律杖八十,发学官申饬;张敬、史秉忠、史卜、谷大成、魏应科、李时花、王名选、王三畏、高悦、高法孔,未敢协从,免置议;屈谦益对其父屈炳策划罢考之事知情不报,杖八十,交学官申饬;屈耀照不应重律杖八十;对生员

---

[1] 故宫博物院编:《史料旬刊》(第26册),1935年,第926页。
[2] (清)达灵阿修,(清)周方炯等纂:乾隆朝《凤翔府志》(第3册),学生书局1967年版,第27页。
[3] 故宫博物院编:《史料旬刊》(第26册),1935年,第926页。

动武的吴永年、皂隶李寿等人亦处以杖责。[1]

这一案件的处理不仅体现了自雍正定例以来对于士子科场罢考的严厉处罚，同时也展现出涉事之人无一遗漏的严厉作风。永常和钟音向乾隆帝上疏的奏折中用"屈炳纠众罢考阻挠公事以泄私愤，不法已极，相应请旨俟奉到朱批之日即行正法，以警刁顽"的批语汇报案件，只待乾隆帝将朱批返回之日即行正法之事。对于吴永年等引发事件的皂隶也有相应的惩治，但对地方官员则并没有处罚，甚至永常和钟音还为此找到了借口。二人认为扶风县知县张于畔能力平庸，且此罢考案实际上是张于畔在"屈炳具控之始不能剖析是非，即为审结，辗转迁延激酿而成"。[2]但是，永常和钟音认为，朝廷为了警示士子刁风，不能惩处该知县，否则正中士子罢考下怀，其言："屈炳创意阻考，原为挟制该令，今即参劾，诚恐滋长刁风，转致效尤，殊有未便。是以臣等再四思维，此时姑置该令于不问，统俟此案办理完结后，再将该令察核题参，庶刁风不致滋长而官方亦得整肃矣。"[3]乾隆帝接到奏报，并没有认为有何不对，直接朱批"知道了"以作审结。

通过此案可以看出，乾隆帝惩治士子罢考案件的目的是责士而非责官，即以严格的"光棍例"惩处罢考士子，对于官员则少问他们"激变"之罪，而察其未及时缉拿、弹压之责。在雍正、乾隆时期即使是那些罢考士子人数达不到斩立决条件的案件，朝廷也"一视同仁"，以罢考论处，施以极刑。通过陕西扶风县的案例，雍乾时期朝廷对北方的控制力可见一斑。南方是否也有类似处罚呢？发生在广东阳江县的事例给出了答案。

三、乾隆二十六年广东阳江姚见案

乾隆二十六年（1761年）广东阳江县的案例让我们更加清晰地看到乾隆帝以高压态势管控基层罢考事件的决心。是年九月十六日，广东肇庆府知府陈凤友奏报阳江县有匿名揭帖呼吁士子罢考，以致投卷日诸童生投卷寥寥。根据陈凤友审讯涉案人伍少陵供词得知，策划罢考缘于武进士姚见被县里锁拿，因心有不甘又恰逢知县示期于九月初六日进行文试，故起意同武生陈燏

---

[1] 故宫博物院编：《史料旬刊》（第26册），1935年，第926页。
[2] 故宫博物院编：《史料旬刊》（第26册），1935年，第927页。
[3] 故宫博物院编：《史料旬刊》（第26册），1935年，第927页。

到书馆谋写罢考揭帖，[1]而姚见确有"护兄咆哮县庭，造谋揭帖，恐吓罢考"[2]之实。两广总督苏昌和广东巡抚讬恩多奏报，姚见等人数尚少，且姚见已经病故，"应无庸议"，并对为从者做减刑处理。乾隆帝得到奏报后，认为判决"尚有姑息之处，已令军机大臣会同该部核拟速奏"。[3]

乾隆帝认为姚见发动罢考不可饶恕，且有谎报诈死嫌疑，其言："称在逃病故，而开棺验尸不过有司凭取件作填格为据，此等狡黠匪徒诡诈百出，其中必有潜踪兔脱，买尸捏饰情事。"[4]故谕旨军机大臣和两广总督："此案何得仅以凭信验报率而完结耶！"[5]此外，乾隆帝认为，消息一出，若真犯在逃，必然放松警惕，露出马脚，故晓谕福建、广西、江西等邻省一体留心协缉。乾隆帝认定姚见等人发动罢考罪不可赦，活要见人，死要见尸，表现出其处理罢考案件的强硬态度。得到谕旨的各省督抚、州县官不敢怠慢，开始追查姚见是否真的"在逃病故"，复原其逃跑线路，环环相扣，找到证人证言，并多次检验尸首后，联合上报乾隆帝。

广东省州县先是找到姚见的仆人陈亚三审问，证明姚见于乾隆二十六年（1761年）九月初九日启程，本要赴省城，结果九月十四日到高要县后，染上伤寒病，故在潘润斯药铺问诊休息。九月十七日，姚见租住三胜庙僧人云澄的空房居住，延请医师钟梓医治，虽然服药多服，但未见好转。九月二十九日，姚见病情危重，云澄不肯再收留。他们不得不租用郑敬芳船只出发，待下船后又找到梁维宗针灸治疗无效，姚见于三十日病故。其兄姚丰为姚见买棺木，雇用土工曾华、郭征文收敛姚见尸身，于十月初二日启程回乡，十月初九日到达阳江县。[6]

广东省府所获供词与高要县知县王永熙对医生、歇家、土工、船户等讯问

---

[1] 中国第一历史档案馆藏：《宫中档朱批奏折》，乾隆二十六年九月，两广总督苏昌广东巡抚讬恩多奏，档案号04-01-38-0076-028。
[2] 《清高宗实录》卷654，乾隆二十七年二月庚午。
[3] 中国第一历史档案馆藏：《宫中档朱批奏折》，乾隆二十七年四月初十日，两广总督苏昌广东巡抚讬恩多奏，档案号04-01-01-0257-021。
[4] 中国第一历史档案馆藏：《宫中档朱批奏折》，乾隆二十七年四月初十日，两广总督苏昌广东巡抚讬恩多奏，档案号04-01-01-0257-021。
[5] 中国第一历史档案馆藏：《宫中档朱批奏折》，乾隆二十七年四月初十日，两广总督苏昌广东巡抚讬恩多奏，档案号04-01-01-0257-021。
[6] 中国第一历史档案馆藏：《宫中档朱批奏折》，乾隆二十七年四月初十日，两广总督苏昌广东巡抚讬恩多奏，档案号04-01-01-0257-021。

相符。肇庆府知府陈凤友又亲同阳江县知县杨楚枝、县丞陈贤书、典史程琏，并传集姚见邻居等一同开棺验尸。众人亲见尸体乃三十岁左右模样，面圆无须，身材长大，所有在场之人均称确实为姚见尸身。典史程琏称姚见曾与其在京熟识，甘结该尸为姚见无疑。[1]至此，因为乾隆帝的怀疑和严厉态度而惊动数省的罢考案得以告一段落。经过军机处会拟，决定以"捏写揭帖纠众罢考不法已极"为名，将姚见枭首、戮尸示众，[2]而伍少陵贪图谢银，造写匿帖……恐吓诸童罢考，实属同恶相济……将伍少陵亦照光棍为首例，拟斩立决，[3]后陈煓从严改斩监候。[4]其他涉案人陈受、苏淳、梁挺华等人均发往黑龙江。[5]

此案的审理过程表明，在18世纪朝廷统治"如日中天"之时，乾隆帝不惜调配人力、物力以缉捕犯人，强调中央对地方管控的直接参与和有效性，与此后"叫魂案展现出的国家能动性如出一辙"。乾隆帝对于姚见身亡的不信任更体现出他对于罢考士子的深恶痛绝，亮明了一遇罢考事件即追查到底，绝不宽贷的态度。这种雍乾两朝的强硬措施与18世纪高度中央集权的特性相吻合，是"重刑主义下的立法设计"。[6]

乾隆三十五年（1770年）官修的《钦定礼部则例》，在清初卧碑禁令的基础上将禁止士子罢考写入条例内，并在乾隆四十九年（1784年）进一步续修完善，规定："生员果有聚众罢考，挟制官长等事，审实，分别首从，照例治罪。逼勒同行罢考之生，褫革衣顶，俱停考试。其有临考时，不待联谋，群相萃集，或偶与士民争讼，辄喧播传看者，虽无不法情事，仍分别革惩。"[7]至乾隆五十三年（1788年），朝廷将三则条例合并，[8]融入"激变良民"律

---

[1] 中国第一历史档案馆藏：《宫中档朱批奏折》，乾隆二十七年四月初十日，两广总督苏昌广东巡抚讬恩多奏，档案号04-01-01-0257-021。

[2] 同治朝《大清律例汇辑便览》卷19《兵律·军政·激变良民》。

[3] 中国第一历史档案馆藏：《宫中档朱批奏折》，乾隆二十六年九月，两广总督苏昌广东巡抚讬恩多奏，档案号04-01-38-0076-028。

[4] 同治朝《大清律例汇辑便览》卷19《兵律·军政·激变良民》。

[5] 同治朝《大清律例汇辑便览》卷19《兵律·军政·激变良民》。

[6] 周蓓：《清代社会控制机制的立法考察——以基层社会聚众案件为中心》，载《中州学刊》2013年第8期。

[7] （清）德保等纂修：《钦定礼部则例》卷54《生员事例》，乾隆四十九年刻本，第5页。

[8] 合并三则条例：一系康熙五十三年（1714年）刑部议覆四川总督鄂海题蒲州、朝邑两处人因争地界殴毙数命案内纂定条例，乾隆五年（1740年）、乾隆三十二年（1767年）修改。一系雍正二年（1724年）刑部议覆福建巡抚黄国材奏惠安县童生纠众辱殴典史一案，纂定条例。一系乾隆十三年（1748年）刑部遵奉上谕议定条例，乾隆五十三年（1788年）修订。

内，以管控罢考问题。其文载：

"擅自聚众至四五十人，尚无哄堂塞署，并未殴官者，照光棍例，为首拟斩立决；为从，拟绞监候。如哄堂塞署、逞凶殴官，为首斩决枭示。其同谋聚众，转相纠约，下手殴官者，拟斩立决。其余从犯俱绞监候。被胁同行者，各杖一百。"[1]

显然，这是在雍正时期对罢考适用的"光棍例"基础上更严一步，给予罢考士子"为首斩决枭示"的严厉惩处。诚如晚清著名律学家薛允升的解释："为首，斩决。为从，绞候。此光棍例也。此处将为首者加枭，又摘出同谋等项，照为首斩决，以聚众闹堂殴官，故严之也。"[2]待将罢考首犯正法后，朝廷还要求将"正法人犯姓名刻示，遍贴城乡晓谕"。[3]顺康年间对于罢考士子较为宽松的态度至雍乾时期已经完全改变，这也使得乾隆朝士子科场罢考行为得到有效控制。

四、乾隆时期旗人士子的科场骚乱

在考虑到南北差异性并得到一致的处理结果后，族群差异是另一个需要考虑的问题。乾隆帝是否会对旗籍士子罢考、阻考行为采取和汉人士子不同的策略呢？答案是否定的。面对旗人士子的科场骚乱事件，乾隆帝同样绝不手软，采取了同治理汉人士子群体事件一样的严厉手段，由此更加能看出他对整个士子群体罢考事件的愤恨。

乾隆二十三年（1758年）正月二十三日，大学士傅恒向乾隆帝奏报，御史汤世昌参奏八旗童生闹场事。据称，顺天考试时，学政庄存与察觉旗籍生童往场内传递信息，旗籍士子"海成放鸽子传递题目，及文章不能进，随倡议闹场"。[4]监场考官采取手段制止后，导致"满洲、蒙古童生因不能传递拥挤闹堂"。[5]最终有旗人士子15名将试卷座号名字自行扯破，17名将试卷自行带回，哄闹出场，其中以海成、罗保为首。收到奏报的大学士傅恒立刻

---

[1] 张荣铮、刘勇强、金懋初点校：《大清律例》卷19，天津古籍出版社1993年版，第311页。
[2] （清）薛允升：《读例存疑》卷21《兵律之二·军政》，光绪三十一年刻本，第32页。
[3] 张荣铮、刘勇强、金懋初点校：《大清律例》卷19，天津古籍出版社1993年版，第311页。
[4] 中国第一历史档案馆编：《乾隆朝上谕档》（第3册），档案出版社1991年版，第153页。
[5] 中国第一历史档案馆编：《乾隆朝上谕档》（第3册），档案出版社1991年版，第156页。

上报乾隆帝，并认为旗人乃国之基石，却群体闹考，应该严惩。其言"此案闹场诸生身系旗人，近在辇谷之下，乃敢恣放恶习，肆无忌惮、喧闹考场，非寻常考试逞忿搅扰者可比，应严加惩治以挽颓风"，海成、罗保二人考试时"胆敢狡诈捏饰，复图脱却，情罪重大，法无可宽，应拟绞立决，请旨即行正法"，[1]而为从者如乌尔希、苏鹤龄、僧保、扎坤珠、德山、华明、华安、舒敏、观音保、倭升额、永清、和宴、海清、莱永、宁往、书昆16人，傅恒建议发配拉林，且不能享用旗人特权折换枷号。其他旗籍参与者满泰等13人处以鞭四十、枷号二十天的惩罚，其余士子依次发落。

接到奏报的乾隆帝大为愤怒，一面斥责不能控制局面的庄存与，另一面明发上谕指责这些满蒙旗籍士子，谕曰："朕以满洲蒙古童生世受豢养之人，乃不知遵奉教约，恣效外省恶习，此于八旗风俗大有关系，不可不严行跟究"，并钦定"满洲世仆中有此等败类，断不可留矣。因降旨将伊（海成）正法"，[2]其附和闹场之罗保、和安、纳拉善等俱发往拉林种地。乾隆帝又明发上谕强调了对庄存与的处理决定，其言："庄存与考试时，童生闹场一案，既不参奏于前，及朕面召询问，又不据实陈奏，是以将伊革职。但各童生喧闹究因该学政办理尚属严密，不能传递之故，今既审明情节而该学政竟因此罢黜殊非创惩恶习之意，庄存与著带革职仍留内阁学士之任，钦此。"[3]在这条谕旨中，我们看到乾隆帝采取了和处理扶风县罢考案涉事官员一样的办法，即保全官员而严惩士子。在乾隆帝看来，如果将涉及罢考案件的官员去职，显然不是严惩士子恶习、禁止扰乱科场秩序的本意。因此，责士是18世纪雍正、乾隆时期处理科场事件的主要原则。乾隆帝对扰乱科场的旗人士子的惩治，同样体现了他严厉处置士子科场罢考行为的态度和决心，其强调"若辈殊不知小考即士子始进之阶，乡会试甄拔进士、举人初不出院考所取童生之内"，[4]故其要求各地方学政严格约束包括旗人在内的士子，以达到敦品立学的效果。

---

[1] 中国第一历史档案馆编:《乾隆朝上谕档》（第3册），档案出版社1991年版，第153页。
[2] 中国第一历史档案馆编:《乾隆朝上谕档》（第3册），档案出版社1991年版，第157页。
[3] 中国第一历史档案馆编:《乾隆朝上谕档》（第3册），档案出版社1991年版，第156页。
[4] 中国第一历史档案馆编:《乾隆朝上谕档》（第3册），档案出版社1991年版，第157页。

第二章　清前期朝廷对科场罢考问题的应对

本章结语

在清代统治于雍正、乾隆朝"如日中天"之时，朝廷的触手已经进入县下，采取垂直管理，如封丘案、扶风案、阳江案等，雍正、乾隆两帝均以奏折直接指挥，指明惩治原则和判罚方针。雍正、乾隆两朝的垂直管控模式行之有效，并出台相关律例对罢考行为定性、定刑，将罢考正式纳入朝廷的管控之下，对涉事士子按"光棍例""激变良民律"予以严厉惩处。这体现出18世纪清朝集权模式下的统治策略。

王国斌更为直接地对18世纪清朝强硬而垂直的统治作出了总结，他认为：

"在18世纪，出现了一种强烈的趋势，即追求各种垂直结合的官僚机构的控制，将精英活动置于官方监督之下。在精英力量不强的地区，官方发挥着更为积极的作用。在18世纪，这种控制的空间结合十分紧密。"[1]

然而，在"如日中天"背后，盛极而衰是为必然。在乾隆朝中后期，朝廷内政由盛转衰，社会矛盾逐渐激化，社会控制力下降，许多社会不稳定因素逐渐显露。例如人口增长与耕地压力，白银外流，士子入仕困难，军队战斗力下降，以及和珅当权时期的腐败等。乾隆六十年（1795年），在朝鲜使者、书状官沈兴永笔下，展现了一幅动荡的画面，盛世之象已一去不返。他写道：

"昨年春夏之间，雨泽乏少，而秋间久涝，关内则殆同赤地，米直腾贵，倍于常年。关以外亦未免歉岁，路上流丐相续。又有赭衣罪人，铁索系颈，不绝于道，皆是盗贼之现捉者云。"[2]

魏斐德认为，乾隆一朝也标志着清朝首次失去对农村社会的掌控。[3] 牟

---

〔1〕［美］王国斌著，李伯重、连玲玲译：《转变的中国：历史变迁与欧洲经验的局限》，江苏人民出版社2014年版，第121页。

〔2〕吴晗辑：《朝鲜李朝实录中的中国史料》（第11册），中华书局1980年版，第4892页。

〔3〕［美］魏斐德著，廖彦博译：《大清帝国的衰亡》，时报文化出版企业股份有限公司2011年版，第133页。

· 089 ·

复礼（Frederick W. Mote）则在其《帝制中国：900—1800年》一书中写道："对于清朝和中国而言，乾隆时期既标志着朝代的全盛，同时也蕴藏着深深的危机。"[1]

面对种种危机，继位后的嘉庆帝并非一味放任情况的恶化，而是在朝廷内外施行了一系列办法，力图挽救统治，延长盛世。而其所做的核心工作即放手地方，中央逐渐从地方撤出，释放出更多的地方力量，以更加"经济"的方式维护统治，并希望借助地方精英的力量维护地方稳定和朝廷的影响力。在这种背景下，中央集权主义下盛行的垂直统治成为盛世过后的明日黄花。通过朝廷与地方的权力妥协，在19世纪逐渐形成了有如张研所言的"基层社会组织纵横依赖、士绅官僚上下流动的双重统治格局"。[2]这种从18世纪朝廷垂直管控向19世纪中央与地方妥协的转变，既是19世纪清王朝平衡中央与地方的手段，也是18、19世纪政治统治上的弹性策略。在对士子群体罢考案的处理上，虽然"光棍例"和"激变良民律"少有改动，但在雍正、乾隆两朝对罢考士子施以严刑处罚数十年后，在嘉庆朝又迎来了转变。

---

[1] Frederick W. Mote, *Imperial China: 900-1800*, Harvard University Press, 2000, p. 912.
[2] 张研、牛贯杰：《19世纪中期中国双重统治格局的演变》，中国人民大学出版社2002年版，第147页。

第三章

嘉庆朝统治危机与官方应对罢考事件策略的转变

第一节 嘉庆危机

一、嘉庆初期的财政状况

嘉庆初政，朝廷面临三大相互关联的危机。首先，朝廷内部正处于铲除和珅势力的政局动荡期，朝廷上下人人自危，官员任命与更换频繁。其次，对外波及五省的白莲教起义进入高潮期。[1]最后，朝廷财政匮乏，且尤以这一点为关键。彭慕兰（Kenneth Pomeranz）在对1730—1930年间中国经济的反思中提出，18世纪富裕的中国社会与19世纪末、20世纪初贫困的社会形成强烈反差，而在两端之间是"19世纪时中国急剧地变得更为贫困"。[2]在

---

[1] 这一点也与和珅有关。在乾隆帝禅位后的三年中，和珅在自己主政期间"压搁军报，诸事擅专"，保护无能和贪腐的军队将领，中饱军饷，甚至默许前线杀良冒功的做法。恒慕义（Arthur W. Hummel）主编的《清代名人传略》中写道，"身为湖广总督的毕沅也与和珅同流合污，不仅屡犯失察过失，甚至将镇压白莲教的军费挪为己用"，而朝廷内外与和珅亲近的大臣或其提拔者不计其数。直到和珅遭到清算之后，朝廷才确实掌握了白莲教叛乱的程度。关于嘉庆初期的危机参见 Fairbank, John K., *The Cambridge History of China*：Volume 10：*Late Ch'ing 1800-1911*, Part 1, Cambridge University Press, 1978, pp. 107-162；关文发：《嘉庆帝》，吉林文史出版社1993年版；Wang, Wensheng, *White Lotus Rebels and South China Pirates*：*Crisis and Reform in the Qing Empire*, Harvard University Press, 2014；Daniel McMahon, *Rethinking the Decline of China's Qing Dynasty*：*Imperial Activism and Borderland Management at the Turn of the Nineteenth Century*, Routledge, 2015.

[2] [美]彭慕兰：《对帝制晚期中国经济的反思：1730年前后—1930年间的发展、崩解和衰退》，载伊沛霞、姚平主编：《当代西方汉学研究集萃·中古史卷》，上海古籍出版社2012年版，第377—438页。

18世纪与19世纪的交接点，清代户部存银大幅度下降，由乾隆时期长期的6000余万两，降至嘉庆初年的2000万两以下，"这是整个清前期都少有的收不抵支，银库存银剧减的时代，几乎耗尽了乾隆留下的巨额库存，对以后的清王朝财政产生了巨大不利影响"[1]。为了应对白莲教起义，朝廷不得不将国库中存银大半用于军事所需，以致在嘉庆二年（1797年），户部存银由上一年的56 584 724两骤减至27 919 631两，进一步降至嘉庆三年（1798年）的19 185 592两，降幅达到66.1%。

笔者以1723—1898年为时间段绘图，勾勒出清代18—19世纪财政的库存趋势，展现自嘉庆二年（1797年）以后财政"断崖式"下降的状况（图3-1）。以嘉庆元年（1796年）财政亏损1280万两[2]为标志，嘉庆初年的财政可以用"急转直下"四字形容。

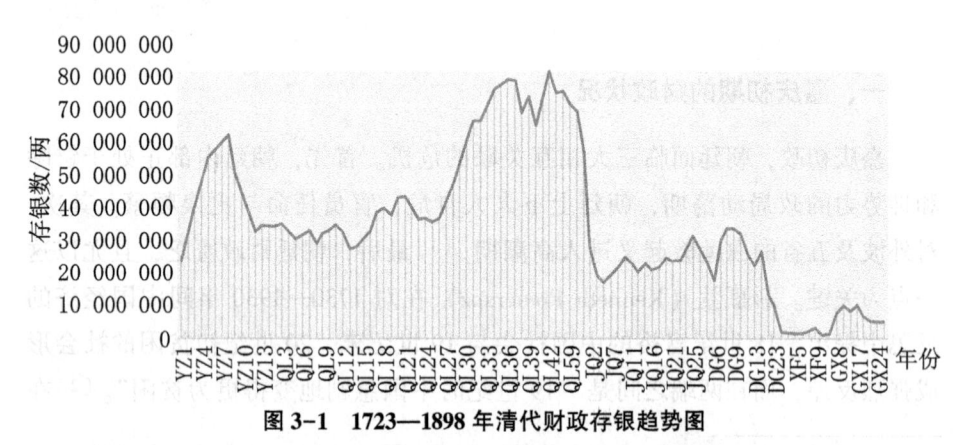

图3-1　1723—1898年清代财政存银趋势图

资料来源于史志宏：《清代户部银库收支和库存统计》，福建人民出版社2009年版，第274—281页，表2-69、2-70、2-71、2-72、2-73、2-74。图中YZ代表雍正，QL代表乾隆，JQ代表嘉庆，DG代表道光，XF代表咸丰，GX代表光绪。数字分别代表年份，如YZ1代表雍正元年，以此类推。需要说明的是，因库银所存钱（串）数字不完整，且占总库银存数比例约为万分之一，故均不计入每年库银总数内。

在这种状况下，朝廷再也无力如18世纪一样直接、全面地参与地方事务，只能更多地放权地方，依托地方精英形成对社区的管理与公共事业的参

---

[1] 史志宏：《清代户部银库收支和库存统计》，福建人民出版社2009年版，第79页。
[2] 史志宏：《清代户部银库收支和库存统计》，福建人民出版社2009年版，第37页。

与。可以说，"财政的困窘阻碍了清政府通过地方州县官府扩展其权力以满足地方所需的愿望，自然而然，地方精英在公共事业中扮演了更为积极的角色"。[1]正是在19世纪朝廷内忧外患加之财政紧张的局势下，逐渐形成中央放权于地方，地方士绅发挥更大能动性以维持统治的互动模式。

二、19世纪初期朝廷对社会管控的"失序"

与19世纪相比，雍正、乾隆两位帝王治下的清王朝往往采取垂直管理模式，无论是对保甲、乡约制度的强调，还是对公共设施的修建，以及对罢考士子的严惩，[2]都是在官方主导下进行，强调官方的动员力和能动性。乾隆帝还会对罢考案的处理给予"千里之外"的远控，并调动官僚体系力量对涉案人员进行追捕，这既体现出在清朝统治"如日中天"的18世纪的国家能动性，又体现出乾隆帝调动官僚体系的有效性。目前学界已有很多学者论述了18世纪的国家能动性议题，如戴建兵、靳志雄对于乾隆时期正定府与朝廷关系的研究，展现了朝廷对地方寺院、水利、赈灾等事务的直接参与。[3]又如，韩承贤考察了朝廷对于仓储系统及地方水利和公共事业的控制，强调18世纪朝廷对民生的决定性影响。[4]这些研究都体现出这一时期中央对地方的垂直管理模式。

更为典型的是18世纪朝廷对于浙江海塘的修建完全由国家主导，不惜使用内帑［自雍正十一年（1733年）六月起至乾隆八年（1743年）五月止，朝廷更是花费230余万两内帑］，不仅展现出集权时期朝廷对于防洪堤、运河及灌溉系统严格管控的"治水社会"的特点，[5]更体现出和卫国所提出的"国家视角"：钱塘江海塘的修筑（主要是作为主体的北岸塘工）在经历了较

---

[1] Keenan, Barry C., *Imperial China's Last Classical Academies*: *Social Changes in the Lower Yangzi*, *1864-1911*, California University Press, 1994, p. 2.

[2] 王学深：《清前期基层管控视域下的科场罢考案与律法适用》，载《清史研究》2022年第2期。

[3] 戴建兵、靳志雄：《清代朝廷与府县的关系——以乾隆与正定府为中心的探究》，载《湖湘论坛》2013年第4期。

[4] Han, Seunghyun, "Changing Roles of Local Elites from the 1720s to the 1830s", in Peterson, Willard J. ed., *The Cambridge History of China*: *Volume 9*: *The Ch'ing Dynasty to 1800*, Part 2, Cambridge University Press, 2016, pp. 649-701; See also Han, Seunghyun, *After the Prosperous Age*: *State and Elites in Early Nineteenth-Century Suzhou*, Harvard University Asia Center, 2016.

[5] 参见［美］卡尔·A. 魏特夫著，徐式谷译：《东方专制主义：对于集权力量的比较研究》，中国社会科学出版社1989年版。

长时期"官督民办"之后，到 18 世纪发生了重大变化，地方性工程逐步纳入国家性工程范畴。从国家的视角看，这种转型是海塘作为大型公共工程在 18 世纪被"政治化"的过程，是被纳入国家战略高度，作为国家（政府）理想（"一劳永逸"）的实践载体，通过逐步加强政府职能和作用而实现的。[1]

然而，在 19 世纪初期的社会治理和政府的管控能力方面，朝廷同样经历了由 18 世纪的垂直管理向逐步"失控"的转变。在士人欧阳兆熊笔下，危机体现在各个方面：

"乾隆六十年中，各省绝鲜大水旱，故百姓充实，丁粮鲜遭欠者。盖朝廷日以民事为重，慎择疆吏，凡监司以下至牧令，皆以才德自奋，虽不尽廉平，而地方咸日有起色，百废具举故也。嘉道之间，此风衰矣。国与民皆患贫，奸伪日滋，祸乱相继，士习益漓，民心益竞，其由来也甚渐，其消息也甚微。综核名实，返朴还淳，此固非一手一足所能致力也。"[2]

当代学者林珍珠在对嘉庆朝社会状况的研究中，给我们描绘出了类似的情况：

"国家因为和珅的丑闻，已经摧毁了人民对官僚体制的信心，而国家机构的运转系统的虚弱和过剩的人口，已使地方基层机构趋于瘫痪……在道光继位前，清朝已经见证了近 30 年时断时续的各种反抗与无序状态……朝廷经历着通货膨胀、货币与市场的波动，以及粮食价格的下跌，以致使税收变得越发困难……"[3]

盛世之后的 19 世纪初期展现出不同的场景：朝廷处理灾荒、参与河道治理与管控的能力明显下降。安东篱（Antonia Finnane）认为，大约从 18、19 世纪之交开始，整个内陆水道系统明显处于环境和管理因素所导致的危险当

---

[1] 和卫国：《乾隆朝钱塘江海塘工程经费问题研究——兼论十八世纪清朝政府职能的全面加强》，载《清史研究》2009 年第 3 期。

[2] （清）欧阳兆熊、金安清撰，谢兴尧点校：《水窗春呓》卷下《国初爱民》，中华书局 1997 年版，第 33 页。

[3] Leonard, Jane, *Controlling From Afar*: *The Daoguang Emperor's Management of the Grand Canal Crisis, 1824-1826*, Center for Chinese Studies, University of Michigan, 1996, p. 52.

第三章　嘉庆朝统治危机与官方应对罢考事件策略的转变

中。[1]魏斐德则通过朝廷对黄河的治理问题再次证明了这一观点。18世纪30年代至60年代本已经取得有效治理的黄河等水利系统开始出现严重的排水问题和洪灾，仅嘉庆一朝，黄河便泛滥了17次[2]，几乎等于乾隆六十年执政期间黄河泛滥次数之总和。对于黄河等重要河道工程管控与参与度的下降，说明财政的困难、行政上的衰退与腐败和无法更新的技术导致了朝廷控制力的削弱[3]。此外，淮河流域生态的恶化和漕运问题的积重难返，都加深了人们对于朝廷管控力下降的印象。魏丕信从救灾方面向我们描绘出朝廷能动性的衰落：18世纪时常出现的"破例救灾"已经毫无踪影，这也成为19世纪朝廷衰落的另一个标志[4]。嘉庆四年（1799年），朝廷甚至因维持地方仓储成本过高，而决定停止对地域乡村仓储的管控与支持[5]。归纳而言，朝廷的失控体现在对地方公共工程、事业的参与度大幅下降，社会控制与人口管理失序，会党勃兴，群体骚乱不断涌现等诸多方面。目前学界对于19世纪初期朝廷对地方公共管理参与度减退和社会管控失序问题已积累了一些研究成果，所以本节通过对学界已有成果的梳理，尤其以朝廷对地方公共工程参与的减弱为代表，集中体现19世纪初期的危机与朝廷管控的"失序"。

由于内忧外患，加之财政危机，朝廷垂直管控模式在19世纪初期难以为继。与之相伴的不仅是官方管控力的下降，触手逐步从地方回缩，更是一系列的社会动荡、危机。如果以德国历史学家斯宾格勒（Oswald Spengler）将社会结构视为如人类身体一般的有机体作比喻，那么一个王朝也有幼、壮、老、衰等阶段，而自嘉庆朝始，社会肢体无疑已经由壮年进入老年了。随着社会危机的加深，以及政府行政管控力衰弱和朝廷的需要，地方精英日益成为朝廷在地方维系统治所仰仗的中心。嘉庆帝一方面在中央进行改组，提高行政

---

[1] [澳大利亚] 安东篱著，李霞译：《说扬州：1550—1850年的一座中国城市》，中华书局2007年版，第142页。

[2] [美] 魏斐德著，廖彦博译：《大清帝国的衰亡》，时报文化出版企业股份有限公司2011年版，第136页。

[3] Dodgen, Randall A., *Controlling the Dragon: Confucian Engineers and the Yellow River in Late Imperial China*, University of Hawai'i Press, 2001, p. 159.

[4] [法] 魏丕信著，徐建青译：《18世纪中国的官僚制度与荒政》，江苏人民出版社2003年版，第257页。

[5] Wang, Wensheng, *White Lotus Rebels and South China Pirates: Crisis and Reform in the Qing Empire*, Harvard University Press, 2014, p. 190.

· 095 ·

效率，另一方面希望能够获得地方精英的支持，从而达到巩固清朝统治的效果。以此时期为清代政策的前后分野，清朝从盛清时期的国家垂直管控模式转向清后期的中央与地方相互妥协、平衡与维系的互动模式。

在行政方面，嘉庆帝严惩和珅，软化处理洪亮吉，重新判定曹锡宝案，表达自己非拒谏之主，以儒家理念广开言路，保持信息沟通的流畅，以求官绅阶层的团结，成为嘉庆朝开启革新的标志。昭梿所著《啸亭杂录》中记载，"今上即位，首下求言之诏，故一时言官，皆有丰采，指摘朝政，改如转圜"。[1]此外，嘉庆帝改革内廷机构，加强奏折效率，选任正直的官员如那彦成、董诰、刘权之等入职军机处，王杰、刘墉、书麟等任大学士，朱珪、熊枚等人掌管部院，并起用翰林院具有经世思想的汉人官员，[2]大力调换不称职的巡抚，拔擢正直之人。[3]在昭梿看来，这些举措是嘉庆维新[4]的标志，其言"今上（嘉庆帝）亲政之始，政治维新，一时督抚罔非正人"。[5]这些既是排除和珅派系影响的举措，又可以视为嘉庆帝选用正直干练大臣以提升朝堂道德，再塑朝廷统治合法性的努力。嘉庆帝还颁布《勤政爱民论》并"诏罢贡赋，黜奢崇俭"，[6]遏制乾隆晚期以来的奢靡之风。嘉庆帝作抚民诗，希望得到士民理解与共同"剿匪"响应。孔诰烽认为，嘉庆帝严惩和珅，清除和珅派系，展现出对地方不称职官员的厌恶以及对节俭的提倡，是以理学观念重新将自己定义为正直、爱民的君主，以换取地方士民的忠君意识，减少反抗行

---

[1]（清）昭梿：《啸亭杂录》卷10，中华书局1980年版，第350页。

[2] Wei, Betty Peh-T'i, *Ruan Yuan, 1764-1849: The Life and Work of a Major Scholar-Official in Nineteenth-Century China Before the Opium War*, Hong Kong Univeristy Press, 2006, p. 8.

[3] Guy, R. Kent, *Qing Governors and Their Provinces: The Evolution of Territorial Administration in China, 1644-1796*, University of Washington Press, 2010, pp. 137-140.

[4] 只不过，"嘉庆维新"这种提法并没有得到嘉庆帝本人的认可。嘉庆四年（1799年），国子监祭酒法式善就曾上疏言事，"折首即有亲政维新之语"，却被嘉庆帝批以"试思朕以皇考之心为心，以皇考之政为政。率循旧章，恒恐不及，有何维新之处！"嘉庆帝不认同自己所做挽救王朝的变革是维新之举，且其努力并没有从根本上扭转朝政下滑的局面，某些"变革"无法真正跳脱康乾以来已经形成的"祖宗成法"，故而无法真正达到破旧立新的目的。因此，我们或可称之为"不是维新的维新"。不过，某些变化在一定程度上修补了清朝统治中特别是自乾隆朝中晚期以来出现的问题，延长了康乾盛世的余晖，巩固了清朝的统治基础。

[5]（清）昭梿：《啸亭杂录》卷10，中华书局1980年版，第347页。

[6] 张玉芬：《论嘉庆初年的"咸与维新"》，载《清史研究》1992年第4期。关文发：《嘉庆帝》，吉林文史出版社1993年版，第59—114页。

第三章　嘉庆朝统治危机与官方应对罢考事件策略的转变

为。[1]

在地方，嘉庆帝做了两手准备。一方面，他批准明亮、德楞泰所上《筹令民筑堡御贼疏》，施行"吏治应以团练为先"和"坚壁清野"的政策；[2]另一方面，他允准地方开展团练，增设"乡兵"，逐渐加重对地方士绅的依靠，而地方官员、士绅、耆老也希望能够在地方保卫上成为领导力量。[3]嘉庆朝对于地方精英的侧重，是经过中央集权等措施管控无效后的选择，进而以嘉庆时期为代表，朝廷开始在社会管控各方面由严转宽，开始"嘉庆转向"，即以地方精英作为官方与百姓的中间阶层，帮助官方保持地方稳定、维系统治和缓冲压力。

然而，对地方精英的妥协并不意味着嘉庆帝主观上不希望通过中央集权加强对地方的控制，关于保甲制度的一系列努力可以视为这种尝试。[4]但就结果而言，嘉庆帝对保甲策略的尝试并没有取得良好的效果，川陕白莲教、八卦教等各种地方骚乱仍屡现不断。

总结性地说，在面对政治、社会、经济等多方面的困局与危机时，嘉庆帝不得不实质性地采取与其父、祖不同的做法以为应对。清朝此时改变了18世纪外向型的发展模式，取而代之的是内在化发展道路。王文生认为，"在面对这种内外危机的局面下，嘉庆帝意识到为挽救过度负荷的政权，他不得不收缩其父强硬和激进的国家政策"。[5]韩承贤以嘉庆帝与道光帝支持地方精英对公共事业的参与，展现出嘉道时期与乾隆时期不同的面相，即朝廷触手从地方回缩，而地方精英的能动主义得以充分发展。[6]虽然这种策略可以视为国家权力从

---

[1] Hung, Ho-Fung, *Protest With Chinese Characteristics: Demonstrations, Riots, and Petitions in the Mid-Qing Dynasty*, Columbia University Press, 2011, p.158.

[2] 牛贯杰:《从"守望相助"到"吏治应以团练为先"——由团练组织的发展演变看国家政权与基层社会的互动关系》，载《中国农史》2004年第1期。

[3] McCaffrey, Cecily M., *Living Through Rebellion: A Local History of the White Lotus Uprising in Hubei, China*, Ph.D Dissertation, University of California, 2003, p.228.

[4] 嘉庆帝曾屡发上谕要求施行保甲制度。例如，有上谕曰："夫保甲一法，原系比闾族党之遗制，稽查奸宄，肃清盗源，实为整顿地方良法。久经定有章程，只缘地方有司因循日久，视为具文，甚或办理不善，徒滋扰累。以致所管地方盗匪潜踪无从觉察，而其奉行不力之弊……倘有仍前废弛，或日久生懈，有名无实，惟该督抚是问。将此通谕知之。"《清仁宗实录》卷53，嘉庆四年十月庚子。

[5] Wang, Wensheng, *White Lotus Rebels and South China Pirates: Crisis and Reform in the Qing Empire*, Harvard University Press, 2014, p.9.

[6] Han, Seunghyun, *After the Prosperous Age: State and Elites in Early Nineteenth-Century Suzhou*, Harvard University Asia Center, 2016.

基层的撤退,但也让清朝统治回归到一种保守但更持续、稳定的社会秩序。这种朝廷主动的退却保持了朝廷在盛世过后的有效统治,也使得朝廷对罢考事件的处置方式与原则发生了改变。

第二节 嘉庆朝对罢考事件的态度与应对

一、嘉庆帝对罢考的态度转变

正是因19世纪初期内外环境导致的危机,朝廷相应地扭转了18世纪以来对士子的强硬态度,对罢考行为的管控力度由严转宽。[1]甚至在嘉庆朝以后,当地方发生罢考案件而判决对士子不利时,士子们往往还会发动京控、省控,作进一步博弈。[2]虽然"激变良民律"依旧为嘉庆朝处理罢考案件的法律依据,并且收入嘉庆和光绪两朝《大清会典》和《大清会典事例》中,但是在对罢考问题的实际处理上,以及朝廷对士子罢考事件的处罚态度方面却有所转变,雍乾时期的严厉惩处与嘉庆时期的软处理形成对比。嘉庆帝统治初期的社会背景,加之与其父相比不事张扬的性格,[3]使得嘉庆朝对士子罢考案件往往"软"处理,既不违反其父、祖之制,又给士子群体以"活"路,体现了嘉庆帝希望同士绅阶层紧密合作的姿态。[4]

值得注意的是,嘉庆帝亲政伊始,在司法判罚方面就意图扭转雍正、乾隆两帝从重、从严惩治的原则,采取回归本律予以处置,这也为嘉庆朝应对

---

[1] 嘉庆朝对士人言论的管控变得相对宽松,同时结社复兴(最具代表性的是在京师的宣南诗社),出版文化再次兴盛。

[2] 根据李典蓉的研究,自嘉庆朝始,朝廷开始由"息讼""压讼"转向给予士民空间,允许地方士民省控、京控。这明显是清朝由高度中央集权转向软化统治的另一表现,尤其是嘉庆、道光二帝转变政策,使京控成为地方士民发泄不满、表达诉求的渠道,以缓和官民矛盾。乾隆一朝六十年,京控案件只有12件,而在嘉庆朝开始激增,案件达126件,道光朝更是多达198件。嘉道两朝,京控案件共324件,是与之统治时间相仿的乾隆朝的27倍。

[3] 在1816—1817年间跟随阿美士德出访中国的医官随克拉克·阿裨尔笔下,乾隆帝和嘉庆帝有着截然相反的性格及对内政完全不同的管理方式。乾隆帝思想活跃,扩张政策,而嘉庆帝胆怯而优柔寡断,且怀有畏惧。参见[英]克拉克·阿裨尔著,刘海岩译:《中国旅行记(1816—1817年)——阿美士德使团医官笔下的清代中国》,上海古籍出版社2012年版,第112—113页。

[4] 王学深:《"凌辱斯文"与清代生员群体的反抗——以罢考为中心》,载《清史研究》2016年第1期。

罢考事件相对于雍乾时期的"软化"处理给出了司法依据。嘉庆四年（1799年）正月二十六日，刚刚亲政的嘉庆帝与刑部侍郎熊枚交流后发布上谕，强调律法应该用本律，而不应随意从重处罚，甚至一些措辞上的抑扬文法也不准用，意图使律例合一，强调法律的权威性和稳定性，减少人为性地加重或减轻刑罚，这在一定程度上已经具有初步"以法律为准绳"的意识。换言之，嘉庆帝不认同雍正与乾隆二帝对案件遇事从重的处理思路。这则上谕言及：

"向来刑部引律断狱，于本律之外，多有不足蔽辜、无以示惩及从重定拟等字样。所办实未允协，罪名大小，律有明条。自应勘核案情，援引确当，务使法足蔽辜，不致畸轻畸重，方为用法之平。今引本律又称不足蔽辜、从重定拟，并有加至数等者，是因不按律办理，又安用律例为耶？即案情内有情节较重者，朕自可随案酌定。总之不足蔽辜之语，非执法之官所宜者。嗣后，着刑部衙门俱应恪遵宪典，专引本律，不得于律外又称及从重字样。即虽字、但字、抑扬文法，俱不准用。上谳后，经朕阅看案情，或有酌加增减者，亦不治以失出失入之咎，用副朕矜慎庶狱至意。"[1]

嘉庆朝针对 18 世纪清朝统治方式的调整，以及为应对危机而采取的弹性统治策略，打破以往人们关于清代政治传统一成不变的刻板印象，体现出"清朝的统治是一个充满变动，讲求实践，其本身富有文化活力的过程"。[2] 因此，嘉庆四年（1799 年），在刚诛除和珅，围剿白莲教，并力图赢得地方精英合作的背景下，嘉庆帝对吴县生员吴三新因"凌辱斯文"而引发的罢考案件的处理相当宽松，该案也可视为 19 世纪朝廷处理士子群体罢考案件的参照。

二、嘉庆四年江苏吴县士子罢考案

嘉庆四年（1799 年）江苏苏州府吴县生员吴三新被知县甄辅廷"未革先杖"而引发的罢考事件，可以视为乾隆到嘉庆时期处理罢考案件的分水岭。对于此次士子罢考事件，笔者根据《苏州府志》的记载，整理成时序表，以清晰呈现出事件发展脉络（表 3-1）。按照钱思元《吴门补乘》所记，吴县知

---

[1]《清仁宗实录》卷 37，嘉庆四年正月甲戌。
[2][美] 罗威廉著，陈乃宣、李兴华、胡玲等译：《救世——陈宏谋与十八世纪中国的精英意识》，中国人民大学出版社 2013 年版，第 645 页。

县甄辅廷对士子所为"辱已甚",以致诸生"激于义,怒发上指,相率奔诉于府"。[1]士子在面诉学政平恕等无果后,遂以罢考作为捍卫士子群体自身利益,抗衡朝廷的手段。最初,学政等省级官员以强硬手段抓捕、杖打、罢黜士子,但至七月,巡抚宜兴、学政平恕、同知李焜相继报罢,诸生之黜者皆复,一时事局顿变。[2]罢考士子开复功名,而涉事官员则遭到罢黜。嘉庆帝对案件的态度以及以王昶为代表的地方士绅对事件的推动,实际上都成为19世纪应对士子罢考事件的典型模式。

表3-1 嘉庆四年(1799年)江苏吴县士子罢考事件时序表

时间	事件进展
四月十七日	生员吴三新因欠杨敦厚钱,被知县甄辅廷杖责二十(当天是孝端文皇后忌辰)。
四月二十七日	吴三新以院课之机,将自己的遭遇遍告同学,生员李福、顾莼等二三十人向知府告状,但并未被知府任兆炯采信。
五月十一日	学政平恕在松江考试完成后回苏州,诸生按例在码头迎送,遂各持手版往谒,依然不予理会。生员群体18人或给吴三新写诉状,或借给他盘缠,或给他提供仆役,让吴三新赴省城"省控"。
五月十二日	学政平恕至书院检察,诸生以三新未革先杖不愿应考,致使应考者寥寥,无法开考,监院吕星垣以罢考报至巡抚。[3]罢考案发后,江苏巡抚与按察使立刻命总捕同知李焜、长洲知县梁兰生、元和知县舒怀,以及吴县知县甄辅廷查办。李焜为首开始拿人查办,被捕诸生被羁押在土地庙戏台下或马厩中。当夜,李焜给学政平恕分批送被捕生员名单,学政收到一批就立刻革除该批生员功名,未及一更,已革除二十余人。
五月十二日至十六日	李焜等共拘捕、审讯生员二百余人。李焜对诸生施以严刑,以致流言传遍民间,听者"填街塞巷,有持梃以俟者,有登高以呼者",以致士子间怒气不可遏制。
五月十七日至二十四日	开始审案,传讯严寿图、尤正寀、蒋夔、吴嘉泰、顾昌言、顾震等士子63人,消息不通外界。审讯惨烈,士子群体开始消沉。二十四日,主角吴三新向李焜交代其他涉事生员,包括盛朝瑞、姚成勋、郭治丰、郑

---

[1](清)钱思元辑:《吴门补乘》卷10《杂记》,上海古籍出版社2015年版,第481页。
[2](清)钱思元辑:《吴门补乘》卷10《杂记》,上海古籍出版社2015年版,第482页。
[3]其实这并非士子群体首次利用紫阳书院进行抗议,就在嘉庆元年(1796年),元和知县舒怀下令,无论士绅,一律亲自更,当巡抚费淳课紫阳书院时,举人陈钟麟、黄一机、吴廷琛等士子便合词上诉。参见(清)钱思元辑:《吴门补乘》卷8《杂记补》,上海古籍出版社2015年版,第374页。

第三章 嘉庆朝统治危机与官方应对罢考事件策略的转变

续表

时间	事件进展
	廷翰、周学恭、毛成鼎、程腾沧、江元甫、陈瑄、汪朝选、王丙、陈元基、金文煜、郑安祖、王兆辰、张兴仁、李某、陆耀东18人。
五月二十六日	解司画押，有不服者加以刑。
五月二十七日	严刑审讯。
六月初三日	巡抚宜兴和学政以列生滋事上奏，将马照发长洲县收禁，袁仁虎、王元辰发元和县收禁。接到嘉庆帝朱批："江苏文风最盛，士习安分，朕所深知，尔听一面之词办成大案，甄辅廷革职交费淳秉公质讯覆奏。"
	巡抚费淳上报吴三新之父已清还欠款后，开复朱光勋等21名被革生员功名，而将马照拟军和袁仁虎、王元辰拟徒刑的判定上奏。嘉庆帝再次朱批："汝只据所闻办理，又存将就了事之见，外省恶习直堪痛恨。"
七月二十一日	奉廷寄着玉德会同新巡抚岳起秉公查审。
八月十三、十四日	玉德、岳起先后到苏。
八月十五	新学政钱樾也从京师直接赶赴吴县处理罢考案件。知府将马照、袁仁虎、王元辰三人提问、收管。
八月十六日	学政奉旨开复马照、袁仁虎、王元辰、朱光勋、张九苞、谈骏飞、金廷照、尤正棻、严寿图、严麟、张兴仁、陆文、郭文灿、陈可贞、倪秉圭、李福、顾纯、王彦伯、张元镛、严昌曾、吴文来、顾寅、汪师谦、朱煜、吴三新25名生员功名。诸生益当感激圣恩。
八月二十一日	学政到苏州府学行香，令生员合词具折谢恩，代为申奏。
八月二十四日	学政回江阴。玉德、岳起仍谋传唤士子。
九月初四	将已经恢复功名的马照由军徒改判为留养；袁仁虎、王元辰作为两个主要罢考者，于十一月二十六日，一人象征性发配扬州，另一人发配到邳州。
嘉庆五年（1800年）正月	正逢乾隆帝牌位升祔太庙，大赦。袁仁虎、王元辰回到吴县。至此，参与嘉庆四年（1799年）吴县罢考案的士子悉数得到宽宥。
	李焜、宜兴、平恕、甄辅廷具被弹劾理人。生员痛恨的同知李焜后因为其子托关系入泮，被湖南学政吴省兰参奏，发配伊犁。嘉庆帝为此朱批"天网恢恢疏而不漏"（《苏州府志》载"盖指己未事也"）。

资料来源：同治朝《苏州府志》卷149《杂记六》，光绪九年刻本，第17—21页。

嘉庆帝对酿成百人以上规模罢考案的士子不仅不予处罚，更将矛头指向酿成"士变"的地方官。在对案件的处理上，嘉庆帝与其父的做法形同天壤，

· 101 ·

而为了迎合士绅的主动让步，从对案件的干预和最终的判决中可见一斑。从罢考案发至最终将吴三新、马照、袁仁虎、王元辰等25名生员功名开复，赏还衣顶，前后历时5个月，士子得以宽松处理。

与之相对的是，嘉庆帝对引发这次罢考案的吴县知县甄辅廷和同知李焜分别给予"江苏文风最盛，士习安分，朕所深知，尔听一面之词办成大案"[1]和"天网恢恢疏而不漏"[2]的朱批，并最终将多名涉事凌辱士子的官员革职处理，而对本案中调解与回护罢考士子的官员给予称赞和特别记录。例如，《苏州府志》中明确记录有总督费淳、布政使孙日秉、学政钱樾、江宁知府许兆椿"心知其冤，欲解救"；常州知府吕燕昭、太仓州知州汪廷昉"颇费调护"；长洲教谕汪广堂、吴县教谕洪守义、训导程廉"未曾开报一生（罢考）"；府学教授汪佑煌、训导秦智鉷于李焜饬传抓捕士子，要求他们填写士子名姓时，皆言"府学实无一人。如必欲妄开，情愿听参"。这种反差性的记录直接体现出朝廷对吴县罢考案的处置思路，亦体现出朝廷对罢考案的处理原则由责罚士子向责罚官员过渡。同时，嘉庆帝更换巡抚与学政，并直接以朱批方式干预案件审判进程。这些做法都展现出在雍乾集权与高压过后，一种新的国家基层管控思路逐渐形成。

如果将清朝初期顺治朝福州案件、乾隆朝扶风县案和嘉庆朝吴县案列表作一对比，这种"宽—严—宽"的变化更加明显。尤其是在起因、背景、领导群体、参与群体都十分相似的情况下，三个案件判决结果却大相径庭，代表了不同时期朝廷对生员群体罢考的态度（表3-2）。

表3-2 清代顺治、乾隆、嘉庆三朝处理士子罢考对比

时间	地点	直接起因	领导主体	参与主体	后续行为	判决
顺治十八年（1661年）	福建福州府	因生员邓譔与弟邓志欠举人陈殿邦银不能按期归还，引发"未革先杖"，导致罢考	生员群体18人	福州府十学百余人	无	生员为首者杖四十，为从杖三十

---

[1] 同治朝《苏州府志》卷149《杂记六》，光绪九年刻本，第19页。
[2] 同治朝《苏州府志》卷149《杂记六》，光绪九年刻本，第21页。

第三章　嘉庆朝统治危机与官方应对罢考事件策略的转变

续表

时间	地点	直接起因	领导主体	参与主体	后续行为	判决
乾隆十八年（1753年）	陕西凤翔府扶风县	生员屈耀和屈谦益因交县钱内缺1500文，导致遭皂隶殴打，知县支持皂隶	生员群体19人、文童3人	整场文童百人以上	无	以光棍例，为首斩立决，为从绞监候
嘉庆四年（1799年）	江苏苏州府吴县	生员吴三新因拖欠钱粮未还，遭知县甄辅廷"未革先杖"，引发罢考	生员群体25人	紫阳书院士子百人以上	无	为从者不予处罚，为首者恢复功名，二人象征性"发配"扬州、邳州两个月，后赦免

资料来源：（清）陈怡山《海边外史》卷3，收录于《丛书集成续编》（第26册），上海书店出版社1994年版，第469—474页；（清）缪荃孙《艺风堂杂钞》卷2《陈怡山福州学变记》，中华书局2010年版，第60—63页；故宫博物院编：《史料旬刊》（第26册），1935年，第925—927页；同治朝《苏州府志》卷149《杂记六》，光绪九年刻本，第17—21页。

虽然嘉庆朝对此案判罚与前朝迥异，但我们也应考虑到案件发生时正处于乾隆帝去世刚满百日，嘉庆帝自言要"恪遵古制，服丧二十七个月"，[1]以及罢考事发期间正逢太宗朝孝端文皇后忌辰这两大巧合的因素。可能国丧期间及太后忌日不兴大狱，也成为案件处理的考量因素之一。但这种历史的偶然，恰是在上文所述乾隆、嘉庆两朝交替之际社会变革大背景下发生的必然。实际上，自嘉庆朝以后，虽然在法律层面朝廷依旧以"激变良民律"作为处置士子群体罢考案件的依据，但在实际处罚中，或法外施恩，或通过修订《刑部比照加减成案》等法律政书，为士子"量刑"找到依据。[2]类似的成案为《刑部比照加减成案》卷5中嘉庆二十年（1815年）直隶司奏报南乐、清丰二县发生的张廷枢、王敬思罢考案。《刑部比照加减成案续编》卷4

---

［1］中国第一历史档案馆编：《嘉庆道光两朝上谕档》（第4册），广西师范大学出版社2000年版，第6页。

［2］对于士子罢考为首者，嘉庆、道光两朝基本上均从轻处置，或量刑一等，从乾隆时期的斩立决枭首减至流刑，或找到理由免于处罚。

中道光七年（1827年）直隶司奏报王毓珍案和道光十年（1830年）湖广司奏报屈伸案中，均被详细记载成为判例。事例和判例的结合，体现了朝廷在19世纪对罢考士子给予"活"路的策略。

嘉庆四年（1799年）的江苏吴县罢考案成为19世纪朝廷"用典"判罚的参照坐标，[1]此后，发生在嘉庆朝山东金乡县和江西万载县的士子罢考案，不仅巩固了朝廷软化处理士子罢考案的方针，同时也展现出朝廷希望赢得地方精英支持，处罚原则由责士向责官转变。

三、嘉庆朝金乡冒籍罢考案

冒籍应试是清代科举中的一大弊端，尤其是身份冒籍，在乾嘉之际变得极为突出。身份冒籍指一些身份低贱者为了获得科举功名，假冒另一种身份，以求中式。清朝规定："出身不正，如门子、长随、番役、小马、皂隶、马快、步快、禁卒、仵作、弓兵之子孙。倡优、奴仆、乐户、丐户、疍户、吹手，凡不应应试者混入，认保、派保、互结之五童，互相觉察，容隐者五人连坐，廪保黜革治罪。"[2]然而，一些"贱民"为了改变自己的社会地位，往往冒籍应试，造成土客冲突。[3]虽然雍正朝有开豁贱籍的政策，但是乾隆三十六年（1771年）朝廷再次明确，要已满四世且家族内无一人犯罪才可开豁，史载：

"礼部议覆陕西学政刘墫条奏：削籍之乐户、丐户应以报官改业之日为始，下逮四世，本族亲支皆系清白自守，方准报捐应试。该管州县取具亲党里邻甘结，听其自便，不许无赖之徒借端攻讦。若系本身脱籍或仅一二世及

---

[1] 根据瞿同祖的研究，自明代成化年间以后，朝廷判案即有"舍律用例"的趋势。至清乾隆四十四年（1779年），刑部更是部议规定，"既有定例，则用例不用律"。参见瞿同祖：《瞿同祖论中国法律》，商务印书馆2014年版，第62页。《清史稿》在总结清代律法时，也强调了"用例不用律"的特点，其载："盖清代定例，一如宋时之编敕，有例不用律，律既多成虚文，而例遂愈滋繁碎。其间前后抵触，或律外加重，或因例破律，或一事设一例，或一省一地方专一例，甚且因此例而生彼例，不惟与他部则例参差，即一例分载各门者，亦不无歧异。辗转纠纷，易滋高下。"（清）赵尔巽等撰：《清史稿》卷142，中华书局1977年版，第4186页。此引文中的"例"除了各种条例、事例，还有判决成例。(究其本源，"例"就是来自皇帝的诏令和刑部就具体案件作出的经皇帝批准的判决。) 参见[美] D. 布迪、C. 莫里斯著，朱勇译：《中华帝国的法律》，江苏人民出版社1993年版，第60页。

[2] 光绪朝《钦定大清会典事例》卷32《吏部十六·各申以禁令》。

[3] 王学深：《清代乾隆朝科举冒籍问题概述》，载《中国考试》2016年第4期。

第三章　嘉庆朝统治危机与官方应对罢考事件策略的转变

亲伯叔姑姐尚习猥业者，一概不许滥厕士类，侥幸出身。至广东之疍户，浙江之九姓渔户，及各省凡有似此者，即令该地方官照此办理等因在案。"[1]

如此严苛的条件令这部分民众无法应试。但是，为了改变自己和后世的社会地位，"贱民"往往利用冒籍手段，冒充平民参加科举考试，这也为诸多地方社会的冲突埋下了隐患。

金乡县地处山东省西南的平原地区，西南与河南毗邻，南部与江苏北部交界，乾隆四十五年（1780年），金乡县从兖州府改归济宁直隶州。[2]嘉庆七年（1802年），金乡县因为皂隶子孙应试，引起当地士子的强烈反抗，当地士绅也加入反抗冒籍的行列中，以致最后酿成四百余名士子罢考的天下大案。在左都御史英善的奏折中，就有"查隶卒子孙不准应试，久奉功令。上年金乡县皂孙冒考，地方官袒护不办，酿成巨案（罢考），天下所共闻知"[3]之语。

根据《清仁宗实录》记载，嘉庆七年（1802年）春，在县试考试之时，济宁州所属金乡县生员李玉灿向地方官呈控，童生张敬礼、张敬谦二人本是皂隶子孙，却冒籍参加县试，还有廪生为他们作保，但知县汪廷楷并没有将二人核查揪出，以致士子群起反抗，[4]本应五百九十余人应考的县试，最终只有一百六十余人参加考试，四百余人罢考，[5]酿成大案。学政刘凤诰在奏折中将此事件详细汇报如下：

"济宁直隶州属金乡县考时，有生员李玉灿等攻告童生张敬礼、张敬谦系皂隶曾孙混考，知县汪廷楷并未详查，承准考送。上年十一月二十七日知州王彬考试，又不据控审明扣除，致合邑童生耻与皂孙为伍，不肯进场，待改期十二月初四日续考，诸童半已散归，该州只就所到人数收录，以致未考者多至四百余人，概置不问，怨声沸起，此该州县种种谬误之情也。"[6]

---

[1] （清）薛允升：《读例存疑》卷9《户律户役》，光绪刊本，第11页。
[2] 同治朝《金乡县志》卷1《舆地》。
[3] 中国第一历史档案馆：《嘉庆年间皂役及其子孙冒捐冒考史料》，载《历史档案》1998年第1期。
[4] 《清仁宗实录》卷97，嘉庆七年四月癸亥。
[5] 中国第一历史档案馆藏：《山东学政刘凤诰奏为金乡县童生因皂隶之孙混考而罢考者众可否补考请旨并请严审该知州知县等员事》，嘉庆七年四月十六日，档案号03-2165-009。
[6] 中国第一历史档案馆藏：《山东学政刘凤诰奏为金乡县童生因皂隶之孙混考而罢考者众可否补考请旨并请严审该知州知县等员事》，嘉庆七年四月十六日，档案号03-2165-009。

严宽之变：清代科场罢考问题研究

在刘凤诰奏报此事后，嘉庆帝降旨命山东巡抚和宁秉公审办。接到圣旨的和宁命济南府知府邱德生等人组成调查小组，结果关注案件的嘉庆帝直到七月还未接到和宁奏报，反而在七月十四日，金乡县武生李长清到都察院以"违旨祖皂，强逼认诬"为名呈控案件。李长清声称："张敬礼系皂吏之孙，承审官任意偏徇，将原告人等叠肆刑求，逼令认诬。该县绅衿波累至一百余人之多，显有祖护情弊。"〔1〕更令朝廷意想不到的是，在邱德生等人组成调查小组后，地方差役因为张敬礼、张敬谦二人兄长张冠三贿赂衙署，竟然污蔑士子李玉灿伪造呈控底稿，李玉灿还遭受掌责、拧耳等刑责拷问。他们还责打参与罢考的多名地方生员，举人尚荣衮竟被摘帽凌辱，州同张福基，生员李修义、张琚、周来郇、张兴甲等均被斥革，牵涉百余士子。刘凤诰根据亲身观察，也对地方参与此案的各官员做了参奏，其言：

"臣见巡抚和宁即以此案非可刑求，嘱其勿受蒙蔽，乃连月以来不闻追究被告人证，且案内奉旨解任各员并未质审，知县汪廷楷以捕蝗为名早已回县，协同署任知县雷鹏提拿人证，搜索惊惶。其承审官济南府知府德生，候补同知张继荣、胶莱运判钟凤腾等肆意于案外吹求，先驳其呈验底稿，不足为凭，诱令毁灭。时当暑天，闻其昼夜箠楚，无论乡民绅士械系甚多，挫辱株连，人人饮泣。"〔2〕

此事也被大学士董诰具折上奏。嘉庆帝接到董诰和刘凤诰的奏报后，敕令刑部侍郎祖之望与山东历城籍给事中汪镛前往济宁接办此案，并密查和宁所为。嘉庆帝在二人临行前亲自对他们说："祖之望等不可因事关通省大员，有意消弭，稍为徇隐。倘不能秉公查明实情，朕另派大员前往查办。"从换人查办和嘉庆帝对祖之望的话语中可以看出，嘉庆帝首先不满意案件审理中对皂隶子孙的偏祖和对地方士子的责罚，并对和宁产生了怀疑，认为其中有朋比为奸的可能。同时，对祖之望给予警告，说明了嘉庆帝彻查此案的决心。

〔1〕台北"故宫博物院"藏：《山东学政刘凤诰遵旨据实覆奏金乡县皂孙冒考案实情》，嘉庆七年七月二十二日，档案号404008560。
〔2〕台北"故宫博物院"藏：《山东学政刘凤诰遵旨据实覆奏金乡县皂孙冒考案实情》，嘉庆七年七月二十二日，档案号404008560。

第三章　嘉庆朝统治危机与官方应对罢考事件策略的转变

到达金乡的两位新选派的钦差大臣立刻着手重新审理此案，经过审查他们得出以下结论：①李玉灿控告基本属实；②李玉灿被张敬礼、张敬谦兄长诬告、逼迫；③金乡县知县汪廷楷不察实情，有意偏袒皂隶子孙；④济南府知府邱德生等人办理不当，酿成地方士绅的集体不满。接到奏报的嘉庆帝为此大发雷霆，其实这和他预料的情况十分相近，且案情更为复杂，给刘凤诰等主办官员留下了"此案愈办愈大矣"的朱批。嘉庆帝直接通过内阁明发上谕，不仅以长篇谕旨阐释了事件原委，而且将负责此事的山东巡抚和宁解职，谕旨载：

"山东金乡县皂孙冒考一案，前经学政刘凤诰参奏，降旨交和宁秉公审办，乃三月之久，尚未审结。旋据给事中汪镛参奏，承审此案官员，将原告刑逼认诬，并据武生李长清在都察院衙门控告，交刑部讯问录供具奏，朕以此案刘凤诰参奏于前，今该省地方官挟私偏听，该学政岂无见闻？谕令据实查奏。兹据刘凤诰覆奏，此案金乡县皂孙张敬礼等冒考，经李玉灿攻讦及举人王朝驹等呈控，该学政按试兖州，访问该处生童，佥称是实。且乾隆七年、二十年张姓子孙冒考，曾有两次断逐旧案，控词底稿现存呈验。乃承审官有心党庇，并不追究被告人证，转将原告刑求挫辱，诱令将呈稿毁灭，盛暑笞箠，并株连乡民绅士，械系多人，众心饮泣，士论沸腾。且以奉旨解任之知县汪廷楷，不行质审，竟令其借捕蝗为名回县，协同署任提拿人证，报复搜求，尤堪骇异。除此案已交祖之望等秉公严办外，和宁自任山东巡抚，闻其在署日以文墨为事，于属员亦不轻易接见，朕即恐其于地方不无废弛。今以奉旨特交事件，并不亲提审讯，一听委员偏袒徇私，任情诬枉，伊若罔闻知，直同木偶，即此一节，已不胜巡抚之任。和宁着即解任来京候旨，所有山东巡抚员缺，著祖之望补授。"[1]

除了和宁，布政使吴俊、按察使陈钟琛一并革职查办，济南府知府邱德生、知县汪廷楷均被革职，发配新疆充军效力，前者赴乌鲁木齐，后者赴伊犁。张敬谦、张敬礼不准报考，其兄张冠三以诬告罪治罪，廪保苏体训被斥革功名，杖责八十。嘉庆帝如此处罚地方官，是出于对官员们朋比为奸酿成

---

[1]《清仁宗实录》卷101，嘉庆七年七月甲午。

士子罢考大案的痛恨，更是因为地方官如此办理，"株连乡民绅士，械系多人，众心饮泣，士论沸腾"。但如此结案也使得被革功名的廪生苏体训极为不满，次年四月，其兄苏承训（廪生）赴京京控。根据苏承训供述：

"我系山东金乡县廪生，年三十八岁，在本县北门内大街居住。胞弟苏体训也是廪生。嘉庆五年四月内，有本县童生张敬礼、张敬谦入院考试，我兄弟苏体训并廪生尚荣衮替他具结作保，并未考中。六年十一月内，张敬礼、张敬谦又入县考，我兄弟仍替他作保。后张敬礼等师傅增生李玉灿赴济宁州，呈告张敬礼的曾祖父张苾臣当过皂隶，不该考试。我兄弟听闻，保结上并未画押。"[1]

根据苏承训供述可知，在嘉庆七年（1802年）发生士子罢考案件前，其实连续两年都没有人反对张敬礼、张敬谦二人考试，直到该年才有士子以冒籍问题发动罢考。其目的为何，以及士子态度转变的原因是什么，是颇具思考意义的。苏承训自己也发出疑问："张敬礼等自嘉庆四年考起，所有替他们出结捐监并保过他的廪生共有三十人，尚荣衮、李玉灿等俱在出结保廪之内。如果张敬礼等系属皂隶，为何单说我兄弟一人冒昧具保？"[2]

根据《钦定学政全书》载，金乡县有县学额进廪生二十名，府学额进廪生十五名。[3]若按苏承训供词，三十名廪生都曾给张敬礼、张敬谦二人做过保结，说明大多数廪生都认同此二人，但首告此案的正是曾经为两位皂隶之孙做过保结的李玉灿。如此看来，似乎在士子群体间发生了某种关系上的转变。在县中流传的《攻皂传》《芝兰谱》两本刊印品，将苏承训、苏体训二兄弟辱骂，最终令苏氏"气愤不过，来京呈告"，这些线索都传递出士子内部斗争的信息。

但在当时的社会背景下，嘉庆帝最为在意的不是士绅间的某些恩怨纠葛，而是希望与地方精英群体合作，以重建统治基础，因此他支持了当地士子和士绅的要求，对山东巡抚、布政使、州县官等都给予惩处。其实，在嘉庆帝

---

[1] 中国第一历史档案馆：《嘉庆年间皂役及其子孙冒捐冒考史料》，载《历史档案》1998年第1期。

[2] 中国第一历史档案馆：《嘉庆年间皂役及其子孙冒捐冒考史料》，载《历史档案》1998年第1期。

[3] （清）素尔讷：《钦定学政全书》卷52《山东学额》，乾隆三十九年武英殿刻本。

上谕和董诰奏折中就已经表达了朝廷对于地方官员责罚士子的不满态度。

从金乡县士子罢考案件中，我们不仅看到19世纪"士子"与"贱民"对立的身份意识依旧十分强烈，也看到朝廷对士子科场罢考案件的处理有意淡化，对地方精英的谅解，以及对于涉事、怠惰的省内官员，从巡抚、布政使、按察使，到府级官员、县级官员，依次处罚的趋严态度。这些都表现了嘉庆帝希望稳定地方，凸显出清代官方对罢考事件的处理由责士转向责官的态度与原则变化。这一转变一方面让士子更加有恃无恐地追求利益，另一方面令地方官尤其是州县官陷入困境。如果地方官严格遵从朝廷律例，依法严办地方士子，则会得罪当地整个精英群体，其结果是引发士子的科场罢考等反抗行为。然而在此时，州县官的身后已不再是支持地方官、严责士子的雍正帝和乾隆帝，而是嘉庆帝，在策略和态度都发生转变的情况下，如果强行压制士子引发罢考，州县官的个人仕途将会受到影响，甚至会被发配充军。反之，如若他们与地方一体，则会与地方精英群体达成妥协与谅解，虽然某些时候无法按时完成朝廷任务，如按时纳粮收税等，但能使地方安宁，赢得地方士子的"爱戴"。正是在这种困境下，在罢考事件的处理上，州县官逐渐向地方精英妥协。

四、嘉庆朝江西万载县考额纷争罢考案

万载县隶属江西袁州府，也是清初棚民进入最为集中的地区。[1]因大量棚民涌入，该县人口在明末清初不降反升，与整个袁州府的人口状况截然相

---

［1］棚民究竟起于何时并没有固定的说法，现在学者多引用康熙四十七年（1708年）编纂的《宜春县志》卷6中关于棚民自万历末已经到达宜春的记载，但根据一些日本学者如森田明的研究，应该是在明嘉靖以后，棚民大量出现。《清史稿》记载："棚民之称，起源于江西、浙江、福建三省。各山县内，向有民人搭棚居住，艺麻种箐，开炉煽铁，造纸焙菇为业。而广东穷民入山搭寮，取香木春粉、析薪烧炭为业者，谓之寮民。雍正四年，定例照保甲法一体编查。乾隆二十八年，定各棚民单身赁垦者，令于原籍州县领给印票，并有亲族保领，方准租种安插。倘有来历不明，重责保人纠察报究。"［参见（清）赵尔巽等撰：《清史稿》卷120，中华书局1977年版，第3483页。］日本学者安野省三认为，棚民属于"特殊的贱民"群体。但此说应该不准确；既然棚民作为流动人口可以编入保甲，且给予定额，可参加科举，应该与真正意义上的贱民有很大不同。（参见［日］安野省三：《明清史散论》，汲古书院2013年版，第85页。）民国《万载县志》载，当地的姓氏中，除去江西省内移民至万载县者外，外地流寓多来自福建之上杭、武平、长汀、邵武、建宁、永定等地，而更多是来自广东之平远、镇平、长乐、嘉应、惠州、潮州、梅县、龙川等地百姓，也有少部分来自湖南浏阳和湘潭，因此江西的棚民大多来自江西邻近省份，而究其原因，多在于明末清初战火波及所致。

反。[1]为了解决棚民参加科举问题，清初对土著士子和棚民客籍士子多采取分额取进的办法，按康熙九年（1670年）更定文童入额数计，袁州府学额进二十名，万载县额进十二名，武童数同。雍正二年（1724年），户部尚书张廷玉奏，浙江、江西等处安插客民之道，应记入本县册籍。其中有膂力技勇之人与读书向学之子，许其投县收考。于是万载客民士子纷纷在县造册登记，设有客都、客图、客保、客练。雍正三年（1725年），两江总督查弼纳题准江西客民有读书向学、果系入籍二十年以上，在当地有田粮庐墓者，准其应试。雍正八年（1730年），江西巡抚以万载县原报客童七百余人，奏请另额取中，次年议定数满五十名另额取进一名，再多递加，以四名为率。至此，清初基本决定了万载县土客士子分额取中的原则，此后三十余年各考各额，相安无事。

乾隆二十八年（1763年），江西学政周煌以江西省客民渐少为由，请求裁革客额，改入土额十二名内合考。经过部议商定："恐客占土额多有未便，诸旨饬下巡抚汤聘查明，客童若与原数不甚相远，应照雍正九年定例办理。巡抚汤以万载客童尚有二百四十名，按之另额取进之例似属相符。但通省既改归土籍，未便两歧，议准合考。"[2]土客合考引起土童的强烈反抗，土籍士子连年呈控，拉开了万载县数十年土客之争的序幕。先是乾隆三十二年（1767年）举人辛廷芝等以复旧，请知县翟廷法通详未准。嗣后每逢考试，土籍用三单结，客童赴学审音，用五童结投考，但是，"然弊端遂启，讼牍滋纷"。嘉庆元年（1796年）就有士子王绍先等以客童冒籍应试为由，发动包括土著生员王选、龙崇光、晏锡荣，武生杨锡诚，职员郭树茵等一起攻讦客籍士子并呈控提省，但被巡抚、学政劝回。作为回击，万载县客籍考生也以私立三单[3]为由呈控学政，并往往有占额土籍之事发生。

---

[1] 袁州府嘉靖二十一年（1542年）人口数为60 388户/392 236口，万历四十年（1612年）人口数为56 623户/220 617口，顺治十三年（1656年）人口数为52 844户/169 914口。这一时期袁州府人口增幅分别为-43.89‰与-23‰。万载县隆庆三年（1569年）人口数为13 115户/42 456口，万历四十年（1612年）人口数为9665户/42 309口，顺治十三年（1656年）人口数为9665户/51 974口。这一时期万载县人口增幅为-0.395‰与+22.8‰。参见康熙朝《袁州府志》卷四《户口》，康熙九年刻本，第1—7页。

[2] 民国《万载县志》卷尾《考额案》，1940年铅印本，第2页。

[3] 三单结：土籍士子在参加考试前需要取得邻里、廪保和本童三方甘结证明，棚籍士子应在此外增加五童互结证明以为考试凭证。

第三章 嘉庆朝统治危机与官方应对罢考事件策略的转变

嘉庆四年（1799年），举人辛炳晟、贡生邓鄡、廪生郭光笏等请复分额旧例，[1]但朝廷依旧没有给出明确答复。至嘉庆八年（1803年），副贡生辛梅臣赴部呈请，发动京控的万载士子引起嘉庆帝的重视与直接参与，得旨交两江总督陈大文，会同江西学政李钧简，察核情形，悉心奏议。结果总督陈大文主分额考试，其上奏曰：

"臣复悉心确查案卷，察核情形。缘江西棚民从前来自闽广等处，栖止荒山，搭棚垦种。迨滋生日众，恐结党为害，另设客都、客图、客保、客练稽查，由来已久，土著民人至今羞与为伍。自裁棚归土以后，历年攻讦不休，案卷累累。而棚童投考之人，忽增忽减，去来竟属无定。查嘉庆六、七两年，取进棚童至五名七名之多，占去土额之半，土童情实不甘。今若加额而不分额，诚如部议，将来棚童之数日多，土著之攻弥力，纷争滋扰，仍不相安。惟有请旨将万载县棚童仍照雍正九年定例，按五十名以上另额取进一名，数至一二百名以上，以次递加，仍不得过四名之额。卷面注明土、棚字样，于考试时通用互结，合考分取，各进各额。俾棚童取进之数，不占土著之额，亦不阻棚童上进之阶，庶可两无争竞。将来如果棚童减少，另额亦可随时减少，若不及五十名，仍归入土著一体考试，与原例俱无窒碍。"[2]

相反，学政李钧简却主张加额合取，其言："臣愚请仍旧合考，并裁去土棚名色，庶可永杜衅端。第从前原奏合考之时，未将另额四名增入正额，所以土籍占额之语，亦属有因。现今棚籍应试较前更盛，合无仰恳皇上天恩，加额四名，合本额十二名，共十六名。其武童亦加额一名，归入正额，一律衡校录取，以示鼓励，而昭平允。"[3]虽然省府官员没有得出一致的结论，但还是通过调解土客双方，努力为万载县争取了增加中额，缓和了双方的对立情绪。但是，这些努力并没有达到预期效果，随着新一轮科考的临近，土客之争再次呈现愈演愈烈的态势，并最终导致士子罢考事件的发生。

嘉庆十年（1805年），土著生童龙元亨以"合考舆情未协，县府招考不到"为理由号召土著士子罢考，结果致使"万载县知县悬牌示期县考，该县

---

[1] 民国《万载县志》卷尾《考额案》，1940年铅印本，第2页。
[2] 中国第一历史档案馆：《嘉庆朝江西万载县土棚学额纷争案》，载《历史档案》1994年第1期。
[3] 中国第一历史档案馆：《嘉庆朝江西万载县土棚学额纷争案》，载《历史档案》1994年第1期。

土童抗不赴考"。[1]江西学政曹振镛立刻向嘉庆帝上奏万载县土童抗不赴考事,声言土籍士子以此挟制地方官。奏折言:

"九月万载县知县悬牌县考,该土童竟不赴考,显系有心挟制翻案。伏思江西有棚籍之州县尚多,如义宁州、萍乡县、龙泉县等处,俱有棚籍。若以合考四十余年之久,复为分籍考试,各州县纷纷效尤呈请,实属不成事体。该县土童向以棚籍占额为词,今蒙圣恩允准加额,已属曲顺舆情,该邑生童自应感激读书,力图向上。乃四月接到部文,五月万载县土著童生龙元亨,即赴京仍请分额取进。现在土著童生又抗不赴县考,若不加惩创,不足以儆刁风而端士习。"[2]

曹振镛进一步上折认为,地方士子的行为与罢考没有差异,希望以"光棍例"治罪。江西巡抚秦承恩在士子罢考后也向嘉庆帝奏言,"该邑童生复敢借词支饰,抗不赴考,则是故违谕旨,自外生成,即照罢考例严行治罪,刁徒亦无可置喙矣"。然而,不甘示弱的土籍士子不但持续罢考,更有土童卢钟麟、唐建节、李效棣等人为代表再次赴京京控,向都察院呈请分额,[3]其京控盘缠由地方士绅鲍梦嵩等人拼凑。地方士子一起响应,土籍士绅、士子们常常聚集一处,商量罢考对策。除辛梅臣、孙馨祖、鲍梦嵩、郭垣、卢有成、唐建节六人主要策划之外,尚有生员卢道南、郭敏道、高芸圃、郭拱、龙诩舜等十余人聚集商议,以九仙宫、李家祠堂、辛家祠堂、正有店等一共七处场所为聚会之所,[4]孙馨祖带头策划,其称"必得众童生齐心不考,方能挽回"。[5]商定后,前有生员辛家源、巢典具呈求考,郭敏道、高芸圃辄行阻骂,不许授徒教读,[6]后又有士子唐晖约同唐金汤、刘思仪、易衮章、欧阳炳杰和张鹤鸣"分赴城乡传知童生不许与考",[7]并由唐晖指令刘斯浩抢取棚童考卷,贴出

---

[1] 中国第一历史档案馆:《嘉庆朝江西万载县土棚学额纷争案》,载《历史档案》1994年第1期。
[2] 中国第一历史档案馆:《嘉庆朝江西万载县土棚学额纷争案》,载《历史档案》1994年第1期。
[3] 民国《万载县志》卷尾《考额案》,1940年铅印本,第2页。
[4] 中国第一历史档案馆藏:《江西巡抚金光悌呈江西万载县把总吴从贵供孙馨祖等阻考案供单》,嘉庆朝,档案号03-2172-155。
[5] 中国第一历史档案馆藏:《大学士管理刑部事务董诰等奏为遵旨议处江西万载县革员孙馨祖主谋罢考案》,嘉庆十三年二月三十日,档案号03-2450-015。
[6] 中国第一历史档案馆:《嘉庆朝江西万载县土棚学额纷争案》,载《历史档案》1994年第1期。
[7] 中国第一历史档案馆藏:《大学士管理刑部事务董诰等奏为遵旨议处江西万载县革员孙馨祖主谋罢考案》,嘉庆十三年二月三十日,档案号03-2450-015。

第三章　嘉庆朝统治危机与官方应对罢考事件策略的转变

拒考告示。[1]甚至土著士子联合出钱五百两，交给孙馨祖作为筹划、行动经费，以雇用阻止棚籍士子考试之人，"每名每日给钱一百文"。[2]这些人手持器械，以棚民进城滋事，聚众维护为名。在这些地方土籍士子和士绅的串联发动下，更有土籍乡耆百人向官府施压，要求分额取士。知府郑鹏程于嘉庆十二年（1807年）二月二十八日回袁州府衙门后，"二十九日乡耆数百人来县具呈，恳求合考分额，呈词存县可查"。[3]

当分额取士的要求被拒绝后，结果显而易见。在地方士绅联合努力下，众土籍士子一听闻"罢考方可挽回之言，即互相传知"。[4]为了分额取士，"举县童生俱不愿投考"。当署理知县周吉士开考时，"迄无投卷者。知府郑鹏程发示招考，人愈疑惧"。[5]知州陆模孙再次贴出告示劝考，结果依旧是"其时谣言汹汹，居民纷散，考者弥复不前"。[6]于是巡抚、学政被迫停考。参与策划罢考的辛从益为进士出身，此时正在乡丁忧。他和各级官员有良好的关系，尤其是江西巡抚金光悌乃其座师，他赴省城游说，言"土客一日不分，祸端一日不息"，[7]在一定程度上左右了地方官及朝廷对万载县土客问题的处理方向。

面对以致仕知县孙馨祖和进士辛从益为地方士绅代表所策划和发动的罢考事件，嘉庆帝再次犹豫应如何解决持续数十年的万载县土客之争问题，以及屡次罢考问题，为此再次下诏征求官员意见。先是御史邹家燮上《为请清查万载棚民占籍以绝讼原事奏折》，表达了清冒籍，主分额考取的立场，其言："臣谨按督臣陈大文原议，在棚民愿合者，欲占学额，在土民愿分者，欲杜纷争。谁公谁私，无难立辩。而主合考之说，欲以不分畛域，消其攻讦，是

---

[1]　中国第一历史档案馆藏：《两江总督铁保奏为审拟江西万载县案内从犯唐晖情形事》，嘉庆十三年十月二十八日，档案号03-2454-009。
[2]　中国第一历史档案馆藏：《江西巡抚金光悌呈江西万载县把总吴从贵供孙馨祖等阻考案供单》，嘉庆朝，档案号03-2172-155。
[3]　中国第一历史档案馆：《嘉庆朝江西万载县土棚学额纷争案》，载《历史档案》1994年第1期。
[4]　中国第一历史档案馆藏：《大学士管理刑部事务董诰等奏为遵旨议处江西万载县革员孙馨祖主谋罢考案》，嘉庆十三年二月三十日，档案号03-2450-015。
[5]　民国《万载县志》卷尾《考额案》，1940年铅印本，第2页。
[6]　民国《万载县志》卷尾《考额案》，1940年铅印本，第2页。
[7]　谢宏维：《和而不同——清代及民国时期江西万载县的移民、土著与国家》，经济日报出版社2009年版，第125页。

严宽之变：清代科场罢考问题研究

责天下之兄弟而必尽为田，于理似乎不顺。"[1]两江总督铁保上《为万载学额请仍照旧例土棚分别进取奏折》，表达了分额取士的立场。其言：

"窃以雍正九年另立棚额之后，土栅相安，从无争执，自乾隆二十八年裁汰棚额，讼端即自此而起。前抚臣秦承恩等议请加额四名，虽已复从前之额数，而土棚不为划分，终不免互相嫉妒。且加额之后，棚童取进有至六七名者，已占统额之半，土童焉肯甘心。臣确核情形，参之舆论，非仍照旧例分额取进（朱批是），断难杜绝讼端。随与抚学二臣札商，意见相同。"[2]

然而，为了不让土籍士子落下以罢考挟制官长成功的口实，铁保建议先处置孙馨祖等人后，再行分额。嘉庆帝顺水推舟，为了解决万载县数十年的争控，也决定以再次恢复分额取士作为解决办法。向来以"祖宗之法"和"父祖之是为是"的嘉庆帝，准备变更其父策略，以达到安抚地方精英和士子群体的目的。故嘉庆帝在十二年（1807年）六月上谕内阁，先将万载县知县周吉士革职查办，发往军台效力，[3]展现出其责官而非责士的态度，后又处理孙馨祖串联、发动罢考之事，决定予以抓捕。

在处理孙馨祖之罪刑问题时，两江总督铁保本按照雍正、乾隆时期"光棍例"和"激变良民律"拟定"斩枭"，但是嘉庆帝认为铁保对于孙馨祖的罪名、量刑定拟过重，因此在嘉庆十三年（1808年）闰五月十二日以上谕的形式不仅否定了铁保的意见，从轻处罚孙馨祖，而且对铁保予以降级处罚。谕旨载：

"此案铁保于孙馨祖罪名定拟过重，在该督必系有鉴于前此审断寿州张大有因奸谋毒一案，误认为烘板中毒办理轻纵，曾经降旨饬谕，故于此案定拟过重，是其错拟罪名尚属有因，且孙馨祖主使罢考情节本属可恶，是以刑部于定案时将该犯应拟杖流之处，仍请发往伊犁充当苦差，亦系加重办理。现在铁保无级可降，本应照部议革任，若改为革职留任，恐该督将来办理案件

---

[1] 中国第一历史档案馆：《嘉庆朝江西万载县土棚学额纷争案》，载《历史档案》1994年第1期。

[2] 中国第一历史档案馆：《嘉庆朝江西万载县土棚学额纷争案》，载《历史档案》1994年第1期。

[3] 光绪朝《江西通志》卷首之三《训典》。

第三章　嘉庆朝统治危机与官方应对罢考事件策略的转变

又至有意从轻，致干咎戾，铁保著加恩改为降四级，从宽留任。"[1]

大学士董诰秉持嘉庆帝软化处理的态度，将孙馨祖从斩枭改为流刑，由吏部咨文改正，请旨发往伊犁当苦差，[2]并在奏折中提及减刑乃"出自圣裁"。嘉庆帝还谕旨裁定，以罢考之子孙罚科向无前例，免除了对孙馨祖子孙弟侄的处罚。其余罢考为从的士子，如唐金汤、刘思仪、易衮章，在绞候罪上再减一等，杖一百，流三千里；其余协从士子张鹤鸣、欧阳炳杰、鲍梦嵩、郭垣等作斥革处理。参与罢考并京控士子龙元亨、卢钟麟、唐建节以"并非自愿罢考，情尚可原"为由免于处罚，照常开科应试。参与策划，并左右朝堂分额取士的土籍进士辛从益未受到任何影响，待回京后，官至礼部侍郎兼江苏学政。

面对此次罢考大案，嘉庆帝再次展现了不同于其父、祖的软化处理风格，甚至将一开始按照乾隆五十三年（1788年）条例将"杖流错拟斩候"的堂司各官职名交议处，[3]而知县周吉士则被革职，发往军台效力。长达数十年的土客纷争，直到嘉庆十三年（1808年）才最终以旧额十二名归土著，新增文额四名、武额一名归客籍的土客分额取士方案，落下了帷幕。[4]虽然该案中的主谋孙馨祖、唐晖、唐金汤、刘金浩、刘思仪等士子仍旧以流刑作结，但较之雍乾时期的斩首枭示和绞监候已经减刑，也凸显了减刑乃出自嘉庆帝"圣裁"。这些特点一方面继续强化了自19世纪初期朝廷有意软化处理士子罢考事件，给士子"活"路的方针；另一方面也提醒我们，朝廷软化处理罢考问题并非对罢考士子全部予以革除功名的处罚或为他们完全开罪，在量刑上的减等同样是软化处理的手段。

在土客较量中，罢考成为地方士子博弈的手段，而朝廷也以维护地方稳定、团结地方精英为宗旨，满足了地方士子的要求。江西学政王宗诚在嘉庆二十五年（1820年）五月汇报万载县士子考试情形时，以嘉庆十三年（1808

---

[1] 《清仁宗起居注》卷13，嘉庆十三年闰五月十二日。
[2] "中央研究院"历史语言研究所藏：《内阁大库档》，《吏部移会稽察房［董诰］奏江西革员孙馨祖因阊县土籍生童与棚籍生童欲图分额考试不遂主谋罢考闻拿投首一案该省将该犯应杖流错拟斩候应行更正》，嘉庆十三年三月，档案号148498。
[3] 中国第一历史档案馆藏：《大学士管理刑部事务董诰等奏为遵旨议处江西万载县革员孙馨祖主谋罢考案》，嘉庆十三年二月三十日，档案号03-2450-015。
[4] 民国《万载县志》卷尾《考额案》，1940年铅印本，第3页。

· 115 ·

年）分额前后作为对比，强调了地方士子的诚心悦服，其言及"自嘉庆十三年奉旨议准分额取进，自是永息讼端。臣考试时访察情形，不特两籍悦服，且棚籍亦以各有定额自相稽查，不令别县棚民冒考。弊绝风清，该处士民感戴皇仁，实无既极"。[1]见到如此奏报的嘉庆帝，留下"欣慰览之"的四字朱批。可以说，这一伴随嘉庆朝始终的因土客相争而引发的罢考事件，在嘉庆帝去世前数月，才获得了令嘉庆帝"欣慰"的结局。[2]

第三节 19世纪科场罢考事件处罚原则的转变：由责士转向责官

通过江苏吴县、山东金乡县与江西万载县士子罢考案，我们看到朝廷对参与罢考的士子采取软化处理和妥协的原则，目的是安抚地方、维系统治。然而与罢考士子相对应的官员，却受到了与士子相反的对待，朝廷方针从18世纪国家能动性高效背景下的"责士"转向19世纪地方精英能动性强背景下的"责官"。

根据《大清会典》《大清会典则例》《大清会典事例》，虽然关于处罚罢考士子的条规未作改动，即士子头上的紧箍并未有明显松动，但关于官员的规定却有转变。在乾隆朝之前，朝廷对于涉及罢考的地方官员通常并不给予处罚，甚至有意保留涉事官员，如前文提及的扶风县知县张于畊和顺天府学政庄存与即是此种代表，即使在个别案例中官员受到处罚，也是因为没有及时平息和压制地方士子罢考事件。

雍正二年（1724年），雍正帝就议准"地方如有借事聚众罢市、罢考、殴官等事，其不行严拿之文武官皆照溺职例革职"。[3]其后，朝廷再次重申并定制，"承审官若不将实在为首之人拟罪，混行指人为首者，革职，从重治

---

[1] 中国第一历史档案馆：《嘉庆朝江西万载县土棚学额纷争案》，载《历史档案》1994年第1期。

[2] 嘉庆朝以后，土客之争并没有绝迹，虽然不再以罢考、京控等公开形式进行，而是转移到对地方书院的争夺和在其他公共空间的较量上，但这种艰难的融合过程和土客冲突一直延续到民国时期。参见罗艳春：《教育、族群与地域社会——清中叶江西万载书院初考》，载常建华主编：《中国社会历史评论》（第七卷），天津古籍出版社2006年版，第314—327页；谢宏维、张研：《清中晚期至民国时期江西万载的土客冲突与国家应对》，载《江西社会科学》2004年第2期。

[3]《钦定大清会典则例》卷27，《景印文渊阁四库全书》（第620册），台北商务印书馆2008年版，第540页。

第三章　嘉庆朝统治危机与官方应对罢考事件策略的转变

罪。其同城专汛武职不行擒拿，及该地方文职不能弹压抚恤者，俱革职"。[1]雍正十二年（1734年）镇江府试时，有童子黉夜犯禁，"忤抗将军王釴，亦罢考"。为此，雍正帝发布上谕，重申地方若发生罢考事件，地方官能严厉约束、查拿者免过，强调了支持地方官员而责备地方士子的立场。其言"何地无才！嗣后有此，即停其考试，并禁生童借考生事。官吏能严束之者，遇罢考概免过"。[2]同年，为了防止地方官员希图斡旋息事，在《禁止生童罢考上谕》中对同城官员同样作出了严格要求，即"倘于生童罢考之时，该教官畏惧处分，或有同城武弁与之从中调处，寝息其事者，皆照私和公事例治罪"。[3]

乾隆三十七年（1772年），朝廷进一步明确、强调了地方发生罢考之事，地方官要无论是非曲直，严格拿究士子，而地方官免议的原则。史载：

"凡刁恶顽梗之辈，假地方公事强行出头，逼勒平民约会抗粮、聚众、联谋、敛钱、构讼、抗官塞署，妄行聚众至四五十人，罢市、罢考、殴官等事，地方官与同城文武无论是非曲直，协同擒拿解送上司秉公审究，将地方官免议。如地方官于此等重犯不即实力协拿，致令当场免脱，将地方官降二级戴罪限一年缉拿，限满不获，降二级调用。"[4]

甚至在雍乾时期，一旦地方发生士子罢考事件，不允许地方官从中调解，而是要按照律例严格惩处，并且还特别就学臣对罢考士子网开一面或从中调解的可能作出规定：

"倘有学臣市恩邀誉，暗中寝息，或将罢考案内之人，滥行收考者，该督抚查参，将该学政照徇庇劣生例革职；该督抚通同徇隐者，一并严处，今改为降三级调用。倘于生童罢考之时，教官畏惧处分，为之调处，寝息其事者，一经查出，将该教官革职，交刑部治罪。"[5]

---

[1] 光绪朝《钦定大清会典事例》卷771《兵律·激变良民》。
[2] （清）萧奭撰，朱南铣点校：《永宪录》卷3，中华书局1959年版，第200页。
[3] 乾隆朝《钦定大清会典则例》卷70《礼部·学校三》，《景印文渊阁四库全书》（第622册），台北商务印书馆2008年版，第332页。
[4] 嘉庆朝《钦定大清会典事例》卷108《吏部九十五·处分例·禁止聚众》。
[5] 光绪朝《钦定大清会典事例》卷116《吏部一百·处分例·考核学政》。

严宽之变：清代科场罢考问题研究

雍乾时期的强硬政策和雍正、乾隆两帝压制士子的态度已为我们所熟知，其强调官员对罢考士子"不姑息"与"弹压"。但是，嘉庆朝以后的《大清会典》和《大清会典事例》增加了对罢考案所管州县官"凌虐"与"激变"的处罚，即对酿成罢考、"董率无方"的地方官，在吏部处分例中作出了依据案情轻重分别治罪的规定。嘉庆五年（1800年），朝廷下旨议准"凡州县官贪婪苛虐，激变衿民，革职提问。督抚等知而不行揭参，降三级调用。不知情者，照失察属员劣迹昭著例议处"。[1]而该管之道府徇隐不即申报者，同样照徇庇例，降三级调用。咸丰时期，朝廷还出台了更为严格的责官条例，明确提到对"凌辱斯文"的地方官的惩处，朝廷立场由"责士"到"责官"的转变更加明显。咸丰四年（1854年），朝廷议准：

"州县官贪婪苛虐，平日漫无抚恤，或民事审办不公，或凌辱斯文，生童身受其害，以致激变衿民，罢市、罢考，纠众殴官者，革职拿问；司道府州知而不揭报者，亦革职；督抚不行题参，降五级调用；不知情者，仍照失察属员贪劣例议处。"[2]

需要指出的是，朝廷针对府学教授、县学教谕的处罚更为普遍与严厉。因他们是与士子朝夕相处的学官，故朝廷往往将士子群体罢考的直接责任归咎于他们的"董率无方，约束不力"，给予革职的处罚。由此可见，朝廷认为士子群体的罢考在很大程度上是地方州县官凌辱士子所致，这与雍正、乾隆时期对发生罢考事件的地方州县的态度不同（表3-3）。光绪朝吏部处分例延续嘉庆朝的做法，也突出了对罢考事发地州县官的革职处罚。虽然在革职处分中尚分革职留任、革职离任和革职永不叙用三种，[3]但在笔者所收集的19世纪清朝士子罢考案中，朝廷对直接负责的大多州县官采取了"革职离任"和"革职永不叙用"这两种较重的处理方式，而且处分往往没有界限，从知县到巡抚，都有因地方士子罢考而受到革职处分的案例。主管之府、道、两司、巡抚若没有及时纠参，同样予以降级或革职处分。诚如《申报》刊登的《论温州闹考事》一文对罢考责官的评述："近来各处考童闹事者往往而有，推原其

---

[1] 嘉庆朝《钦定大清会典事例》卷75《吏部六十二·处分例》。
[2] 光绪朝《钦定大清会典事例》卷96《吏部八十·处分例》。
[3] 许颖：《清代文官行政处分程序研究》，中国社会科学出版社2011年版，第269页。

第三章　嘉庆朝统治危机与官方应对罢考事件策略的转变

故，皆因有所挟持而然，而其所挟持者无他，罢考而官有处分之则例也"。[1]

表 3-3　雍正、乾隆、嘉庆、光绪四朝关于涉事罢考的地方官员的处罚规定

	雍正	乾隆	嘉庆	光绪
记载	福建地方如有借事聚众罢市、罢考、打官等事，均照山陕题定光棍之例，分别治罪。其不行查拿之文武官弁，亦俱照例议处。	地方如有借事聚众罢市、罢考、殴官等事，其不行严拿之文武官皆照溺职例革职；倘学政暗中寝息，或将罢考案内之人滥行收考者，该督抚指参，将该学政按徇庇例议处。	地方州县官平日漫无抚恤，或于民人审办不公，或凌辱士子生童身受其害，以致士民纠众妄行罢市、罢考、殴官，将该管州县官革职，该管之道府徇隐不即申报者，照徇庇例降三级调用。如督抚不将徇隐之道府一并题参，事发将该督抚亦照徇庇例降三级调用。	州县官贪婪苛虐，平日漫无抚恤，或民事审办不公，或凌辱斯文，生童身受其害，以致激变衿民，罢市、罢考，纠众殴官者，革职拿问，司道府州知而不揭报者，亦革职；督抚不行题参，降五级调用；不知情者，仍照失察属员贪劣例议处。
出处	雍正朝《大清会典》卷166《刑部十八》	乾隆朝《钦定大清会典则例》卷27《吏部·考功清吏司》；卷70《礼部·仪制清吏司》	嘉庆朝《钦定大清会典事例》卷108《吏部九十五·处分例》	光绪《钦定大清会典事例》卷96《吏部八十·处分例》

由此可见，雍正、乾隆两朝强调的原则是州县官应对罢考士子严格查拿及强力弹压，以安定地方，而嘉庆至光绪朝更偏重对州县官的激变指责，强调应安抚地方士子群体。嘉庆朝以后，朝廷听闻地方士子罢考，甚至有在调查之前先行将知县等州县官暂行革职，以等待进一步调查的倾向。[2]这一做法无疑再次加重了对地方州县官的惩处，相应助长了士子以发动罢考达到自己目的的意愿。

---

[1]《论温州闹考事》，载《申报》1886年7月12日，第1版。
[2] 这一做法类似于"有罪推定"，即在尚未调查和判决前对知州、知县作有"激变良民"以酿成罢考的认定。

一、嘉庆朝罢考责官事件

嘉庆七年（1802年），山东金乡发生罢考案，本应五百九十余人应考的县试，最终只有一百六十余人参加考试，四百余人罢考，酿成天下共知的大案。朝廷在应对这一案件时，涉事的士子波及较少，而各级别的官员却受到严厉的处罚。时任山东金乡知县汪廷楷因不能安抚士子，被流放伊犁。汪廷楷后来戍满回乡，卒于家。在地方层面，"济宁州知州王彬、金乡县知县汪廷楷、教谕黄维殿、训导杨价俱著解任"。[1]在省级层面，山东巡抚和宁因不胜巡抚之任，"着即解任来京候旨"，[2]后被予以革职惩处，发配乌鲁木齐，"自备资斧效力赎罪"。[3]布政使吴俊、按察使陈钟琛一并革职查办，而作为汉军正蓝旗旗人的济南府知府邱德生，同样遭到革职查办，发乌鲁木齐流放，只不过他并没有像和宁那么幸运地最终得到宽宥，而是在从乌鲁木齐得释不久后就于嘉庆二十二年（1817年）去世。

又如，在嘉庆十二年（1807年）底，军机大臣会同刑部经过反复讨论，在处理江西万载县因持续数十年的土客矛盾而引发的罢考事件时，虽然江西巡抚后来查明知县周吉士为官清廉，"矢慎矢勤"，且巡抚金光悌的题奏言及自到任以来，"词讼悉秉至公，随到随结，百姓亦无怨言"，[4]但周吉士仍被革职查办。甚至当周吉士离开万载之时，"四乡居民、铺户数万人跪送二十余里，并送'官清民安'伞一柄，皆流涕不忍去"。[5]此后六年间，被革职的周吉士一直在张家口驿口效力，[6]直到嘉庆十八年（1813年）四月年满，再没有被起用。袁州知府郑鹏程也因此案被解职赴总督质问，由黎世序署理袁州府事务。[7]与之类似，当嘉庆二十年（1815年）山东东阿县发生士子阻

---

[1]《清仁宗实录》卷97，嘉庆七年四月癸亥。
[2]《清仁宗实录》卷101，嘉庆七年七月甲午。
[3]《清仁宗实录》卷102，嘉庆七年八月戊辰。
[4] 中国第一历史档案馆藏：《江西巡抚金光悌呈革万载县参革知县周吉士办理孙馨祖阻考案情形禀文》，嘉庆朝，档案号03-2172-157。
[5] 中国第一历史档案馆藏：《江西巡抚金光悌呈革万载县参革知县周吉士办理孙馨祖阻考案情形禀文》，嘉庆朝，档案号03-2172-157。
[6] 吴元丰、成崇德、牛平汉编：《清代边疆满文档案目录》（第3册·内蒙古卷），广西师范大学出版社1999年版，第251页。
[7] 中国第一历史档案馆藏：《江西巡抚金光悌奏为袁州府知府郑鹏程因万载县阻考滋讼案饬令解任质审并委任黎世序署理袁州府印务事》，嘉庆十二年十一月二十七日，档案号04-01-12-0280-048。

考、罢考事件后，巡抚陈预同样率先参奏，以"漫无约束"为理由，请将知县杨希贤、训导赵国栋革职解任。[1]直到四年后，杨希贤才被开复，起用为乐陵县知县。

正是由于自19世纪初期以来朝廷应对地方罢考的原则由"责士"转向"责官"，加之任官周期缩短，自嘉庆朝以后，州县官在处理士子罢考事件时，或亲自劝导，或让地方精英作为中间人劝解士子，以图平息罢考事端，求得任内平安。这种应对方式与雍正、乾隆两朝动辄率兵弹压的策略大不相同。

二、道光朝罢考责官事件

道光朝延续了嘉庆朝在罢考事件处理中责官的原则，也将19世纪初期的这种转变固定化与常规化。道光三年（1823年），湖南平江县出现匿名揭帖号召士子罢考，地方奏报直管的岳州府知府后，即刻由知府刘光先一面上报巡抚嵩孚，一面组织沣州直隶州知州谢希闪和永绥厅同知蒋绍宗前往查办，并由巡抚嵩孚请旨将平江县知县查崇恩"摘顶撤任"，[2]委派候补知县卢尔秋接署。在将查崇恩撤职后，才开始追查揭帖来源，并令地方绅士晓谕地方士子宜自顾功名，安静出考。

道光十五年（1835年），直隶永平府千总白凤仪未戴缨顶巡游街市，与乐亭县童生张庭柏当街发生口角并将文童打伤。时正值府试之期，众士子因"凌辱斯文"不忿，张庭柏纠集滦州等三州县童生王振中等数十人向白凤仪千总衙门理论。结果白凤仪竟然纵兵持械殴伤士子多人，并将为首十四人抓捕。此举引发士子愤慨，以致府考复试时并无人应名。十二月初二日二次复试仍旧无一人入场，罢考之事已成。但收到县里奏报的直隶总督琦善竟以没有收到府县罢考禀文上奏，他对道光帝言，"既非罢考，即系寻常闹殴，是以未敢琐碎上陈"，[3]显然害怕受到道光帝的降级责罚。与之类似的是道光二十八年（1848年）直隶天津府杨真清主谋罢考未成一案，地方官因为害怕朝廷责官

---

[1] 中国第一历史档案馆藏：《山东巡抚陈预奏为书吏舞弊生监阻考请将漫无约束之东阿县知县杨希贤训导赵国栋等解任事》，嘉庆二十年三月初八日，档案号03-1567-021。

[2] 中国第一历史档案馆藏：《湖南巡抚嵩孚奏为特参代理平江县事查崇恩刁徒阻考延不查办请摘顶撤任留缉等事》，档案号04-01-12-0373-039。

[3] 中国第一历史档案馆藏：《直隶总督琦善奏为奉旨查明文童武弁口角争殴府县具禀无罢考及现查办情形事》，道光十五年十二月二十二日，档案号04-01-38-0149-062。

惩罚，以致"隐匿不报，化大为小，意存消弭情事"。[1]地方官已然不像乾隆朝那样，一旦有士子敢于在地方发动罢考事件，即第一时间奏报，严厉缉拿。雍正帝严禁官员调解、宽宥士子的谕旨已渐被官员们抛在脑后，取而代之的是和地方妥协、迁延的态度。

三、咸丰朝罢考责官事件

至咸丰朝，面对太平天国运动，朝廷已经将处罚官员作为挽救朝廷统治的措施之一。[2]当面对军事上的困境以及地方权力出现的真空问题时，朝廷更希望团结地方士子和精英群体，不希望失去士心。例如，在李棠阶的日记中就载有咸丰元年（1851年）二月十八日，武陟县令因追缴过甚酿成士子罢考而遭到撤任的记录。[3]朝廷还出台了更为严格的责官条例，咸丰四年（1854年），朝廷题准：

"州县官贪婪苛虐，平日漫无抚恤，或民事审办不公，或凌辱斯文，生童身受其害，以致激变衿民，罢市、罢考，纠众殴官者，革职拿问；司道府州知而不揭报者，亦革职；督抚不行题参，降五级调用；不知情者，仍照失察属员贪劣例议处。"[4]

咸丰帝于元年（1851年）处理发生在广东南海县和东莞县的士子罢考案件时，延续了嘉庆朝的做法与态度。他先将"被累之同学，查实奏明，仍许其考试"，[5]后又转变口吻，认为东莞、南海两县士子发动罢考事出有因，"一由书院公费之改移，一由生员抗粮而自尽，固缘一二人怀嫌耸动，亦安知非有激而然"，[6]而其中附和者并不多，以致南海西湖一书院和东莞县全县士子均被所累，故"若不分晰是非，明白劝惩，致使良莠同科，转非所以策励

---

[1] 中国第一历史档案馆藏：《直隶总督纳尔经额奏为审拟刀生杨真清等在天津主谋罢考未成一案事》，道光二十八年七月十六日，档案号03-4073-036。
[2] 在文职系统中，因战事不利而受到朝廷处分的达555人次，其中发配新疆者54人次，解任者53人次，革职查办者448人次；八旗系统官员受处分者达68人次，而绿营官员受各种处分者达223人次。参见何瑜：《晚清中央集权体制变化原因再析》，载《清史研究》1992年第1期。
[3] （清）李棠阶：《李文清公日记》，咸丰元年二月十八日，1913年影印本。
[4] 光绪朝《钦定大清会典事例》卷96《吏部八十·处分例》。
[5] 《清文宗实录》卷33，咸丰元年五月乙未。
[6] 《清文宗实录》卷33，咸丰元年五月乙未。

第三章　嘉庆朝统治危机与官方应对罢考事件策略的转变

士习"。[1]因此，咸丰帝在处理案件时，谕令徐广缙、叶名琛等人对士子被累者"不可过事苛求"。与之同时，咸丰帝也认为生员黎子骅在县署自尽，颇为可疑，发出了"有无屈抑，以致众心不平"的疑问，并认为士子罢考固然不对，应该惩处，但若吏治乖张，也同样应该严惩。其言：

"缘一二人怀嫌耸动，亦安知非有激而然，其间附和，想亦无多。南海一书院中与东莞一邑生徒，皆为所累。若不分晰是非，明白劝惩，致使稂莠同科，转非所以策励士习。至义仓经费，始而断入书院，既而断还义仓，何以前后两歧？东莞抗粮一案，生员黎子骅何以在县署自戕？有无屈抑，以致众心不平？士风刁玩，固宜重惩，吏治乖方，亦应严儆。着徐广缙、叶名琛体察群情，务期平允，玩法者不可无所董戒，被累者亦不可过事苛求。"[2]

咸丰二年（1852年）十月，当武科士子齐集于广州省城准备参加三年一次的乡试时，士子们再次罢考，拒绝应试。最终省府由柏贵出面作出让步，平息了士子的怒火。咸丰帝宽待士子的做法得到了回报，据张敬修记载，因罢考案被宽免的举人何仁山，在咸丰四年（1854年）何六于石龙镇发动红巾军起义时，组织乡团保卫东莞县城。咸丰七年（1857年），当英军攻陷广州时，何仁山再次组织团练保卫乡梓，因功被保荐为直隶州知州。[3]这种依靠地方精英维护统治的结果，可以视为嘉庆朝以来朝廷软化处理士子罢考问题的一种收效。但何仁山本人以亲老为名，拒绝出仕，被地方视为"领袖"，后主讲于宝安书院。

与对士子的宽待相反，咸丰朝对虽没有酿成罢考，但激变士子群体的官员，也采取了较为严厉的撤职措施。俞樾因出题失误，几乎导致士子罢考，而受到革职处分就是典型事件。咸丰七年（1857年）七月，御史曹登庸参奏河南学政俞樾"轻浮归谬"，以致出题割裂，文义难通，几乎酿成士子罢考事件。内阁谕令俞樾将所出试题呈交查验，结果是被御史曹登庸"开列二十题，

---

[1]《清文宗实录》卷33，咸丰元年五月乙未。
[2]（清）王先谦编：《咸丰朝东华续录》卷9，咸丰元年五月乙未。
[3] 中共东莞市委宣传部、东莞市文学艺术界联合会编：《东莞历史人物》，广东教育出版社2008年版，第714—715页。

俱系不成句读，荒谬已极"。[1]据奏称，俞樾考试郏县童生时，"文题误出破句"，一时士子激愤，群情汹汹，大闹考棚，并声言罢考，后经多方劝喻，方才勉强完场。俞樾在河南府试时，逗留三日，坐索棚规，有玷官箴，[2]因这次出题错误事件，被革职查办。咸丰帝对于已历任学政两年的俞樾重判而放任士子，同样是出于笼络地方精英的目的。士子是维护地方稳定的基石，结合咸丰朝的时代大背景，南方半壁江山已失去控制，如若再失北方士子之心，情况会更加恶化。因此，声言罢考的士子安然无恙，引发地方不静的考官则受到严惩。

四、同治、光绪朝罢考责官事件

在咸丰朝以后，地方精英的能动性较嘉道时期增强，也成为朝廷在地方既需防范又要仰赖的对象。相应地，士子群体以科场罢考作为威胁地方长官的手段也是屡试不爽。同治八年（1869年），河南巡抚李鹤年奏报汜水县地方士绅联合发动的阻考、罢考事件后，就先将汜水知县达德暂行撤任提讯。[3]奏折内言："请旨将汜水县知县达德先行撤任，一面饬司提集全案来省研鞫虚实，务期水落石出。"[4]更典型的责官案例是同治九年（1870年）三月清远县知县卓诚出错题目，将"官事不摄，误写官士不摄"，激成罢考。巡抚派聂以康来县查办，查得卓诚误据坊刻属实，乃申斥之。聂以康自为主考，"各绅士亦出而劝解，始行应考。诚记过撤任"。[5]

光绪二年（1876年），贵州贵筑县士子参加岁考之时，有生员华家瑞与兵丁发生冲突，中军梁正春袒护兵丁，责备士子引发士怨，结果士子群体大闹考院。甚至有"胆大者将梁君之红顶打着"[6]并声言罢考。巡抚听闻后，立刻挂出牌示云："中军参府梁正春办事糊涂，诸凡任性，即候摘顶参办，以

---

[1]《清文宗实录》卷231，咸丰七年七月乙酉。
[2]《清文宗实录》卷231，咸丰七年七月乙酉。
[3] 中国第一历史档案馆藏：《河南巡抚李鹤年奏为绅士挟嫌阻考汜水县知县达德请撤任提讯事》，同治八年九月二十二日，档案号03-5003-039。
[4] 中国第一历史档案馆藏：《河南巡抚李鹤年奏为绅士挟嫌阻考汜水县知县达德请撤任提讯事》，同治八年九月二十二日，档案号03-5003-039。
[5] 朱汝珍纂：民国《清远县志》卷3《县纪年下》，1937年铅印本，第34页。
[6]《纪贵省乡闱事》，载《申报》1876年12月7日，第2版。

第三章 嘉庆朝统治危机与官方应对罢考事件策略的转变

示薄惩。仰各生员,各归各号。"[1]士子如此闹署且有殴官行为,若依照乾隆朝律令,则为首者应予以斩立决枭示,而在此事件中,省府不仅将中军梁正春革职摘顶,更以文告中"仰"字凸显了官府对士子群体的妥协。

　　光绪八年(1882年)发生在山东茌平县的事例不仅很好地体现了责官的倾向,也表明了朝廷处罚力度的软化。该年因齐河决口波及茌邑,知县张熙瑞"强民所难"征料,触犯众怒,士子群体"遂激而罢考计",以逼迫其离任。事情缘由与雍正二年(1724年)封丘士子罢考案相似,但其判罚结果却相差甚远。光绪九年(1883年)春季县试时分,张知县奉学政之令召集合邑士子县试,但意想不到的是,"合邑乡镇均有匿名帖,宣誓任何人士均不许应其考试,故调齐之期无一至者"。[2]士子群体罢考后,张知县惊慌无措,因为他知道在嘉庆朝以后,管地发生罢考案件,首先受到处罚的是州县官。张知县立即禀报知府,获报的程知府立刻赶到该县调停,晓以利害,其言"州县罢考罚科十次,于士子前途大有障碍"。[3]即使如此劝慰,也仅有数十名士子参加了县试。无奈之下,知府只能勉强了案,却最终给予张知县革职的处分。这一案件有两点尤其值得注意:一是地方知县被给予革职处分,受处罚最严重,凸显了19世纪朝廷对罢考事件的责官倾向;二是当知府调停时,对于罢考士子的"婉谕强迫"理由是罚科,而不是像雍乾时期按"光棍例"处以极刑。

　　当发生类似的罢考案时,省府还会委员详查,贴出官方告示以安抚士子。光绪十三年(1887年)浙江嘉善生员李宝善被庄大令当街笞责,干犯"未革先杖"条例,其后他邀集同学生员群体于巡抚嘉善阅兵之时,递呈公禀。巡抚听闻生员群体有罢考意图,立刻责令嘉兴府知府妥善处理。知府领会巡抚希望平息生员群体对"凌辱斯文"的士怨,对生员回复道:"考试系国家抡才大典,庄大令扑责生员,是非曲直自有上宪秉公办理……想诸生中不乏明体用之人,断不出此(罢考)也。"[4]此后又贴出官方告示,给予生员群体批复:

――――――――
[1]《纪贵省乡闻事》,载《申报》1876年12月7日,第2版。
[2] 牛占城修,周之桢纂:《茌平县志》卷11《灾异志》,1935年铅印本,第2—3页。
[3] 牛占城修,周之桢纂:《茌平县志》卷11《灾异志》,1935年铅印本,第2—3页。
[4]《生员被责续闻》,载《申报》1887年3月16日,第2版。

"中丞批云：查生员遇有过愆，例应由地方官会同教官在明伦堂扑责，若干犯科条例应治罪者，亦应先行详请褫革衣顶，方可加以刑讯。今该生李宝善当该县庄令喝责之时，既经告知系属文生，该县何以不问真伪，辄在当街擅行笞责数百？以致士心不服，激成公愤。自应彻底查究，以杜借口。"[1]

嘉庆朝以后，因朝廷意欲团结地方士绅，不仅对待士子的态度改变，对罢考案的处罚原则也由责士转为责官，故而地方官员为了自身仕途考虑，息事宁人的倾向越来越明显。当地方士子声言罢考时，地方州县官即先行让步，以图平息士怨。这种变化是朝廷对罢考的态度发生变化后产生的相应结果，也导致了州县官在失去朝廷有力支持且"责官"的背景下，无论在心态方面还是在处理具体事务时，都更多仰赖地方精英，而这一点也直接体现在地方官员对士子罢考事件的应对上。

第四节 嘉庆朝以后地方官员对科场罢考的应对

随着嘉庆朝以后朝廷对士子罢考的态度和处罚原则的转变，地方官为了自身考量，很多都选择在第一时间安抚士子，软化处理士子罢考事件。如道光朝进士、署理正宁县知县的封景岷，对于士子罢考行为的处理即"事多方化导，众情帖然，去任时士民为之乞留"，[2]不仅软化处理了罢考事件，也在地方留下了官声。道光二十四年（1844年）进士尹开勋在兵备道任上时，有贡生王化约同士子罢考。事奏报到省后，学政欲向上奏闻，但尹开勋"竭力维持，只抵罪首恶，概不株连，保全士子无数"。[3]虽然在这次罢考中没有关于王化所受处罚的记载，但从不以罢考上报，参与罢考为从者概不处罚的立场而言，已然较雍乾时期大幅减轻。

又如，道光十二年（1832年）进士杨晓昀于道光三十年（1850年）任庐陵知县，事性俭约。咸丰初年，当县士子因漕事罢考时，乡村间蠢蠢然，将动而为变。史载杨晓昀"公下车遍谕百姓以大义，不绝一弦、折一矢而民定。

---

[1]《生员被责续闻》，载《申报》1887年3月16日，第2版。
[2] 光绪朝《容县志》卷18《人物志·列传》，光绪二十三年刊本，第8页。
[3] 民国《临沂县志》卷10《人物二》，收录于凤凰出版社编选：《中国地方志集成·山东府县志辑》（第58册），凤凰出版社2004年版，第127页。

识者已卜为儒将才,不改儒素"。[1]在同时期的直隶沧县因"凌辱斯文"导致孙廷弼策动七百余士子的罢考事件中,地方官不仅不敢以罢考上报,也不敢强行弹压士子。知府认为"调兵则事立起,唯有息众怒耳"。因此,学政不仅不加罪于士子,竟斥责知县曰:"尔敢于国家士子如此侮辱,激成大变,必跪辕门外向士子请罪,不然吾必题参。令唯唯。太守急出以此言谕众。廷弼掷剑大呼曰,可矣。"[2]知府和学政的软化处理措施,最终平息了罢考事件。

甚至直到清末废除科举制度之前,官员或地方精英出面调解依然是快速解决科场罢考事件的有效方式。如1904年广西桂林府童生试时再次发生了因"凌辱斯文"导致的罢考事件,史载"士子鼓噪,会议合郡罢考","并赴粤东督辕递禀诉冤"。为了快速平息这次事件,地方官员并没有派兵弹压或严惩为首者,而是由"府尊及临桂县出为调停"。[3]

嘉庆朝以后的地方志(表3-4)中存有诸多州县官处理和防止士子罢考的记载,官员们或亲自劝导士子,平息罢考,或让地方精英作为中间人劝解士子,平息事端,与雍乾两朝动辄率兵弹压的策略大不相同。

表3-4 地方志对19世纪罢考事件"调解处理"的记载

时间	地点	调解人	地方志记载
嘉庆末年	贵州平越府	知府万承宗	"(万承宗)官平越时,属县士子罢考,大府将严治,承宗禀请从宽。州试时,令各童补县卷,事遂已,士类感之。"(光绪朝《黄冈县志》卷10《文苑》)
道光二年(1822年)	江西贵溪县	知县蒋启敫	"贵溪民又倚众罢考,启敫皆以片言定之。"(光绪朝《江西通志》卷128《宦继录》)
道光九年(1829年)	湖南长沙县	知府张锡谦	"己丑岁试,长令王渭以滥刑擅责文生几毙,激众,控大府。适有宣言将罢考者……锡谦力止之,亲往开陈抚慰,事遂寝。"(光绪朝《长沙县志》卷18)

---

[1] 民国《和顺县志》卷10上《平定吉郡论功说》,1935年铅印本,第97页。
[2] 民国《沧县志》卷14《事实志·轶闻》,文竹斋南纸印刷局1933年版,第27页。
[3] 《桂府罢考》,载《新闻报》1904年6月26日,第3版。

续表

时间	地点	调解人	地方志记载
道光二十一年（1841年）	甘肃正宁县	知县封景岷	"事多方化导，众情帖然，去任时士民为之乞留。"（光绪朝《容县志》卷18）
道光二十四年（1844年）	河南郏县	高五常	"甲辰学宪试南阳武生某因事欲罢考，十三处武童汹汹，势已莫挽，公挺身出入，不下数语，事立解。"（同治朝《郏县志》卷11《艺文》）
道光年间	湖北英山县	教谕桂超万	"生童缘事罢考，剀谕之，悦服就试。"（光绪朝《贵池县志》卷21）
道光年间	直隶沧县	知府	"尔敢于国家士子如此侮辱，激成大变，必跪辕门外向士子请罪，不然吾必题参。"（民国《沧县志》卷14）
咸丰年间	广东阳江县	知县徐宝符	"新会罢考，上官以宝符得民心，令之往，果皆帖然。"（光绪朝《昆新两县续修合志》卷25《政绩》）
咸丰年间	江西吉安	知县杨晓昀	"因漕事罢考时，乡村间蠢蠢然，将动而为变。公下车遍谕百姓以大义，不绝一弦、折一矢而民定。"（民国《和顺县志》卷10上《艺文》）
同治年间	江西石城县	士绅莫涓	"县试，童生争坐位，典史鞭之，遂致哄堂。县令竟以阻考详革廪生数人。涓密报上宪，再四申驳，事乃白，士林德之。"（光绪朝《定安县志》卷6《列传》）
同治年间	四川顺庆府	知府季鸣谦	"适值士子入场因失物与管理军队起争，致伤多士，全场罢考，公力任调和，惩办滋事军队，事乃寝。"（民国《沧县志》卷13《事实志》）
同治六年（1867年）	陕西咸宁	士绅李向荣	同治六年，时方府试，士皆罢考。向荣曰"死者恤之，生者慰之"，则得其平矣。（《咸宁长安两县续志》卷17《孝友传》）
光绪七年（1881年）	山东东昌	参将岳金堂	"聊城县试士子因事罢考，势汹汹塞署。君至一言解散，乃帖然俯首就试。其德威如此，军政卓异第一。"（民国《单县志》卷19《艺文》）

续表

时间	地点	调解人	地方志记载
光绪九年（1883年）	广东清远县	聂以康、地方士绅	"（清远县试全体罢考）……再招考，各生仍不入场。聂（以康）乃自为主考，各绅士亦出面劝解，始行应考。"（民国《清远县志》卷3《县纪年下》）
光绪年间	江苏邘县	校官戴起芬	"在邘以调和罢考为士民所感戴，去之日送者数百人，至有泣下者。"（民国《甘泉县续志》卷24《人物传第六补》）
光绪年间	贵州瓮安县	府学训导朱镜塘	"诸生一人至死。罢考哗闻，大乱粗定，沟沟且立变"，"府县嗫不敢言。公言于学使廖坤培，得某廪生至，立解……吾属之生，公赐也。"（民国《瓮安县志》卷20《艺文志下》）
光绪年间	福建屏南县	觉罗永安	"适抗粮罢考事发，郡守仍令复任事调剂。"（民国《屏南县志》卷27《人物志》）
光绪年间	安徽怀宁县	教谕汪梦鲤	"时值县试罢考，为解释，得复考如例，官绅士庶均德之。"（民国《怀宁县志》卷18《仕业》）

通过前文所述朝廷对罢考事件的处罚态度与原则的转变和地方志中有关地方官主动劝导或找地方精英调解的记载，我们看到了这样一幅19世纪的图景：当"盛世余晖"已经过去，朝廷18世纪垂直控制的触手在地方已然式微。当面对社会危机时，朝廷更希望笼络地方精英，以达到在平衡统治下间接控制与维护地方的效果，因此对士子群体的科场罢考行为网开一面。在19世纪朝廷与地方相互依靠、相互维系的互动模式中，地方社会中"国"的力量在消退，"家"的力量在增强。[1]这种中央、省府与地方，官员与地方精英间的互动模式，导致了19世纪中叶以后，尤其是同光时期士子群体罢考事件的增加，以及地方官员在处理罢考事件时的妥协态度，但实际维系了清朝在19世纪的统治。

---

[1] 张研、牛贯杰：《19世纪中期中国双重统治格局的演变》，中国人民大学出版社2002年版，第150页。

本章结语

嘉庆帝执政初期面临的一系列内忧外患，迫使其不得不采取不同于其父乾隆帝的执政策略。在这样的背景下，嘉庆帝开启"不是维新"的维新举措，对于士子群体罢考问题也一改雍乾时期的高压态势，采取软化处理的态度。在这一时期所发生的江苏吴县士子罢考案、山东金乡县罢考案，以及江西万载县土客冲突罢考等案中，朝廷都强调了为政以宽的原则。这种软化处理罢考事件的策略既有为士子开脱，全免其罪的"恩典"，也有一些在斩、绞等死刑判决基础上减刑的事例。

本章已经论及嘉庆帝对江西万载县长年争讼的法外开恩，不妨再来看一个晚清光绪元年（1875年）的案例。晚清时期作为胡林翼幕僚的方大湜在《平平言》卷4中"审部驳案"一节，记载了蕲水县文童方得元等借端聚众哄场罢考一事，且据奏报，实为罢考已成。本案原判拟罢考为首的文童方得元斩立决，潘炳耀为从绞罪上量减拟流刑，待上奏至刑部后被驳覆。后经过屡次商议，拟定首犯方得元减拟军流，而潘炳耀在军流罪上减一等拟杖一百、徒三年。该案件同样是在原拟斩立决的基础上，对罢考为首与为从者均降刑处罚。虽然个案分析中已提到了一些历史的偶然因素，但这些偶然又是在历史大背景下的必然。中央在所面临的统治危机面前，为了赢得地方精英们的合作，以更小的成本维系朝廷统治，不得不将垂直管控的触手回缩，从而形成中央退、地方进的平衡木效应。正是在这种统治策略下，朝廷在罢考事件中的处罚焦点由士子群体转向了地方官员，将地方官员视为激变地方士子罢考的主因。实际上，当19世纪地方官员失去朝廷的支撑和保护后，他们自然而然地和地方结成整体，成为"地方利益"的一部分。

第四章

19世纪地方精英对罢考事件的发声

第一节 19世纪地方士人对罢考的发声、支持与回忆

自19世纪初期起,因为内外压力,朝廷触手逐渐从地方回缩,部分权力放归地方,扭转了18世纪雍乾集权下的垂直管控模式,同时也完成了对士子群体罢考的态度与处罚由强到弱的转变。与之相应,地方精英们在这一变化中能动性得以增强,在士子罢考问题上也由噤若寒蝉转向发声支持。

在传统媒介中,士人更多以笔记、文集等形式记录、转述士子群体罢考事件,表达自己的支持立场。同时,在19世纪的地方志中,也出现了和18世纪不同的记述方式与声音。降至19世纪70年代,报刊的引入给士人更多的发声空间与自由度,加速和扩大了传统媒介的信息传播,使罢考事件引发更多关注。无论是传统文集、笔记、地方志等传播空间相对狭小的记叙方式,还是现代报刊这种新的"公共空间"的持续报道,都随着朝廷与地方逐渐完成新的权力平衡,向成为士人对罢考事件发声的媒介与平台转变。

一、由噤言到发声:18世纪到19世纪的转变——以笔记、文集为中心

就史料而言,18世纪士人对于罢考的记载几乎一片空白,更难探究他们的态度。究其原因,则与18世纪朝廷对士子的高压政策和文字狱有直接关系,既有可能是士人不敢写作,刻意忘记,也有可能是在乾隆禁毁图书的过程中将士人的声音抹去。清代文字狱自顺治年间已经开始出现,此一时期主要目标是防止南方士人的反抗情绪。虽然随着康熙平定三藩之乱,清代统治稳固,文字狱呈减少趋势,但在康熙末年朝廷管控日趋严密。

严宽之变：清代科场罢考问题研究

　　步入雍正和乾隆年间，清代文字狱则达到顶峰，而这一现象是同雍正、乾隆二帝着力控制士人思想，禁止官员结党、士子结社等一以贯之的高压手段相呼应的。正是在这种文化威权下，士人们闭口不谈、不记当朝之事，更是不见他们对于罢考的记载或发出与朝廷不同的声音。在此一时期所发生的士子罢考事件，如乾隆十八年（1753年）陕西扶风罢考案、徐州府砀山县罢考案，除官方史料有载外，都找不到士人所留下的只言片语。这种状态随着嘉庆帝继位后对其父、祖强硬政策的收缩而发生改变。

　　嘉道时期士人夏荃记录的康熙时期发生在泰州的慰留武柱国事件就是这种转变的典型代表。正如上文所述，百姓听闻武柱国要离任后，"相率塞城门留公，并塞公宅门"，"父老愚肯，导谕累日，权罢考事"。但是，引人思考的是，在雍正朝所修纂的《泰州志·秩官》武柱国传记中并没有记载康熙晚期这次士子留官罢考事件。由此可见，雍正帝对士子罢考的态度已经影响了当时的地方士人。在《退庵笔记》中，夏荃感叹道，"褚石名宦为公立传，而不及此事（留官罢考）"。[1] 只不过笔者认为，对于此事，当时士人的不记载并非遗忘，而是不敢或不愿记载。这也反映出雍正、乾隆时期士人对于罢考事件的慎重，而嘉庆之后的敢于发声与此形成了鲜明对比。

　　与之相仿的事件到了19世纪士人的笔下，不仅敢于记录，还带有几分欣赏之意。桂超万在同治五年（1866年）出版的《养浩斋诗稿》中记载了他的朋友英山乞假卸任时，岁试士子几乎罢考，[2] 最终参与到罢考事件中的士子都被给予"投首免罪"的处理。桂超万言语间不仅没有责怪之意，还以友人赠诗"我来又见蓼花红，素食休嗟宦况穷。溺拯文河难息浪，芳扬劲草可移风"作结，颇有赞赏之态。

　　嘉庆帝在亲政之始，释放了改变乾隆时期因文字罪人，有意缓解雍乾时期钳制士人的高压策略的信号。这种局面被学者视为清中叶文化政策的一种转变，[3] 同样也可视为对士子群体控制的放松。恰如孟森对于嘉庆朝文人言行的论述：

---

[1]（清）夏荃：《退庵笔记》卷6，收录于四库未收书辑刊编纂委员会编：《四库未收书辑刊》（第3辑·第28册），北京出版社2000年版，第428页。
[2]（清）桂超万：《养浩斋诗稿》卷7《英山乞假》，同治五年刻悖裕堂全集本。
[3] 张瑞龙：《天理教事件与清中叶的政治、学术与社会》，中华书局2014年版，第156页。

"嘉庆朝，承雍、乾压制，思想言论俱不自由之后，士大夫已自屏于政治之外，著书立说，多不涉当世之务。达官自刻奏议者，往往得罪，纪清代名臣言行者，亦犯大不题。士气消沉已极。仁宗天资长厚，尽失两朝钳制之意，历二十余年之久，后生新进，顾忌渐忘，稍稍有所撰述，虽未必即时刊行，然能动撰述之兴，即其生机已露也。"[1]

王汎森也强调，虽然清政府对于文化领域施加的政治压力持续有清一朝，但自嘉庆以后，朝廷统治力衰弱，文禁松弛，地方秩序动摇，18世纪严厉的压制得以逐步缓解，晚清以降几乎销声匿迹，因为朝廷有更大的压力需要面对。[2] 特别是在笔者所收集的19世纪江南和东南士人的笔记、文集中，逐渐出现发声支持罢考士子的记载，并进而形成共同回忆或响应的局面。

二、17、19世纪士人对顺治十八年福州府士子罢考案的记述

在闽人陈怡山[3]《海滨外史》的《陈怡山福州学变记》一节中，生动记载了生员群体因"凌辱斯文"而发动罢考的全过程，以及对总督李率泰责打生员的处置愤怒又无可奈何的心态。他与众人一样"掩泣吞声，垂泣而不敢言"，[4] 而在其笔下也以"天象"和涉事的"反面官员"一个个离奇死亡，表达了自己的态度与立场。

顺治十八年（1661年）二月，福州府城内生员邓譔、邓志兄弟拖欠举人陈殿邦银两久未归还，后来陈氏之妻遣侄王钦祖、女婿曹鸿芝向邓氏兄弟二人索取无果后，又由陈殿邦之兄陈忠陞状告至盐运使王志佐处，"诬抵以盐饷"。生员本应归属学政管辖，且不可经营盐务，故被带至盐运使司后，邓譔即言："我乃生员。"盐运使王志佐对曰："我打盐商，不打生员。"邓譔再言："生员不做盐商。"王志佐对曰："忠陞抵汝盐饷，汝即盐商。"邓譔竟被

---

[1] 孟森：《明清史讲义》（下册），中华书局1981年版，第614页。

[2] Wang Fan-Sen, "Political Pressures on the Cultural Sphere in the Ch'ing Period", in Peterson, Willard J. ed., *The Cambridge History of China: Volume 9: The Ch'ing Dynasty to 1800, Part 2*, Cambridge University Press, 2016, p.648.

[3] 陈怡山，名维安，福州人，在《海滨外史》中，他详细记录了发生在顺治十八年（1661年）的士子群体罢考事件。虽然陈怡山生卒年不详，但领头罢考的生员之一陈元铉为陈怡山之兄，因此可知他大约生活于顺康年间，时人记载时事。

[4] （清）缪荃孙：《艺风堂杂钞》卷2《陈怡山福州学变记》，中华书局2010年版，第63页。

打三十大板。[1]

  这一顿板子不仅没有令邓谟服气，反而引发了一场大规模的士子哭庙和罢考事件。王志佐"凌辱斯文"的行为引发了以生员林芬为首的"十学数百人公愤"，他们"遍投上宪"，邓谟则哭于文庙。[2] 事情闹至总督衙门后，总督李率泰的判决却明显偏向盐运使王志佐。原来在三月二十日以前，"陈家用贿布置已定"。[3] 由左布政使翟凤翥、右布政使于际清、按察使祁彦、提学道宋祖法、粮道陈台孙等府省官员一同赴福州府学明伦堂组成的会审团队得出了偏向陈家的结论，不仅又将邓谟一顿呵斥，再打了二十大板，还将包括林芬在内的三百名士子"逐名点过"，欲枷责。

  邓谟见状，不希望牵连其他士子，其言"此番求申不得，必致重辱，累及朋友"，[4] 竟自尽于衙门前，以致"头血淋漓，慷慨而死。堂下观者万余人，狂呼哀痛，抛砖掷瓦，蜂拥而前，将排设公案锤击粉碎"。[5] 邓谟的自尽最终引发了生员乃至整个"士"群体的震动。诸生先是将邓谟尸体抬于文庙阶下，复往抚按衙门哀诉，后于乡贤祠为邓谟设位而哭。[6]

  当邓谟行将出殡之期，甚至有士子言及按照闽中习俗当哭十余日，更体现出士人对同学生员自尽的悲伤情怀。出殡南郊当天，士民一路奔送，"皆白衣冠，涕泣呼号，哀声彻天"。[7] 而司道诸官员欲加生员以殴官、鼓噪、罢市（当时无罢考定义与罪名，以罢市代）之罪，将林芬、林晟、黄国璧、郑鳌毓、刘元蔚、陈章、陈谟、张星、高巖、林秋来、潘琦、刘新辉、林肇震、卢灼、陈元铉、郑有祚、陈作霖十七名士子通报在案，不仅将十七人监禁，而且将已经去世的邓谟黜革功名。当生员们得知总督李率泰与王志佐"为犬豕交"，有意护短后，十学士子于该年秋七月岁考之际，集于城隍庙，誓盟不

---

[1]（清）缪荃孙：《艺风堂杂钞》卷2《陈怡山福州学变记》，中华书局2010年版，第60页。
[2]（清）缪荃孙：《艺风堂杂钞》卷2《陈怡山福州学变记》，中华书局2010年版，第60页。
[3]（清）陈怡山：《海滨外史》卷3，收录于《丛书集成续编》（第26册），上海书店出版社1994年版，第469页。
[4]（清）缪荃孙：《艺风堂杂钞》卷2《陈怡山福州学变记》，中华书局2010年版，第60页。
[5]（清）陈怡山：《海滨外史》卷3，收录于《丛书集成续编》（第26册），上海书店出版社1994年版，第469页。
[6] 王学深：《"凌辱斯文"与清代生员群体的反抗——以罢考为中心》，载《清史研究》2016年第1期。
[7]（清）陈怡山：《海滨外史》卷3，收录于《丛书集成续编》（第26册），上海书店出版社1994年版，第469页。

听考。[1]近十学生员除卞鳌、庐登、翁钦仁三人外,"百余人弃不入试",[2]酿成科场罢考事件。

生员邓譔自杀于学政衙门前,生员陈元铉、郑有祚、陈作霖三人被逮捕监押后,陈怡山笔下"天象"大变,"顷刻,烈风烈雷,大雨如注,盖天昏地黑云"。[3]这种天象示警的写作手法凸显了以陈怡山为代表的福建士人对于士子群体的支持,以及对于司道官员的敌视态度。罢考后的士子群体和省府官僚阶层形成了巨大张力,士子群体希望通过他们的罢考使朝廷了解事情的严重性,并倾听士子们的心声;督抚官员则希望回护王志佐,并掩盖他们受贿于陈氏家族的事实。因此站在治权高点上的官员革去十七位士子功名、解入衙门,[4]总督李率泰还执意责打每位生员四十大板。

在总督李率泰希图杖打士子,甚至有将生员责打致死之意,以为"人人必死,无留余者"后,在陈怡山笔下却显示被责打的生员如林晟"最倔强,受棍时无啾唧之声,即羯奴亦啧啧称'矮秀才'不置",[5]而其他士子如"陈章并十一人,或年七十余,或八十,皆强健不衰"。[6]状告邓譔的陈忠陛"逾时即死",盐运使王志佐"去位即死",官官相护的于际清、祁彦、宋祖法、瞿廷谐"亦相继而死",而最为冷酷无情的总督李率泰不仅被陈怡山骂为"狼狗之心",而且"胃肠寸溃,流出月余,欲死不能",布政使翟凤翥同样患痨病,艰于饮食,求死不得。[7]当这些人"卒俱死于吾闽"时,陈怡山载"吾闽人人称快"。[8]

以上天象和众人患病死于闽地的记载,完全体现了作者对于罢考事件的同情心理,但是叙述多与史实不符。例如,总督李率泰在此事件之后,身体并未有异样,他是在六年后才病逝于福建的。在《清史列传》和地方志中均

---

[1] (清)缪荃孙:《艺风堂杂钞》卷2《陈怡山福州学变记》,中华书局2010年版,第62页。
[2] (清)缪荃孙:《艺风堂杂钞》卷2《陈怡山福州学变记》,中华书局2010年版,第62页。
[3] (清)缪荃孙:《艺风堂杂钞》卷2《陈怡山福州学变记》,中华书局2010年版,第61页。
[4] 十七位生员:林芬、林晟、黄国壁、郑鳌毓、刘元蔚、陈章、陈谟、张星、高巖、林秋来、潘琦、刘新辉、林肇震、卢灼、陈元铉、郑有祚、陈作霖。
[5] (清)陈怡山:《海滨外史》卷3,收录于《丛书集成续编》(第26册),上海书店出版社1994年版,第471页。
[6] (清)缪荃孙:《艺风堂杂钞》卷2《陈怡山福州学变记》,中华书局2010年版,第63页。
[7] (清)缪荃孙:《艺风堂杂钞》卷2《陈怡山福州学变记》,中华书局2010年版,第63页。
[8] (清)缪荃孙:《艺风堂杂钞》卷2《陈怡山福州学变记》,中华书局2010年版,第63页。

严宽之变：清代科场罢考问题研究

记载自顺治十八年（1661年）至康熙六年（1667年），李率泰多次击退郑氏对于地方的袭扰，并收复厦门、金门，受到朝廷嘉奖。[1]身为布政使的翟凤翥更是活到康熙七年（1668年），[2]而学政宋祖法更是"死而复生"，直到康熙十七年（1678年）才去世。[3]陈怡山对"死亡"结果的刻意"编造"，更体现了作为文人对士子罢考的认同心理和对扑责生员的官僚的憎恨。

除了以陈怡山为代表的文人对士子罢考行为的支持态度，这一士子罢考事件最终得以昭雪开释，还依赖整个士子群体的响应以及丁忧在籍的都察院监察御史范平的参奏之功。就整个士子群体而言，他们以悼文、挽联、诗词等方式支持士子群体为"斯文"罢考的事件，以及表达对邓譔的怀念。如《十庠友哭邓君述先生文》有言："天柱地维，赖夫人正而斯立；礼门义路，得一士捐躯而更彰。维我先生名高北斗，气烈秋霜。"[4]在士子们的挽诗中有诗句如"先帝垂衣十八秋，至今养士意全优。哪知大驾宾天惨，横见斯文扫地羞。""千载谁人死泮宫，羡君就义已从容。""杀士宁甘由我辈，问天何意丧斯文。""千载斯文坠八闽，竟将盛世变为秦。"[5]士人诗文表达了他们的不满，同时也是对士子群体罢考行为、匡扶斯文的一种支持。

除士子群体的发声外，丁忧在籍的监察御史范平在事发当夜二更便冒雨微行到府学，见邓氏尸体后便上奏参劾王志佐，此后又回护罢考士子，其言："志佐独淫刑以逞，以致通学公愤，激成士变。迄会审之时，惩譔以侮圣凌官，而譔当杖堂下，怀刃自刎，非极难堪，何遽轻生至此？总之观譔冤揭，开口即云：'忠陛等贿嘱运司，酷加刑虐，上羞先圣，下辱士类，自分惟有一死。'据此则譔之死志早早决于志佐责辱之时，非第为今日之薄责而死也明矣。启祸致变，王志佐与陈忠陛等又安得辞其罪乎？"[6]在该案件最终平反昭雪，十七位参与罢考的领头士子均开复功名后，士子们将范平木刻神像请入

[1] 乾隆朝《福州府志》卷46《名宦一》，乾隆十九年刊本，第57页。
[2] 负创生主编：《运城人物》（古代部分），天马图书有限公司2002年版，第454页。
[3] 河南省新蔡县史志办公室编：《新蔡县志·人物》，中州古籍出版社1994年版，第55页。
[4] （清）陈怡山：《海滨外史》卷3，收录于《丛书集成续编》（第26册），上海书店出版社1994年版，第473页。
[5] （清）陈怡山：《海滨外史》卷3，收录于《丛书集成续编》（第26册），上海书店出版社1994年版，第473—474页。
[6] （清）陈怡山：《海滨外史》卷3，收录于《丛书集成续编》（第26册），上海书店出版社1994年版，第472页。

台江书院供奉，配享文昌帝君。[1]这种宗教化的信奉同样凸显了士人群体对这次事件的认同，而罢考成为诸环节中的"合理一步"。福州府文人黄祗永即为御史范平题写楹帖"一疏力扶芹泮士，千秋同纫柏台恩"，[2]以示感谢。

陈怡山的《海滨外史》展现了当时士人群体对此次罢考事件的支持态度。18世纪朝廷的高压策略使得士人们对罢考事件或刻意忘记，或缄默不言，直到19世纪，这一事件再次被士人提及并被缪荃孙收录在《艺风堂杂钞》中。福建侯官人郭柏苍《竹间十日话》中，针对福州这次事件，提及监察御史范平为生员请命入京题疏，并言"盐运司王志佐，本为鹾司，刑辱斯文，致士自刭，谨据实纠参"，[3]同样强调了王志佐和地方官员对生员群体"斯文"的践踏。在随文记载中，郭柏苍更以明朝万历年间巴县知县赵可怀挞辱诸生，提学副使邹迪光参奏解职，士子为其建风节亭为比较，表达了对时任学政的不满，其言"李率泰擅杀诸生，宋祖法以崇祯甲戌进士，国朝为提学道，殆未闻邹迪光之风节"。[4]郭柏苍之侄孙郭则沄也在他的《十朝诗乘》中记载了晚清士人以《野田黄雀行》比附福州士子的理想与反抗。[5]

发生于1661年的事件在跳跃了整个18世纪之后，在19世纪被江苏江阴县文人缪荃孙及福建本地士人郭柏苍、郭则沄等人再次提及。无论他们是出于对士人群体特权遭到不公对待的感同身受，还是出于对本邑士子罢考事件的关注，他们敢于发声、记述和评论这件罢考案的行为本身，已经说明了他们对士人群体的支持态度与立场。[6]

三、嘉庆朝吴县士子罢考案——19世纪士人的努力与发声

在嘉庆四年（1799年）苏州府吴县士子发动罢考后，嘉庆帝结合当时朝廷内外大背景，为了达到平衡中央与地方、维持上下相安的效果，对于此案

---

[1]（清）陈怡山：《海滨外史》卷3，收录于《丛书集成续编》（第26册），上海书店出版社1994年版，第472页。
[2]（清）陈怡山：《海滨外史》卷3，收录于《丛书集成续编》（第26册），上海书店出版社1994年版，第472页。
[3]（清）郭柏苍：《竹间十日话》卷4，光绪丙戌刻本。
[4]（清）郭柏苍：《竹间十日话》卷4，光绪丙戌刻本。
[5]（清）郭则沄：《十朝诗乘》卷2，1935年枷楼刻本。
[6] 王学深：《"凌辱斯文"与清代生员群体的反抗——以罢考为中心》，载《清史研究》2016年第1期。

件亦直接干涉，朱批切责地方官办事不力。嘉庆帝主动软化处理士子罢考案件，与乾隆帝的做法迥然不同，而嘉庆帝对士子群体宽大对待的态度也与王昶的努力有关。据《苏州府志》记载，除时任侍郎的张焘曾修书一封给当时的江苏巡抚以切责此事外，[1]推动该案的更为核心人物是籍属松江府的前任刑部侍郎王昶，他在罢考案发后也曾修书一封给当时处理此事的江苏学政平恕，并以前任侍郎、"斯文领袖"[2]的口吻替生员群体求情。

王昶认为，诸生之中，经济条件不好之人较多，故借贷富户钱财是十分平常之事，即使"无力偿还，亦其常分"，以此为由扑责生员，献媚于富户，"实无情理"，并责怪江苏地方"四出查拿，牵连数十，掌嘴锁项，凌辱不堪，成何政体？"[3]他还搬出《大清律例》以为依据，认为"当今律令内，从未有生员借贷不还遂致责革之条"。[4]从王昶对于平恕的质问即可看出他对士子无故被责打的同情，以及对因此引发罢考的理解，其言"若以聚众为名，亦当视其应聚与否耳"。王昶认为，如果是地方知县违制杖责士子而致罢考，岂能放任州县这种行为！王昶甚至认为由此而引发罢考，也是合理的结果，其言："若县令先以挟私违制，则人有同心，岂能默尔？一呼百应，吁告上台，以求利断，自无不可"。[5]他在信中将嘉庆帝搬出，希望平恕能够迅速"领会"圣意，重新审定案件，还生员公道，从而以系铃人解铃，给"斯文"一个交代。其言："今者荷蒙皇上垂照如神，洞烛其违例擅责之由，降旨再饬制军研审，制军居心公正，未必谓然。"[6]实际上，王昶在此已为平恕找好了台阶。《与平恕书》文载：

"违晤经时，伏稔执事兴居安豫。弟以鼎湖大故，匍匐入都，前日始回吴下，备知诸生获罪，深为骇异。诸生寒士居多，求贷于富户，乃事理之常。伊等或以教课为业，或以笔墨为生，无力偿还，亦其常分。赖有父母师保之责，正宜加之怜惜，或代为宽解，或再为分限，俾得从容措缴。即使伊言语

---

[1] 同治朝《苏州府志》卷149《杂记六》，光绪九年刻本。
[2] 王昶曾五任顺天乡试、会试同考官，及顺天乡试主考，出其门者达两千余人，又主娄东、敷文两书院，所授业士子更达数百，名列吴中七子之一。
[3] （清）昭梿：《啸亭杂录》卷10，中华书局1980年版，第344页。
[4] （清）昭梿：《啸亭杂录》卷10，中华书局1980年版，第344页。
[5] （清）昭梿：《啸亭杂录》卷10，中华书局1980年版，第344页。
[6] （清）昭梿：《啸亭杂录》卷10，中华书局1980年版，第344页。

粗率，亦何至不能稍贷，乃至扑责寒士，以媚富户，实无情理。此非该令平日与富户结交往来，受其馈赂，即系意存庇奸，为事后得钱之计，情事显然，不待推求而可见。诸生之不平则鸣，有何足怪？

惟是时承审之员，非该令平日结纳之上司，即系狼狈为奸之寅好。通臬将赴湖南，不顾其后，而抚军初莅新任，以至四出查拿，牵连数十，掌嘴锁项，凌辱不堪，成何政体？当今律令内，从未有生员借贷不还，遂致责革之条。若以聚众为名，亦当视其应聚与否耳。汉时太学生举幡阙下，见于《汉书》不一，唐之太学生为阳城而聚集，宋之太学生为李纲而聚集；至周朝瑞等为赵汝愚而聚集，史册载之，不一而足，以为美谈。盖凡事必先定其是非，如诸生理屈词穷，纠众以挟制县令，重惩之宜也。若县令先以挟私违制，则人有同心，岂能默尔？一呼百应，吁告上台，以求利断，自无不可。斯时即宜告承审各员，研究富户平日与该令有无交结，何以讨好若此。果无他故，然后科以性情凶暴违制擅责之咎，仍另为该生起限，宽缓清还，诸生自必欣然而散，何至成此大狱，使士民重足而立也？往在京中，那绎堂司空言宜抚军为人仁厚，刘竹轩仓场亦言其老成精细。及昨过苏相见，谦和恭敬，抑然自下，实有古贤臣风范。

特其时两司未到，狱案已定，而执事又无一言救正，纵地方官之所欲，恣其蹂躏，此必非抚军之本意也。今者荷蒙皇上垂照如神，洞烛其违例擅责之由，降旨再饬制军研审，制军居心公正，未必谓然。然成事不说，是否覆盆能白，尚未可知。倘执事以系铃者解铃，则日月之更，民皆仰之矣。弟此次进京，仰见皇上典学右文，而王韩城、刘诸城二相国以及石君冢宰、绎堂司空，赞翊熙朝，爱才好士，力持大体，恐承旨之下，于此亦不慊然。弟见数十年来，小省学政，职分本微，奉督抚如上司，与州县相结纳，甚至幸其呼尔蹴尔之助，婟婳唯诺，殊为可耻。若夫江、浙学差，皆三品以上大员，出膺任使，地分既高，卓然自立。故遇有诸生品行不端者斥之，学业不进，词章不工者，令广文夏楚之，其余则是曰是，非曰非，所以重人才而励廉耻。今执事久以词林雅望，荐受主知，兼旦夕入赞纶扉，惟是扶持士类，主张名教，庶可与石君诸公相见耳。至近来州县所以鱼肉诸生，其意盖在立威。威立而诸生箝口结舌，则庶民何敢出而争控？是以狱讼之颠倒，征收之加耗，无所不至。比者言路大开，江南漕政，横征重敛，已一一仰叨圣鉴，故制府亦力为振作，今冬定作清漕之局。但州县或有阳奉阴违，倍收多取，恐生监连名评告，而州县指为哄堂闹事者甚多，未知执事可能究其是否，俟案定而后量加董戒；抑或如此案不科州县之失，而即科诸生之罪？若使仍助其焰而长其气，则吏治之坏，不知伊于胡底也。弟陈臬三司，且于大理寺、都察院、刑部三法司均为堂上官，所见生监控告之案，不胜枚举，然未见有人因其抗令而右袒之至于此者。

弟与缘事诸生，并无门生故旧之雅谊，一至苏州，即知此案已上闻，并荷圣明指摘。所以不辞饶舌者，实以此案追债事轻，关于士气者大，而关于将来漕弊者尤大，且为执事风节所关。凤叨世好，度无肯效忠告之谊者，故忘其愚戆，用布区区。如或以规为填，则韩文公之《诤臣论》，欧阳公之《与高若讷》及《与杜祁公论石介书》取而研之，可也。其文亦真可与韩、欧诸文并传而不朽矣。"[1]

王昶自乾隆五十八年（1793 年）原品致仕后，长期寓居苏州府吴县。嘉庆四年（1799 年）正月，乾隆帝逝世，嘉庆帝准王昶进京观瞻大行皇帝梓宫。三月初一日，王昶被嘉庆帝召见，并授以建言乡里之事，留心地方事务，"凡有言，可缮写密封以进"的特权。[2] 四月吴县发生罢考事件，且修书学政无果后，王昶应该是运用了他的特权。当江苏巡抚宜兴和学政平恕在事发近两个月后以劣生滋事上奏时，嘉庆帝竟朱批"江苏文风最盛，士习安分，朕所深知，尔听一面之词办成大案，甄辅廷革职交费淳秉公质讯"，[3] 并将宜兴撤换。显然已经有人先一步向嘉庆帝"进言"了。与之同时，在写给平恕的书中，王昶明确提及在京中之时，与王杰、那彦成、刘墉、朱珪等京中大员讨论过江苏地方事宜和官员品性，[4] 无疑一方面给以平恕为代表的省府大员威慑，另一方面推动本案圆满解决。[5]

---

〔1〕（清）昭梿：《啸亭杂录》卷 10，中华书局 1980 年版，第 343—345 页。

〔2〕（清）李桓辑：《国朝耆献类征初编》（十九·卷九二），收录于周骏富辑：《清代传记丛刊》（综录类 7），明文书局 1985 年版，第 918 页。

〔3〕同治朝《苏州府志》卷 149《杂记六》，光绪九年刻本。

〔4〕（清）昭梿：《啸亭杂录》卷 10，中华书局 1980 年版，第 344 页。

〔5〕除了确知的信息，还有一些值得我们注意的线索与王昶有关。王昶弟子戴教元和王绍兰都沿着王昶刑部为官轨迹出仕，分别任刑部郎中与福建按察使，与王昶私谊不言而喻。第三位弟子为吴县本地望族袁廷梼，对地方事件更不会袖手旁观。当王昶致书平恕，表达对州县官员"凌辱斯文"做法的不满时，亦可推想这三位弟子或直接处理案件，对此类刑狱案件有发言权，或身为地方大族，对王昶的态度持赞同立场，以推动事件得到妥善处理。

第四章 19世纪地方精英对罢考事件的发声

当吴县士子罢考事件得以圆满解决后，与涉事官员或被革职，或被调离的结果相对，王昶则展现出了"斯文领袖"的胜利者姿态。嘉庆四年（1799年）下半年，接任平恕出任江苏学政的钱樾及松江府知府赵宜喜恭请王昶率弟子重游泮宫。王昶自乾隆辛酉年（1741年）以生员身份入泮读书，至嘉庆五年（1800年）正满六十年。时年77岁的王昶在学政钱樾和知县的陪同下重游泮水。当日，"箫鼓鸾旂，遍游城市"。王昶乘坐八人肩舆，身着花翎蟒袍，并率领新进生员到孔庙拜祭，"檠辟雅拜"，新上任的卢知县"谨随于后而扶掖之"。[1]在吴县士子群体罢考事件解决后，特别是凌辱士子最为严苛的同知李焜被湖南学政吴省兰参奏发配伊犁时，王昶曾赋题《闻吴侍讲劾疏》诗一首，再次表达自己对士子群体的支持立场。诗云：

> 觍颜尚冀履花封，快听风雷下九重。
> 豺虎有知应不食，鹰鹯必逐自难容。
> 旁观尚欲舒公愤，当事能无愧曲从。
> 天道恢恢原不漏，昌言真足警群凶。[2]

诸多地方文人笔记中也记载了王昶对于此次士子罢考事件得以圆满解决的贡献。据吴县当地文人叶廷琯（1792—1869年）所著的《鸥陂渔话》载，"狱方急时，乡先达皆以慎默远嫌，虽为之师长负重望者，亦嗫嚅不敢发一语"[3]。甚至在当时临县士人朱绶（1789—1840年）笔下，只有紫阳书院的门斗俞文敢于为诸生员辩诬，言及其均为"好秀才"，而涉事生员反而"始负血气之勇干犯不测之怒，中则自退沮冀幸免于万一，其甚者或又从而反诬之"[4]，致使士气柔靡。但当王昶作书平恕，"责其祖牧令，虐儒衿"后，"士气顿以振焉"。[5]王昶之婿严荣亦记载，事发后"平君瑟缩不能禁止，先生移书切责

---

〔1〕（清）徐珂编撰：《清稗类钞》（第二册），中华书局1984年版，第603页。
〔2〕（清）郭则沄：《十朝诗乘》卷13，1935年栩楼刻本。
〔3〕（清）叶廷琯：《鸥陂渔话》卷3，收录于《清代笔记丛刊》（第3册），齐鲁书社2001年版，第2736页。
〔4〕（清）朱绶：《知止堂文集》，道光二十年刻本，收录于《清代诗文集汇编》编纂委员会编：《清代诗文集汇编》（第563册），上海古籍出版社2010年版，第188页。
〔5〕（清）叶廷琯：《鸥陂渔话》卷3，收录于《清代笔记丛刊》（第3册），齐鲁书社2001年版，第2736页。

之"。[1]王昶的率先发声,使得畏缩于此事的士人们精神为之一振。恰如郭则沄评价王昶给平恕书信一事时所言:"当诸生狱急,司寇有致平书,责其祖牧令,虐儒衿,语甚侃直,为时传诵。世但称司寇挖扬风雅,抑知其嫉恶之严。"[2]

除了这些地方高层级精英的推动,地方的普通士人同样给予此次士子罢考事件以支持(表4-1)。陆文在其所著《己未诸生案始末》中,即对"未革先杖"这一"凌辱斯文"事件持"士可杀不可辱"的态度,[3]对生员"友人"和地方官员"敌人"的形象作严格区分,[4]以表达对生员罢考的支持。同县士子钱思元对罢考士子的支持态度和对涉事官员的反感在《吴门补乘》中更是展露无遗。关于巡抚和学政对罢考士子的处理,钱思元写道,巡抚宜兴"意存左袒",平恕"不察是非";[5]当记载士子时,笔下记录却是"诸生连日奔走,大雨中衣履湿透,泥淖遍体,相对几不相识",[6]同情之情溢于言表。当案件发生转折,巡抚、学政、知县被革职,士子开复后"顷刻喧传闾巷,颂声载道"。[7]以上一系列记载均体现出钱思元对士子罢考案件的支持态度。当案件最终平息后,钱思元写道:"此案自夏徂冬,局凡四变,以学校始,仍以学校终。"[8]

当身涉罢考案的二十五名生员之一的袁仁虎被发配扬州两月后要回吴县时,浙江仁和县正寓居扬州的文人钱东为袁仁虎作画以记其事,亦为其送行,[9]表达了对以袁仁虎为代表的生员群体发动罢考的支持与尊敬。同样,作为二十五名带头罢考生员之一的顾莼于三年后考中进士,入翰林院,再次证明了朝廷对士子罢考大案的宽容态度。顾莼提学云南、出掌学政之位后,更能体会士子之心,也赢得了士子的拥戴。李于阳《送顾南雅学使还都》诗作即有"维

---

[1] (清)严荣编:《清王述庵先生昶年谱》,台北商务印书馆1978年版,第98页。
[2] (清)郭则沄:《十朝诗乘》卷13,1935年棷楼刻本。
[3] 民国《吴县志》卷66下《列传四》。
[4] [韩]韩承贤著,廖振旺译:《文治下的抗议:嘉庆四年苏州士人的集体抗议与皇帝的反应》,载《"中央研究院"近代史研究所集刊》2012年第75期,第77—114页。
[5] (清)钱思元辑:《吴门补乘》卷10《杂记》,上海古籍出版社2015年版,第482页。
[6] (清)钱思元辑:《吴门补乘》卷10《杂记》,上海古籍出版社2015年版,第482页。
[7] (清)钱思元辑:《吴门补乘》卷10《杂记》,上海古籍出版社2015年版,第482页。
[8] (清)钱思元辑:《吴门补乘》卷10《杂记》,上海古籍出版社2015年版,第482页。
[9] 民国《吴县志》卷66下《列传四》。

公承命来，士类欣有托"[1]之句，表达了士子对顾莼的认同和对他当年参与罢考事件的欣赏。试想，如果顾莼涉事于乾隆朝，也许会被剥夺功名，被判处斩立决或绞监候之刑，最好也难逃流放的结果。而在嘉庆朝，顾莼不仅被宽免其罪、恢复功名，而且得中进士，于仕途无碍，最终官至通政使司副使。

表4-1 地方精英记载吴县士子科场罢考案一览

姓名	籍属	著作	官职、功名
王昶	江苏青浦	《与平恕书》	进士，官至刑部侍郎
严荣（王昶女婿）	江苏苏州	《清王述庵先生昶年谱》	进士，官至杭州知府
昭梿	宗室	《王述庵与平恕书》	礼亲王永恩之子
赵怀玉	江苏武进	《书吴县诸生狱》	诏赐举人，官至兖州知府
江藩（王昶弟子）	江苏甘泉	《国朝汉学师承记》	监生
叶廷琯	江苏吴县	《鸥陂渔话》	廪贡生，训导
陆嵩（陆文之子）	江苏元和	《己未诸生案始末》	廪贡生，官至镇江府学训导
钱思元	江苏吴县	《吴门补乘》	吴县生员
佚名	—	《说元室述闻》	—
徐珂	浙江杭县	《清稗类钞》	举人
郭则沄	祖籍福建生于浙江	《十朝诗乘》	进士，官浙江温处道

通过研究领导吴县士子罢考事件并被开复功名的二十五名生员的身份，我们可以看到他们大多来自苏州府长洲、吴县、元和三县。这些士子的家族并非十分显赫，但在地方享有盛誉（表4-2），他们或以诗画闻名，或以医术见长，成为地方社会和士人群体中的佼佼者。士子群体罢考、讨还斯文的举动，更容易得到士林的响应，甚至直接影响和作用在百姓身上。在吴县当地民间，据说有人编了一出戏，名字叫《干如》，以影射当时的学政平恕。该剧开场白是"忘八，丧心，下官干如是也"。"干"是"平"字去掉"八"，"如"是"恕"字

---

[1] 赵寅松主编，余嘉华、张培明选注：《情系大理·历代白族作家丛书·李于阳卷》，民族出版社2006年版，第110页。

去掉"心"。[1]由此可见当地士民对于时任学政平恕的愤怒之感。

表4-2　嘉庆四年（1799年）吴县士子群体罢考案二十五名参与者家世背景

姓名	功名	仕宦	事迹/家族	罢考结果
马照	生员	不仕		功名开复
袁仁虎	生员	不仕	木渎袁氏，苏州望族，与袁廷梼同族（《木渎小志》卷3）	功名开复，发配扬州两月而回。士人钱东为其作画，诸名士皆有题咏，以医士终。
王元辰	生员	不仕，有《芥山诗钞》存世		功名开复，发配邳州两月而回。
朱光勋	生员	不仕	江苏武进朱氏	功名开复
张九苞	生员	不仕，有《水哉轩集》存世		功名开复
谈骏飞	生员	不仕		功名开复
金廷照	贡生	嘉庆十四年（1809年）元和县恩贡生，未见出仕记载		功名开复
尤正寀	生员	不仕		功名开复
严寿图	生员	不仕	为学政彭元瑞弟子	功名开复
严麟	生员	不仕		功名开复
张兴仁	生员	不仕		功名开复
陆文	生员	不仕	元和陆氏，苏州望族，属康熙状元陆肯堂、同治状元陆润庠家族。陆文为陆肯堂玄孙，尝在华亭令王某幕，筹划荒政，著《救荒私议三篇》，时多采用之。	功名开复

[1] 吕叔湘：《语文常谈及其他》，上海教育出版社1990年版，第87页。

第四章　19世纪地方精英对罢考事件的发声

续表

姓名	功名	仕宦	事迹/家族	罢考结果
郭文灿	贡生	嘉庆年间两中副贡		功名开复
陈可贞	生员	不仕		功名开复
倪秉圭	生员	不仕		功名开复
李福	举人	嘉庆十五年（1810年）中举，官至州同	"以科举文教授里中，及门多登第，而福晚年始预乡荐，屡上春官不第。就职州同以卒。生平最工书法。"	功名开复
顾莼	进士	嘉庆七年（1802年）二甲第七名进士，官至通政使司副使	吴郡顾氏。太祖顾国本明末贡生；高祖顾竑生员；曾祖顾渐，州同；祖顾阶升，监生；父顾桐井，监生。	功名开复
王彦伯	生员	不仕		功名开复
张元镛	生员	不仕	张元镛以生员功名重于乡，妻徐氏卒，遗一子敦源，元镛年甫二十，不复娶，亦不纳妾，遇贫乏者以管谷所得随力周之，不少吝。	功名开复
严昌曾	生员	不仕		功名开复
吴文来	生员	不仕		功名开复
顾寅	进士	嘉庆十年（1805年）二甲第三十四名进士，官至知县	与顾莼同族	功名开复
汪师谦	生员	不仕		功名开复
朱煜	监生	官至县丞		功名开复
吴三新	生员	不仕		功名开复

资料来源：同治朝《苏州府志》；民国《吴县志》；光绪朝《苏州府长元吴三邑诸生谱》。

王昶给平恕的书信和吴县罢考案被收录在诸多文人笔记当中，通过表4-1，我们可以总结出三个特点：第一，这些文本的作者大多来自江苏吴县附近或邻近省份；第二，作者大多为持有功名或是具有官员身份的士人；第三，对于事件的记述、回忆持续性进行，并一直延续至民国初年。这些特点让我们可以从当地士人甚至部分官员的共同记忆中感受到江南士人文化圈对罢考行为的认同。

文人群体或出于地缘关系，或以"感同身受"的心理，对士子群体因"凌辱斯文"发动的罢考案件持肯定态度。但我们也应该注意到这些文人笔记、地方志刊印的时间都是19世纪以后。尤应关注的是在上述两起事件中，福建郭氏族人郭柏苍和郭则沄分别对本地与江苏吴县"凌辱斯文"的生员罢考案件发声，以及吴县事件中以王昶为核心的江南文化圈的声音。但在乾隆朝集权统治刚刚过去的嘉庆四年（1799年），士人对罢考案的发声还是有着相当大的风险，《说元室述闻》对王昶支持士子群体的做法评论道："述庵（王昶）此语幸而发于嘉庆时耳，使在雍乾时危矣。"[1]这一评语无疑反映出19世纪初，或者更准确地说，自嘉庆帝亲政之始，作为分水岭，朝廷控制力衰弱以及地方士绅敢于发声支持的因应关系。

地方精英和士人对于士子群体罢考的支持态度，显示了"士""绅"这两大群体互为依托的"独立"存在感的增强。文人对此类事件的"敢于发声"，是朝廷因时代背景对地方事务管控弱化和对罢考事件处理态度软化所致，也是19世纪以后地方士人能动性增强的结果。我们需要关注的另一点是，在19世纪上半叶，地方精英的能动性虽然随着朝廷在地方的退却得以扩展，但并没有达到19世纪下半叶的水平。以吴县士子罢考案为例，地方与朝廷的互动更多的是通过以王昶为代表的致仕官员进行，他们与朝廷和省府有着千丝万缕的联系，地方普通精英们更多是跟随其后，以发声、立言的方式予以支持。换言之，在19世纪上半叶，地方精英的能动性并不能过度予以夸大，他们还无法直接以"地方的身份"左右朝廷进退，更多的是以发声而非直接干涉案件进程的方式参与到士子罢考案件中。这一点应与19世纪下半叶地方精英的参与模式有所区别。

---

[1]《说元室述闻》，甲寅杂志社1936年版，第12页。

第二节　科场罢考事件在 19 世纪地方志中的叙述

在传统媒介中，除了笔记、文集，地方志是另一个体现出变化的领域。地方志既是中央和地方互动的媒介，也是地方信息向朝廷传播的手段。当国家运行如 18 世纪集权且高效时，地方志实际上是中央知悉和检查地方文化和士人动向的媒介，恰如上文对雍正朝《泰州志·秩官》中武柱国传记的论述，方志编纂者选择"刻意忘记"康熙年间围绕武柱国的事件。当朝廷触手在 19 世纪从地方回缩，逐渐形成中央与地方相对"平衡"的局面后，地方志转变成为地方士人发声的工具，特别是在州县志层面。士人在方志中所书写的具有侧重的信息，正是他们传达并希望朝廷倾听与接纳的内容。

此外，在 18 世纪各地方所编纂的方志中，除了收录的雍正十二年（1734年）《禁止生童罢考上谕》，几乎没有对士子科场罢考的其他描述或记载，凸显了统一的口径，即朝廷的声音。正如韩承贤所描述的，在乾隆时期，皇帝命令省级官员检查地方志的刊刻，只有在他们的支持授意下，地方志才可刊印。[1] 由此可见，地方志在 18 世纪更多是为朝廷而非地方精英服务的。

在记载方式上，18 世纪清廷对士子罢考的处罚与沟通多利用奏折这一私密方式进行，地方士人对案件具体情形无从得知，进而也导致地方志中关于士子罢考的记述空白。吴秀良认为，"奏折这种既直接又秘密的方式，不仅使皇帝通过其控制的官僚体系了解信息，还将所有朝廷权力控制在皇帝手中"。[2] 奏折这一方式凸显了朝廷对士子的管控心理，表现出朝廷在 18 世纪的集权统治能力和将罢考事件信息控制在最小传播范围内的意图。

然而步入 19 世纪后，与士人以文集作品发声的情况类似，地方志对于士子群体罢考的记述也不再如 18 世纪一样仅仅记载《禁止生童罢考上谕》，而是出现了不同于中央的声音。例如，康熙五十七年（1718 年）四月，广东学政陈均召集惠州府兴宁县士子考试时，因为守备祁昶升以缉私为名，纵兵胡英殴辱监生廖必连，造成了全县士子愤怒罢考之事。但是这件事并没有出现

---

[1]　Han, Seunghyun, *After the Prosperous Age: State and Elites in Early Nineteenth-Century Suzhou*, Harvard University Asia Center, 2016, p. 13.

[2]　Wu, Silas H. L., *Communication and Imperial Control in China: Evolution of the Palace Memorial System, 1693-1735*, Harvard University Press, 1970, pp. 7-8.

在乾隆年间编修的《兴宁县志》中，而是在咸丰版本的《兴宁县志》中才得以记述。[1]与之类似，如雍正元年（1723年）发生于靖江县的知县郑荣虐士引发罢考事件，直到咸丰版本的县志中才予以展现，其后又在光绪版本的县志中再次追述。[2]

各种清修版本地方志中对士子罢考的记载"从无到有"这一现象，一方面体现了18世纪朝廷控制下地方精英的畏缩心理，对于士子罢考或谨慎地和朝廷保持一致，或对其缄默不言；另一方面体现了19世纪朝廷对罢考事件的软化处理增强了地方的罢考记述的合法性，故而地方志中对士子罢考有很多回护、开脱以及调和的记述。例如，在雍正年间为士子罢考求情的程銮，在18世纪各种版本的安徽地方志中毫无踪迹，而道光朝《歙县志》《徽州府志》以及光绪朝《重修安徽通志》都在不断强调他为士子罢考求情的事迹。虽然这些地方志主修者多是地方州县官，但实际修纂者绝大多数为有功名的地方精英。对士子群体罢考在19世纪的不同叙述，体现出地方精英能动性增强的事实。

笔者根据中国数字方志库与中国方志库所收录的地方志检索关于士子罢考的记述，其前后对比显而易见。18世纪所编修的各级地方志，不仅对罢考的记载十分有限，而且其内容也相当一致，即转录雍正十二年（1734年）的《禁止生童罢考上谕》。除此之外，很少有关于罢考的不同记载与声音出现（表4-3）。例如，乾隆朝《钦定四库全书》所收录的《福建通志》、乾隆《益阳县志》、乾隆《宁乡县志》、乾隆《绥宁县志》等地方志，均将这条上谕收录其中，并放于卷首位置。

表4-3　中国数字方志库与中国方志库所收录的18世纪
各版本地方志中关于士子罢考的记述

时代	名称	编纂者	内容	章节出处
乾隆	《福建通志》	（清）郝玉麟修，（清）谢道承纂	雍正十二年《禁止生童罢考上谕》	卷首四
乾隆	《绥宁县志》	（清）程际泰修，（清）幸超士纂	雍正十二年《禁止生童罢考上谕》	卷一，圣制

---

[1] 咸丰朝《兴宁县志》卷12《外志·事略》，1929年铅印本，第84页。
[2] 咸丰朝《靖江县志》卷6《学额》，咸丰七年木活字本，第25页。光绪朝《靖江县志》卷6《学校志》，光绪五年刻本，第25页。

第四章 19世纪地方精英对罢考事件的发声

续表

时代	名称	编纂者	内容	章节出处
乾隆	《益阳县志》	（清）高自位修，（清）曾璋等纂	雍正十二年《禁止生童罢考上谕》	卷首，圣谕
乾隆	《宁乡县志》	（清）李杰超修，（清）王文清纂	雍正十二年《禁止生童罢考上谕》	卷首，圣制

反观19世纪出版的地方志，与雍正、乾隆时期地方志的叙述相比，明显呈多元化态势（表4-4），不仅有关士子罢考的叙述大幅增加，而且其内容也超越了朝廷的口径。在19世纪各版本的地方志中，省通志会较多重复叙述雍正朝禁止士子罢考的上谕内容。例如，道光年间阮元组织编纂的《广东通志·训典》，将雍正朝禁止罢考的《士当遵法度守宪章谕》加入其中。在府志中也会偶然出现上谕的内容，如道光朝《遵义府志》《大定府志》。与18世纪官方强令禁止的口吻不同，19世纪的州县志更多记述了地方州县官或士绅为罢考士子求情，充当中间人调和的情况，如浙江处州松阳县发生罢考且士子进行省控后，总督、巡抚和学政均饬处州府知府"调停其事"。与之同时，19世纪编纂出版的地方志也更侧重记述对引发士子罢考的地方官的处罚。

表4-4 中国数字方志库与中国方志库所收录的19世纪各版本地方志中对士子罢考的记述

时代	名称	编纂者	内容	章节出处
嘉庆	《善化县志》	（清）王勋修，（清）王余英纂	皂隶子孙应试，酿成金乡县案，童生不肯与考。辄敢捏砌李玉灿等聚众罢考。生员李玉灿等斥革功名，而皂隶子孙张敬礼、张敬谦等嗣后均不准应试。	卷9《学校》
道光	《歙县志》	（清）劳逢源修，（清）沈伯棠纂	程銮为惠安县士子罢考求情。	卷8之2《宦绩》
道光	《徽州府志》	（清）马步蟾纂修	程銮为惠安县士子罢考求情。	卷12之2《人物志·宦业三》

续表

时代	名称	编纂者	内容	章节出处
道光	《义宁州志》	（清）曾晖春修，（清）冷玉光、查望洋纂	雍正二年州县因客籍士子占额，土著士子罢考，府宪汪临州安抚士民。	卷第32《杂记》
道光	《遵义府志》	（清）平翰修，（清）郑珍纂	雍正十二年上谕。	卷23《学校二》
咸丰	《兴宁县志》	（清）仲振履等纂修	康熙五十七年四月罢考。冬十一月督学陈均按邑招考不果。守备祁昶升以缉私宰纵兵胡英殴辱监生廖必连，邑绅士愤之，不愿赴试，嗣学宪按邑招考不果。	卷12《外志·事略》
咸丰	《靖江县志》	（清）于作新修，（清）潘泉纂	郑荣虐士激成罢考。	卷6《学校志》
同治	《郏县志》	（清）姜篪修，（清）郭景泰纂	甲辰学宪试，南阳武生某因事欲罢考，十三处武童汹汹，势已莫挽。公（高五常）挺身出入，不数语事立解。	卷11《艺文》
同治	《苏州府志》	（清）李铭皖等修，（清）冯桂芬纂	嘉庆四年吴县罢考案。	卷149《杂记六》
同治	《安仁县志》	（清）张景垣修，（清）张鹏、侯材骥纂	抗粮罢考。	卷6《学校》
同治	《义宁州志》	（清）王维新修，（清）涂家杰纂	雍正二年合州罢考，府宪汪临州安抚士民。	卷40《杂类志 轶事》
同治	《绥宁县志》	（清）方传质修，（清）龙凤翥等纂	雍正十二年上谕。	卷1《圣制》
光绪	《重修安徽通志》	（清）沈葆桢修，（清）何绍基纂	程釜以"罢考同而所由罢考不同"为由，为惠安县罢考士子求情。	卷186《人物志》

续表

时代	名称	编纂者	内容	章节出处
光绪	《江西通志》	（清）刘秉璋修，（清）赵之谦纂	贵溪倚众罢考，知县蒋启敭皆以片言定之。	卷128《宦绩》
光绪	《续云梦县志略》	（清）吴念椿修，（清）程寿昌、曾广浚纂	通山某令因县试暴童生于烈日中，以致喧闹罢考，逮捕生童数十人。曾继兰时任通山县训导安抚士子，代为转圜，释数十人于狱。批饬下县，是岁秋闱所系，廪生岳懋时中副车，邀约所释数十人诣寓申谢。	卷7《人物·文苑》
光绪	《容县志》	（清）易绍惠修，（清）封祝唐纂	封景岷，道光辛丑进士，摄正宁县知县。有抗粮罢考事，多方化导，众情帖然，去任时士民为之乞留。	卷18《人物志·列传》
光绪	《善化县志》	（清）吴兆熙修，（清）张先抡纂	张锡谦，进士，由户部郎中调补长沙府。己丑岁试长令王渭以滥刑擅责文生，激众控大府，适有宣言将罢考者。大吏将发兵往捕，锡谦力止之，亲往开陈抚慰，事遂寝。	卷18《名宦》
光绪	《续修正安州志》	（清）彭焯修，（清）杨德明等纂	士子因无考棚讥躁几为罢考。	卷6《书院》
光绪	《靖江县志》	（清）叶滋森修，（清）褚翔纂	知县郑荣虐士激成罢考。	卷6《学额》
光绪	《定远厅志》	（清）余修凤纂修	抗粮罢考。	卷11《学校》
光绪	《丹徒县志》	（清）李恩绶修，（清）李丙荣纂	汪廷楷因无法安抚士子酿成罢考，被谪戍新疆。	卷28《宦绩》

续表

时代	名称	编纂者	内容	章节出处
光绪	《黄冈县志》	（清）戴昌言修，（清）刘恭冕纂	平越府属县士子罢考，知府万承宗禀请从宽调解。	卷10《人物志》
光绪	《桃源县志》	（清）余良栋修，（清）刘凤苞纂	雍正十二年上谕。	卷4《学校志》
光绪	《屏南县志》	（清）江若干修，（清）黄学波纂	屏南士子罢考事发，令已经去任的觉罗永安复任调解，事遂寝。议加知州衔。	《旧序》
光绪	《四会县志》	（清）吴大猷纂	乾隆七年上谕，强调"挟制罢考，地方有司视以为常"。	《编首上·诏令一》
光绪	《贵池县志》	（清）陆延龄修，（清）桂迓衡等纂	桂超万以举人任英山教谕，生童缘事罢考，剀谕之悦服就试。	卷21《人物志》
光绪	《昆新两县续修合志》	（清）金吴澜等修，（清）汪堃等纂	新会士子罢考，上官以为徐宝符居官得人心，令往调和，果皆帖然。	卷25《政绩》

　　这种在方志记载方面的变化，笔者认为可以通过两个层次予以解读：首先，省通志更多代表中央或省府的立场，承载了"朝廷的声音"，官方对其出版的审查力度也更强；地方州县志则更多代表地方的利益，是"地方声音"的一种载体。虽然州县志出版也会被官方审查，但其力度更弱，尤其是在19世纪州县官更加亲近"地方"，被逐渐纳入地方利益网络的情况下。其次，编写省通志的人员所具有的功名以进士、举人居多，相对于州县志编写人员而言更高，致仕于地方的官绅也多参与其中。因此，前者与朝廷的一致性更强，也与地方真正的罢考群体存在阶层内的地位与层级差异。与之相反，州县志编写主体本身就是发动罢考次数最多的生监阶层，也有不少童生参与其中，因此他们也更多从地方着眼，为地方利益考量。

　　虽然随着1905年科举制终结，不会再有士子群体科场罢考事件发生，但是在民国版本的地方志中依旧有对清代士子罢考事件的追述记载。[1]大多数民国版本地方志，延续了19世纪叙述罢考事件的风格，也以地方官或精英调和、回护士子为出发点。例如，在民国版本的《咸宁长安两县续志》中有载，李向荣作为地方岁贡生、孝廉，在地方士子中颇具人望，在同治年间地方发生"府试士皆罢考"[2]事件后，知府主动向李向荣"求教"，在"官"与"非官"的共同努力下，士子罢考事件得以平息，而不见地方政府对士子有进一步的处罚。

又如，江西万载县因延续数年的土客攻讦而反复引发的罢考问题，在民国版本《闽侯县志》中有如下记载："万载土棚争考历百余年，岁科试辄攻讦，渐至阻考势张甚，(郑)鹏程……请分额、顺舆情……土客以安。听讼不轻用刑，往往小惩大戒，爱惜士类"。[3]这则记载有两点信息值得注意：第一，在士子罢考事件中，地方官郑鹏程希望顺应地方士子的呼声，分额取士，而不是继续执行乾隆年间土客合并取士的政策，从而化解相争。这在一定程度上显示出，地方官成为地方利益的代表。第二，实际上郑鹏程因万载县的罢考事件被解任，而民国版本《闽侯县志》却并未提及，只是强调他化解士子冲突的努力，以及善待士子的做法。在民国版本《闽侯县志》的编纂者看来，因士子罢考而去职是郑鹏程宦绩的污点，难以记述，而只记载他"爱惜士类"并因此被视为地方"荣光"，而并非如作者所载因"丁外艰"去任，实因江西巡抚金光悌将其解任交部纠参所致。[4]可见，在县志编纂者心中，也有酿成士子罢考为"错"，爱惜、回护士子为"对"的自我判断。这种地方士人对罢考事件的记忆和19世纪士人编纂地方志时的策略一脉相承，体现了士人对罢考事件的态度在晚清至民国的延续。

综而言之，19世纪的地方志对科场罢考的记述有以下特点：第一，对罢考事件中官员出面调和、求情、安抚的记述明显增多；第二，上谕记载量下

---

[1] 民国版本各地方志中对罢考的多样化叙述承接了19世纪的状态，更加强调地方士子罢考的合理性，以及士绅对罢考士子的回护。但本著作强调18、19世纪的转变，故在此并不将民国版本各地方志中记录的士子罢考事件与18、19世纪版本一起对比。

[2] 翁柽修，宋联奎纂：民国《咸宁长安两县续志》卷17《孝友传》，1936年铅印本，第7页。

[3] 欧阳英修，陈衍纂：民国《闽侯县志》卷83《循吏五》，1933年刊本，第9页。

[4] 中国第一历史档案馆藏：《江西巡抚金光悌奏为袁州府知府郑鹏程隔省候应督资本系饬调前次折内误行声叙解任据实检举请交部议处事》，嘉庆十二年十二月初一日，档案号04-01-12-0280-117。

降，记述口吻明显转变，尤其是在州县一级的地方志中；第三，地方志中更突出对地方官虐士与激变的记载。地方志中对罢考事件记述侧重点的变化，体现了朝廷对罢考的态度与应对策略的转变，和地方士人敢于发声的事实，形成了中央与地方的互动与回响。

第三节 新旧并存——19世纪科场罢考事件的传播与舆论空间

在19世纪下半叶大众传播媒介出现之前，中国社会已经存在覆盖城镇和乡村的信息传递网络，[1]士子罢考案件也会在此网络中得以迅速传播。士子群体本身会利用揭帖、酒馆、学堂等空间进行串联，发动罢考，与之同时，罢考信息得以传播。姜士彬所构建的信息交流传播方式就强调了教育、权力与信息传播的正相关关系[2]（图4-1）。

教育程度	渐大 ← 权力 → 渐小		
渐高↑	受过经学教育/享有法律特权	受过经学教育/自给自足	受过经学教育/不能自给自足而仰赖他人
	识字/享有法律特权	识字/自给自足	识字/不能自给自足而仰赖他人
↓渐低	不识字/享有法律特权	不识字/自给自足	不识字/不能自给自足而仰赖他人

图4-1 信息传播与教育、权力的关系

通过图4-1可知，在地方社会中，具有功名而享有特权的士子，是信息传播的上层和主要群体，他们具有高识字率和文化水平。同时，作为罢考主体的士子利用人际传播方式，将罢考决定或策划进行扩散。除了作为罢考当事人的士子间的信息传播，罢考事件发生后，案件也会在官方和民间两大系统内进行跨地域传播。在官方系统内，地方一旦发生士子罢考案，州县官不

---

[1] Lee, Leo Ou-Fan and Nathan, Andrew J., "The Beginnings of Mass Culture: Journalism and Fiction in the Late Ch'ing and Beyond", in Nathan, Andrew J., Rawski, Evelyn S. and Johnson, David, *Popular Culture in Late Imperial China*, University of California Press, 1985, p. 361.

[2] Johnson, Daivd, "Communication, Class, and Consciousness in Late Imperial China", in Nathan, Andrew J., Rawski, Evelyn S. and Johnson, David, *Popular Culture in Late Imperial China*, University of California Press, 1985, pp. 34-72.

能擅自定夺，而是要经过层层上报，直至御前，由皇帝朱批或军机处会同刑部给出处理决定，并将结果返回地方执行。因此，士子罢考案件奏报、处理和公示等过程本身就形成了案件的传播效应，其中以邸报或邸抄作为主要媒介。在民间系统中，告示发挥了重要作用。作为案件的最终公示，罢考信息会通过这一媒介在民间流传，既起到威慑作用，又具有"榜样"功能。随着19世纪70年代近代中文报刊的兴起，《申报》等近代报刊成为士子科场罢考事件传播的又一重要载体，在报道时效性、真实性等方面相较于邸抄更具有现代性的意涵，也为士人提供了一个发声和超越官方统一口径的舆论平台。本节以邸抄和告示作为士子罢考的传统传播媒介，以《申报》作为现代传播形式代表，进行罢考事件在士子群体以外传播的对比研究。

一、传统媒介对士子罢考事件的传播

科场罢考发生后，案件信息会通过邸抄在官方系统内进行传播，使得官员阶层知悉案件进展与判决结果，具有官方性和封闭性的特点，一般士民无法了解相关信息。此外，邸抄的官方特性让罢考案件的报道遵循雍乾时期朝廷严厉惩处士子的口径，强调按照雍正十二年（1734年）颁布的《禁止生童罢考上谕》，依"光棍例"和"激变良民律"对罢考士子给予谴责与惩处。

邸抄，又称邸报，是官方体系内发行的传统信息传播媒介。清代的邸抄以谕旨和奏折摘抄居多，其受众是各级官员和有功名的士人，而一般大众和下层文人对邸抄所传播的内容知之甚少。随着雍乾时期朝廷集权统治加强，邸抄成为清政府信息内部通报、人事任免与官方发声的载体与媒介。正因其官方属性，在科场罢考案发生后，邸抄实际上发挥着将事件信息在官方系统内扩散传播的作用。

根据清代司法程序规定，在科场罢考案发生后，案件应由州县汇报至知府，知府上呈督抚和学政，以奏折和题本的形式上报朝廷，将案件信息快速上达，以待进一步批示。经过朝廷商议并作出惩处决定后，案件的处理结果以奏折或廷寄下达，一些谕旨也以邸抄的形式经过通政使司、六科、提塘三个环节向地方官员发布。在信息下达的过程中，除了由州县至朝廷的纵向传播，还有地域间的横向传播，可以说在18世纪至19世纪70年代以前，邸抄发挥了传示四方的功能。但是，邸抄对罢考事件的传播受众性和时效性并不如近代报刊强，其更像是政府权力的延伸。邸抄的官方属性决定了它对罢考

案的报道是站在朝廷的立场上,延续了自雍正、乾隆朝以来对士子罢考的压制态度。

雍正十二年(1734年)九月,雍正帝在驳斥了礼部尚书吴襄拟定的用较轻的刑罚惩处罢考士子的办法后,最终颁布《禁止生童罢考上谕》。这则上谕被收录在《清世宗实录》"雍正十二年九月戊子"条内。而在九月十六日的邸抄中同样收录了这则上谕,全文如下:

"各省生童,往往有因与地方有司争竞龃龉而相率罢考者,或经教官劝谕,或同城武弁排解,然后寝息其事,此风最为恶劣。士为四民之首,读书明理,尤当祗遵法度,恪守宪章,化气质之偏,祛嚣凌之习。况国家之设考试也,原以优待士子,与以上进之阶,论秀书升,遭逢令典,凡尔生童,不知感戴国恩,鼓舞奋勉,而乃以私心之忿,借罢考为胁制官长之具,何市井无赖至于此乎!盖因庸懦之督抚学臣,希图省事,草草完结,不加严惩,以至相习成风,士气益骄,士品日流于下,关系匪浅。各省生童等,如果该地方官有不公不法凌辱士子等情,自应赴该地方上司衙门控告,秉公剖断。嗣后倘不行控告,而邀约罢考者,即将罢考之人,停其考试;若合邑合学俱罢考,亦即全停考试。天下人才众多,何须此浮薄乖张之辈,是乃伊等自甘暴弃,外于教育生成,即摈弃亦何足悯惜。如此定例,亦整饬士习之一端,着该部妥议通行。"[1]

邸抄所收录的这则《禁止生童罢考上谕》在《清世宗实录》的基础上增加了四处内容:第一,邸抄强调了地方官员对于压制罢考的作用,即"或经教官劝谕,或同城武弁排解,然后寝息其事",表明官方的管控态度。第二,邸抄保留了雍正帝的强硬口吻,认为罢考行为与市井无赖无异,甚至有过之而无不及,表达了雍正帝对士子的轻视态度和不满情绪,即"借罢考为胁制官长之具,何市井无赖至于此乎!"第三,雍正帝提出士子罢考的行为会导致士气骄横,以致"士品日流于下,关系匪浅"。第四,邸抄中的上谕强调了禁止罢考是整治士习的重要措施,并认为惩治罢考者不需怜惜,言及"天下人才众多,何须此浮薄乖张之辈,是乃伊等自甘暴弃,外于教育生成,即摈弃

---

[1]《邸抄·上谕十二道》,雍正十二年九月十六日上谕,清雍正间太史连纸刊本,第5a—5b页。

亦何足悯惜"。

邸抄所收录的这则上谕，体现了雍正帝对士子科场罢考的强硬与严厉态度，是邸抄官方话语功能的最好体现。相对而言，《清世宗实录》中的措辞相对柔和，是经过精心加工后的话语，一些激烈用语如"何市井无赖至于此乎""浮薄乖张之辈"等，均已删去。由此可见，邸抄是进一步还原历史、探析雍正帝对士子科场罢考真实态度的重要媒介。

在刊行事件信息作为警告和通报之外，邸抄还在具体的罢考事件中起着案例参照的作用。雍正二年（1724年）十一月，贵州威宁总兵石礼哈奏报该年九月考试时，毕节县有士子邵藩爽、张时焕等十数人以攻击士子邵汝钧冒籍为名大闹科场，以致考试无法继续进行，酿成罢考事件。石礼哈以河南罢考案为参照范例，言及"臣阅邸抄见河南封丘县劣生聚众阻考（罢考）一事，已奉钦差严审在案"，并希望以此案判决为参照，处理毕节县士子罢考事件。又如，道光九年（1829年）十一月，湖南巡抚唐绍镛在获得州县奏报后，向朝廷题奏长沙县知县"因案戒饬生员致生童等借端阻考滋闹一案"，即见于道光十年（1830年）的邸抄之中。[1]由此可见邸抄对罢考事件信息在官方范围内的传播和在具体案件上的示范作用。

按规制，案件回到地方且处理完毕后，各地州县应将案件以告示的形式贴出，将涉事缘由及正法人犯姓名刻示城乡，晓谕百姓。清代告示的制作与发布主要由地方官府承担，其受众为一般民众，因此告示既具有官方色彩，也推动了民间传播。告示往往张贴于城乡重要的交通节点或市集所在地。光绪十三年（1887年），四川保宁府府考前，桂知府贴出禁止罢考告示，随后包括南部县、府儒学在内附属各县纷纷贴出告示。告示以发布告示人的职务为开端，并说明从属关系，[2]然后重复雍正十二年（1734年）的《禁止生童罢考上谕》，最后回到此次府考上来。文载：

四川总督转饬各府州县及各学，于接奉部文后，恭录谕旨出示晓谕，其考试日仍先期一体出示，俾众咸知，无得视为具文，以致酿成巨案。此札转饬各府州县及各学一体遵照，勿违。除经历列入例册外，此札仰该府转饬所

---

[1]（清）祝庆祺等编：《刑案汇览三编》，北京古籍出版社2004年版，第409—410页。
[2] 四川省南充市档案馆藏：《保宁府府宪为光绪十三年严禁闹考罢考事饬南部县》，全宗号Q1，目录号09，案卷号00865，件号06，档案馆代号451242。

严宽之变：清代科场罢考问题研究

属州县及各学教官一体钦遵。[1]

清代防范士子群体科场罢考的告示均由地方官府完成，州县衙门不仅要张贴自己的禁止罢考告示，也要张贴来自管府、道、省布政司等上级衙门的文告。当四川保宁府禁止罢考的部文下发至南部县后，南部县李知县也以县衙正堂的名义向县学发出禁止罢考告示，要求县学文武生童士子等"知悉，勿违"。这种禁止士子罢考文告一般由省府发给地方官一份母本，再由地方官复制张贴，具有很强的时效性和地域性。在保宁府南部县张贴禁止士子罢考告示的事例中，县衙在照墙、东南西北四门及其他共120处分别张贴禁止罢考令札，并向保宁府知府汇报，力求全县所有士子均可知晓朝廷、省、府禁止罢考的告示。

但无论是邸抄还是告示，这些传统的信息媒介都秉持着"从上而下"的命令式口吻，而且在传播的时效性和客观性方面存在较为滞后和失之偏颇的问题。

二、近代报刊对士子罢考事件的传播概述——以《申报》为中心

随着时间的推移，除官方的邸抄传递科场罢考信息外，19世纪下半叶近代报纸媒体的兴起直接推动了罢考事件传播范围的扩大和时效的提升，并对整个精英阶层产生了影响。例如，光绪二年（1876年）贵州贵筑县生员在入场应试时与兵丁发生口角，几乎酿成生员科场罢考事件。此案本在邸抄刊登，但随即被《申报》转载，成天下共知的新闻。温州平阳县闹考一案，《申报》不仅作出报道，甚至不断跟进案情发展，已成连续新闻。这使得不同地方的士子更容易了解他处士子在面对"凌辱斯文"的不公对待时的做法。正如罗威廉所言："晚清数十年间，商业报刊的出现在多种渠道上间接影响精英阶层，至20世纪初，则直接成为士人论战的平台。"[2]

近代报刊为士子罢考事件的报道提供了一个新的平台，超越了官方话语和事发所在地域，以更加客观和具有时效性的传播特点，使科场罢考事件成

---

[1] 四川省南充市档案馆藏：《保宁府府衙为光绪十三年严禁闹考罢考事饬南部县》，全宗号Q1，目录号09，案卷号00865，件号06，档案馆代号451242。

[2] William T. Rowe, "The Problem of 'Civil Society' in Late Imperial China", *Modern China*, Vol. 19, No. 2, 1993, pp. 139-157.

为天下士民共知之事。例如，《益闻录》在1883年至1898年间报道了江南地区发生的多起罢考事件，如1883年报道了嘉定县、湖州府士子科场罢考案，1886年报道了温州府平阳县罢考案，1892年报道了汉江和浙江处州松阳县罢考案，1898年报道了安徽宿松士子罢考案等。类似地，清末《杭州白话报》等报刊也对士子罢考案予以报道。不过，在晚清众多报刊中，对士子罢考事件报道时间跨度最大、地域采编最广、影响范围最大的，应属《申报》。

在求实和包罗万象的方针下，科场罢考案件也是《申报》报道的对象之一。光绪元年（1875年）至光绪三十一年（1905年），《申报》共刊载科场罢考相关报道61篇，其中18篇标明为"宫门抄"，实为对邸抄的二次传播；其余43篇报道，标注"本报讯"字样，为独立采编报道。在光绪年间《申报》所报道的罢考案件中，以地域来看，除去总论罢考事件5次，其余事件为河南5次，福建4次，湖北5次，广东3次，山东2次，浙江9次，江西2次，江苏5次，安徽3次，直隶2次，四川3次，湖南7次，贵州1次，东北三省共5次，南北比例为3∶1。若以施坚雅的区域模式为研究模板，频次由高至低的区域依次是长江中游17次，长江下游14次，华北14次，东北5次，东南沿海4次，长江上游3次，岭南3次，云贵高原1次。因此，光绪朝科场罢考事件依旧呈现出了长江中下游与华北区域案件集中的特点。

《申报》对罢考案习惯于追踪性连续报道，所以有的罢考案报道达三四次。例如，上文统计的湖北5次罢考事件报道中，针对湖北黄州府生员群体罢考案的报道就有3次。类似地，湖南芷江府生员罢考报道多达4次，浙江9次报道中也有3次叙述相关案件。实际上，《申报》对科场罢考报道次数最多的省份是浙江，湖南、江苏、河南紧随其后，这与《申报》的主笔和社评人很多来自浙江和江苏有关，他们更多地关注江、浙两省境内的新闻，形成对罢考事件的连续报道。有关对《申报》历任主笔的研究认为，《申报》自创刊后，总主笔和各版面主笔长期由浙江和江苏文士担任。[1]这些江南主笔大多具有生员以上的功名，而他们希望利用《申报》这一平台表达对罢考行为的自我意见。在李礼看来，这些走出传统书斋的士人正在向"大众型精英"和

---

[1]《晚清〈申报〉的主笔与社评》，载《光明日报》2007年6月15日。

"意见领袖"转变。[1]嘉庆四年（1799年）吴县发生士子罢考案后，士人开始发声支持罢考士子，并有杂剧《千如》在民间流传，以影射、讽刺当时酿成士子罢考的学政平恕。[2]这出杂剧表达了当时吴县士人对士子科场罢考行为的支持态度，而其最早的版本就收录于《申报》主笔黄协埙（江苏南汇人）所著的《锄经书舍零墨》中。

正是《申报》对士子罢考事件的持续关注，以及对邸抄内容的二次甚至三次传播，使得罢考事件所引发的社会反响和持续效应更强。针对报刊的持续性传播效果，王汎森认为，"新报刊与各种印刷物将思想带到原先所到不了的地方，形成了一个网络，而且深入到原先不可能接触到这些思想资源的大众，形成了一个纵深。新刊物是定期出版的，所以形成了事件的持续感"。[3]更应该看到的是，这种19世纪70年代兴起的新型传播手段，以及从木版印刷到铅版印刷技术的转变，彻底改变了帝制晚期的信息传播形态。以《申报》为代表的大众纸媒报刊，传播地域更广、受众层次更宽泛、时效性更强。可以说，现代印刷技术的创新对中国沿海及内陆地区纸媒的生产及知识的传播有深远影响。[4]

《申报》对科场罢考事件的报道大多放在第二版的社评版面内，容易引起读者兴趣和详细阅读。《申报》的首版以广告、专电为主，政治叙述性较强；第二、三版多为社评、时论，带有主笔人的评论和好恶色彩，从新闻角度而言，可读性更高，也容易引发读者共鸣与思考。以下文将会讨论的1901年7月2日黄州罢考报道为例，当日首版内容有"再续江西巡抚李勉林中丞覆奏变通政务折稿""行在宫门抄""新印各书籍发售"，政治性和广告意味非常明显，而第二、三版则多为日常的评论和社会类新闻，第四版以后多为广告与声明版面。这一特点可从黄远生在《申报》所发表的文章版次上得以印证。

---

[1] 李礼：《转向大众：晚清报人的兴起与转变（1872—1912）》，北京师范大学出版社2017年版，第7—8页。

[2]（清）黄协埙：《锄经书舍零墨》卷2，收录于《笔记小说大观》（第25册），江苏广陵古籍刻印社1983年版，第375页。

[3] 王汎森：《中国近代思想文化史研究的若干思考》，载《新史学》2003年第14卷第4期，2003年，第177—194页。

[4] Brokaw, Cynthia, "Commercial Woodblock Publishing in the Qing (1644-1911) and the Transition to Modern Print Technology", in Brokaw, Cynthia and Reed, Christopher A. eds., *From Woodblocks to the Internet: Chinese Publishing and Print Culture in Transition, Circa 1800 to 2008*, Brill, 2010, pp. 39-58.

根据宋三平的研究,"黄远生发表在《申报》上的通信和新闻日记几乎都属于'要闻一',刊登在第二版或第三版。"[1]

《申报》作为19世纪后半叶新兴的话语平台,为江南士人提供了新的话语空间。他们将朝廷话语下的"天下公论"转移至士人掌控的报刊平台,"甚至悄然建构起了一个体制外的舆论势力"。[2]在士人利用报刊传播科场罢考案的同时,报刊作为今日我们走进历史的资料,也为我们厘清罢考士子所要表达的诉求和性质给予了有益的帮助。

三、《申报》对科场罢考报道的真实性与时效性述论——以湖北黄州府罢考案为例

据笔者研究,清代科场罢考大都是为了获得群体利益,而少有政治性动因。发生于光绪二十七年(1901年)湖北黄州府的生员罢考事件同样是以对"斯文"的践踏为直接借口与导火索,但对案件性质却有两种版本的记述,一种是传统的因"凌辱斯文"所致,另一种则具有近代革命性质,与唐才常的自立军勤王事件有所关联。那么,哪一种版本更加贴近事件的真相呢?《申报》对该案件及时和连续报道,对于厘清该性质起到了关键性作用。

第一种版本是罗威廉所论述的革命版本。在他的笔下,这次科场罢考的领导者是麻城县生员屈开埏,而此次事件似乎印证了他对麻城"尚武"与"暴力"特征的描述。[3]事件的主人公屈开埏,幼年随父避难四川叙州府,后随母亲回到麻城县屈氏族人的住处,也是麻城重要的商业核心地带——宋埠。屈开埏于光绪己卯年(1879年)以县试第一名的成绩考中生员功名。在黄州府罢考案件发生前,屈开埏在两湖书院结识了唐才常,后者若干年后在东京创设自立会,并"遥推"屈开埏为"二十干事之一"。[4]正因如此,之后发生的黄州府罢考案被罗威廉视为由屈开埏领导以配合唐才常活动的有力证

---

〔1〕 宋三平:《论黄远生〈申报〉时期的新闻实践及其特点——兼与〈时报〉时期比较》,载《南昌大学学报(人文社会科学版)》2011年第6期。

〔2〕 李礼:《转向大众:晚清报人的兴起与转变(1872—1912)》,北京师范大学出版社2017年版,第54页。

〔3〕 Rowe, William T., *Crimson Rain: Seven Centuries of Violence in a Chinese County*, Stanford University Press, 2006.

〔4〕 《麻城县志续编》卷11《耆旧》,1935年刻本,第10页。

明。[1]

罗威廉认为,该案件发生于光绪二十六年(1900年)。黄州府岁考时,八属士子三万人齐集黄州府贡院。广济廪生饶汉莞在进场时拒绝兵丁搜检。后兵丁强行对其搜检,饶汉莞气愤不过,骂了一句,导致兵丁抽其一记耳光。拥有生员身份的饶汉莞自然不堪兵丁"凌辱",高喊"狗!士可杀,不可辱!你敢打人吗?"后湖北"提学使"蒋式芬呵斥"谁敢放肆,将他驱逐出场!"兵丁竟将饶汉莞赶出贡院并补上一脚,踢中命门致其死亡。[2]事发后,蒋式芬与属下试图掩盖此事,但终因消息泄露,引发八属士子的强烈不满。士子发动科场罢考,并将学政蒋式芬及监考官等人反锁在贡院内。蒋式芬发电报给巡抚于荫霖,后者派兵弹压才将事件平息。屈开挺受到追捕,在其逃亡后,屈氏家人放出屈开挺已死的消息,才使得其逃过一劫。罗威廉采纳了此种记载,认为屈开挺在黄州府科考时于考生中开展唐才常自立军"勤王"的宣传和准备工作,在事发后"不失时机"地召集三万士子参与了这次科场罢考事件。[3]

以上证据符合罗威廉对麻城"尚武"特征的描述,无疑有力地证明了此次罢考事件的正当性。1912年出版的《革命党小传》、1935年重修的《麻城县志前编》《麻城县志续编》以及1992年麻城市地方志编纂委员会新刊的《麻城县志》虽然详细记述了屈开挺在辛亥革命中的一系列革命贡献,但对光绪二十六年(1900年)屈开挺带头科场罢考则没有谈及,甚至还有另外一番记述。1935年《麻城县志续编》卷11载:"唐等归至汉口,潜谋大举,为于抚荫霖侦知,以次捕戮。搜唐行箧内有刘道仁致挺一书,并发令逮挺"。[4]按照这种记载,屈开挺被搜捕的起因与科场罢考事件完全不相干。

第二种版本是同时期的《申报》的连续性报道,展现了与上述"革命性"版本不同的性质,回到传统的"凌辱斯文"动因上。首先是时间上的不同。《申报》在光绪二十七年,即1901年7月2日,以"黄州罢考"为题作

---

[1] Rowe, William T., *Crimson Rain: Seven Centuries of Violence in a Chinese County*, Stanford University Press, 2006, p. 243.

[2] 李学通、孙彩霞编:《辛亥革命资料选编》(第一卷·反清革命,下册),社会科学文献出版社2012年版,第316页。

[3] Rowe, William T., *Crimson Rain: Seven Centuries of Violence in a Chinese County*, Stanford University Press, 2006, p. 243.

[4]《麻城县志续编》卷11,1935年刻本,第10页。

出报道。《申报》记者在汉口采访友人得知，6月24日湖北学政蒋式芬于黄州主持文生岁试时，"有某甲者，夹带小本时文被巡役搜出，禀曰宗师（蒋式芬）。宗师恶其干犯功令，薄责手心。甲草草完卷出场，羞愤交加，服毒自尽。一时士林传遍，公愤难平，刊布传单，相约罢考。郡城各铺、户亦皆闭门停市"。[1]事后，士子更扬言赴都察院京控，场内官员电报湖广总督张之洞，后者紧急派恺字营赶赴黄州以防他变。如果按此报道，罢考事件发生于光绪二十七年（1901年），那么可以说明此案与唐才常的"勤王"活动无关。因为唐才常已于1900年7月被处决，所以科场罢考并非为"勤王"活动所做的宣传。此外，根据《申报》报道，兵丁对夹带的考生并未殴打、踢踹致其死亡，而是该考生自尽身亡。但《申报》的记者担心从一人处得知的消息不实，第二天又跟进报道，以为补正。7月3日，《申报》再刊发《黄州罢考续闻》。记者于7月2日获得武昌另一访事人手函云："湖北提督学政蒋艺圃宗师按试黄州，诸生忽然罢考……香帅飞饬武恺营统领吴协戎拨勇三营，星夜驰往弹压。至启衅之由，言人人殊，莫衷一是。有谓匪类乘机作乱，竟将试院围攻者。昨所言某生夹带时文被责自尽，恐尚非确实情形也。"[2]根据此则报道，科场罢考确有发生，湖广总督张之洞也确实派兵前往黄州弹压，但原因尚不能确定，或因匪徒作乱，或因士子夹带被查。为了彻底查清事件真相，《申报》保持了对案件的跟进，于三日后的7月6日发表《黄州闹考三志》。

在《黄州闹考三志》中，《申报》记者言及，在前两则报道中，关于罢考原因，人人莫衷一是，后经多方查访，得知案件缘由如下：

"实缘学宪考试生员经古时，有廪生李某怀挟甚多，当场被役搜出禀知蒋艺圃文宗。文宗即饬扣考，李唠唠渎辨，不肯出场，丞差等迳上前拖扭，任意殴之，李羞愧难堪，是晚即投护城河自尽。次晨居民瞥见飞报县宰，临场相验，果见身上有伤痕二处，应考生童闻之，佥谓为丞差殴击所致，相率赴学辕鸣冤。文宗斥驳不准，生童疑文宗有意袒庇，一唱百和，势甚汹汹，相约罢考。"[3]

---

[1]《黄州罢考》，载《申报》1901年7月2日，第2版。
[2]《黄州罢考续闻》，载《申报》1901年7月3日，第2版。
[3]《黄州闹考三志》，载《申报》1901年7月6日，第2版。

从报道中可以确知，罢考是因有生员夹带被殴所致，对"斯文"的践踏可以成立，但廪生李某并非因"凌辱致死"，实乃自己投河而亡。无论致死原因到底为何，应考生士子均言"为丞差殴击所致，相率赴学辕鸣冤"。蒋式芬斥驳了士子的说法，引发士子对蒋式芬有意袒庇的怀疑和不满，故"一唱百和，势甚汹汹，相约罢考"。在后续发展中，学政蒋式芬和监考官并未被反锁贡院，而是经府、县各官一再开导但未能解散之后，学政才电请张之洞派兵弹压，以防止事态进一步扩大。后"经巨绅出面调停，允代禀商文宗，将动手之丞差查明交县归案讯办，各学教官复再三晓以利害，众遂瓦解冰消，现已照常考试"。[1]至此，《申报》的报道让我们看到了不同于罗威廉版本的记述，本案与清朝因"凌辱斯文"引发的大多数罢考案件的性质类似。[2]

对比两个版本，笔者认为《申报》的报道更加真实。首先，《申报》对该事件的报道更具时效性，且三篇报道步步跟进，至少在事件发生的时间上不会出错。其次，在《申报》的报道中没有提及屈开埏的名字，这也与三种麻城地方志对其率领罢考一事并无记载相吻合。再其次，蒋式芬在光绪二十六年（1900年），尚跟随两宫"西狩"，直到八月之后才因"保驾之功"被加恩授予提督学政的职位，故不可能出任当年六月的岁试考官。最后，就清代职官而言，1901年一省督学的最高官职还是学政，罗威廉所引用史料中提及蒋式芬官职为湖北提学使，而提学使这一官职在1905年以后才被设立。究其缘由，罗威廉所用史料的记述源头是蔡寄鸥所著《鄂州血史》，一方面，该书作者对科场罢考事件的记述为多年后追忆或走访所得，不及《申报》即时报道的时效性和准确性；另一方面，考虑到该书作者的同盟会会员身份与革命立场，在记述事件时可能有意输出革命倾向，而《申报》记者更多为客观报道，所以倾向性更少。基于以上所述，《申报》对1901年黄州府因贡院严格搜检夹带以致"凌辱斯文"而引发科场罢考事件的报道，可能更加贴近真实。

以上推论也可以被当时出版的另一份报纸印证。1901年《杭州白话报》第4期刊登了题为"黄州闹考"的新闻报道。这份报道记载的事件时间、地点、内容和《申报》几乎完全一致。该报道载：

---

[1]《黄州闹考三志》，载《申报》1901年7月6日，第2版。
[2] 王学深：《"凌辱斯文"与清代生员群体的反抗——以罢考为中心》，载《清史研究》2016年第1期。

第四章　19世纪地方精英对罢考事件的发声

"学台考试黄州，有个广济秀才不服搜检，恼了学台性子，学台大怒，立刻提到堂上，打他的手心四十板，驱逐出场。那个秀才是有廉耻的，受过这一番羞辱，没有脸面见人，气哄哄地挨到城河边，扑通一声，跳在水里，呜呼哀哉，死了！"[1]

《杭州白话报》的报道印证了《申报》所载的士子乃投河自尽，并非被踢致死。只是两则报道在细节上稍有差异，《杭州白话报》称生员"不服搜检"，没有明确提出该生员夹带，但应该距离事实不远。若非夹带，何惧搜检？在士子们得知生员投河自尽的消息后，一时激愤，发动了罢考。《杭州白话报》的记载显示了士子科场罢考是临时起意，并非事前筹划。报道中也再次展现了士子群体的同质性以及一呼百应的特征，据载：

"要是同考的人不齐心，末（没）有大家相爱的意思，他死他的，管我什么（事）。黄州的人恰不是这般，当即大动公愤，一呼十，十呼百，百呼千，千呼万，齐声嚷道：'反了，世界上没有天日了，秀才的命不值钱，我们大家要和学台拼命呢！'便把考棚四儿围铁桶，用极大铁钉，钉住头门，不许有人送进伙食，说要把学台饿死抵命。"[2]

若再辅以新近出版的地方志以为佐证，则可以更加确定黄州府士子罢考案的性质。在《保定人物志》和《洞灵小志》中有对蒋式芬的记载，称其"平易近人，他教诲家人以和蔼乡里为德，以仗势欺人为耻"。《保定人物志》对罢考事件的过程记述如下：

"某考生因舞弊违章，被驱出考场，自愧跳江而亡，众考生不明真相，借故罢考，冲击考场，幸两湖总督张之洞以舰轮护救，式芬才得脱险。"[3]

该记载印证了科考时有考生因夹带被驱逐出场，后投江自尽的事实，再次证明了科场罢考是因"凌辱斯文"而引发。再有《洞灵小志》记载：

---

[1]《黄州闹考》，载《杭州白话报》1901 年第 4 期，第 2—3 页。
[2]《黄州闹考》，载《杭州白话报》1901 年第 4 期，第 2—3 页。
[3]《保定人物志》编辑委员会编：《保定人物志》，中央文献出版社 2011 年版，第 248 页。

"蒋亦璞前辈式芬庚子春在京师……次春忽拜鄂学之命……按试黄州……既而岁试,某邑有饶生者挟夹带,不服搜检。蒋召之至前,晓以功令。饶负气出闱,投水死,诸生相率鸣金罢考,且封围试院。鄂督张文襄遣卒弹压始定。"[1]

这条记载明确了蒋式芬是在庚子年的"次春",即1901年,被授予湖北学政一职,且同年岁试之时有生员夹带被查,最终投水而死,导致科场罢考事件,与《申报》报道一致。这次科场罢考事件本发生在湖北黄州,却被上海和杭州两地的报刊连续报道,可见近代报刊的信息采录与传播范围更为广泛,报道也更加客观。与此同时,本次科场罢考事件经过《申报》及时且连续性的跟进报道,再次证明了降及晚清时期,科场罢考依旧源于士子自身或群体利益受损,而少有政治性动因掺杂其间。

在清代科场罢考案的传播上,新旧媒介都有助于我们还原案件原本的样貌。邸抄的信息相较于《清实录》和其他传统官方档案更加贴近真实,而近代报刊相较于邸抄,在报道客观性与时效性方面具有优势,有利于我们厘清晚清科场罢考案的性质。本书以科场罢考案传播途径为视角,展现了清代传统和近代传播媒介的特性,体现出邸抄和《申报》的"官"与"非官","公"与"私","传统"与"现代"的不同属性。可以说,近代报刊的出现,突破了传统邸抄封闭性和唯一性的局限,给读者呈现了更加真实、客观和具有时效性的报道。

本章结语

本章的研究凸显了在19世纪初期至19世纪70年代,随着朝廷触手的回缩,地方精英更为积极、主动地发声支持地方士子的罢考行为,他们通过文集、笔记和地方志等形式记述罢考事件,而其记载内容也脱离了18世纪朝廷监控下的"官方教条"。这既是士人记述策略的转变,也是他们希望依靠自己的发声支持罢考士子,并让朝廷听见他们声音的努力。不过应该注意的是,地方精英在19世纪上半叶对罢考事件的介入,更多是以发声、立言的方式进行,并不能直接干预案件判决,而至19世纪下半叶,正如下章将要重点强调

---

[1] 郭则沄著,栾保群点校:《洞灵小志 续志 补志》,东方出版社2010年版,第77—78页。

的一样，地方精英不仅以罢考作为逼迫州县官妥协甚至驱离他们的手段，而且在罢考发生后，地方精英还会凭借自己的关系网络派出代表，超越州县层次，直接同省级官员互动，左右案件的最终判决。由此，我们可以理解为，地方精英通过罢考案所展现出来的能动性，经历了从19世纪上半叶到下半叶的又一次发展。

在信息传播方面，除了传统媒介，近代报刊不仅给予士子罢考事件更及时、更准确的记载，也将事件传播范围扩大。尤其是作为近代报刊代表的《申报》成为士人支持士子罢考、发表观点的公共空间。报刊与18世纪朝廷管控下的邸报或奏折相比更加开放，展现出士人利用"非官方"媒介传播士子罢考案件的能动性。这一平台对罢考信息的传播，产生了持续的关注效应，从而引发读者对士子罢考事件和士人圈的共鸣。这种共鸣更多的是地方精英在19世纪对士子群体勇于发声支持的延续。同时，通过对《申报》所报道的黄州士子罢考案性质的研究，我们看到降至清末，士子罢考依然是为了追求自身群体利益或维护特权，体现了清代士子罢考案的一贯性质。

第五章

对抗与妥协：19世纪地方精英对罢考事件的介入

第一节 19世纪下半叶的平衡木效应

随着19世纪上半叶朝廷对士子罢考态度的软化，处罚原则由责士向责官的转变，以及垂直管控触手的回缩，地方精英在士子罢考问题上的能动性与权势得以相应增强。在19世纪上半叶，地方士人多以文集、笔记、地方志等形式为士子发声，而降至同光时期，精英们对士子罢考也不再停留于文字的形式，他们更为直接地介入罢考事件，同朝廷、省府和州县进行直接对抗和斡旋，最终达成双方的妥协，以维护自身利益和保护罢考士子。

在这一过程中，我们会看到州县官员与地方精英们冲突与合作，并最终将州县官纳入地方形成一个整体，与中央、省府互动。[1]这也是费孝通关于中国社会存在"来往自如的双轨形式"[2]的论断在19世纪的深化。但应该强调的是，士人群体并非独立于官方管控与治理之外，地方精英也没有脱离朝廷的监督。在19世纪朝廷对地方控制力下降这一大前提下，朝廷对地方"无暇顾及"或"有意放任"，形成了中央与地方的平衡木效应，并客观上实

---

〔1〕 在光绪元年（1875年）所刊印的《钦定训斥州县条例》中，即强调了地方士绅和州县紧密，与省府疏远的事实。其载："绅为一邑之望，士为四民之首。在绅士与州县，既不若农工商贾势分悬殊，不敢往来。而州县与绅士，亦不若院道司府体统尊严，不轻晋接。"参见《钦定训斥州县条例》，光绪元年湖南省荷池书局印，第30页。

〔2〕 费孝通在《基层行政的僵化》一文中强调了双轨形式在中国历史中的运用。很显然，这种双轨形式在19世纪中央和地方互动中更为明显。或者说，18世纪的双轨形式因集权而"隐形化"，而19世纪随着朝廷对地方管控力下降和管控模式的调整，双轨形式显性且深化。参见费孝通：《基层行政的僵化》，收录于吕文浩编：《中国近代思想家文库·费孝通卷》，中国人民大学出版社2015年版，第336页。

第五章　对抗与妥协：19世纪地方精英对罢考事件的介入

现了统治策略的转变。这种转变在杨念群看来：

"并非帝国完全没有能力控制地方社会，而很有可能是一种主动的设计，即形成正式的官僚制与非正式的乡村治理的有机结合，甚至有意出让原属于官僚制度的部分权力，这样的过程也可以看成'意识形态'实施的结果。"[1]

因此，在一定意义上，清末的地方自治并非在新政下凭空提出的口号，而是经过近一个世纪的朝廷主动放权与地方权力增长的结果。

本章研究焦点汇聚在地方精英如何在朝廷危机进一步加深、地方能动性进一步增强的背景下直接利用罢考对抗地方官，以及地方精英如何介入罢考事件，同官方进行斡旋与互动，并最终达成双方的权力妥协，进而明晰地方精英能动性在19世纪下半叶的进一步扩展。

一、19世纪下半叶朝廷困境的加剧

嘉道时期经济状况上的"急转直下"让朝廷无力在地方维持垂直管控模式，从而选择将触手回缩。降至19世纪中叶，危机进一步加剧，尤其是在太平天国运动时期，清朝统治不得不更加仰赖地方。然而，在19世纪上半叶向下半叶的过渡期，朝廷除了经济上的力不从心，还面临社会控制方面的新困境：地方权力的真空。这里的权力真空有两重含义：其一，太平天国运动导致官方行政机构瘫痪。其时，南方大部分的官方行政机构遭到摧毁，江南、东南、华南、华中等主要省份官员阵亡率极高，使得太平天国军事控制区内的清政府原有行政处于荒废状态，而州县层面的基层官员死亡者更是不可计数。[2]如此大规模的阵亡人数使得清代州县基层行政机构几乎瘫痪，甚至有的州县数年没有知州、知县赴任，地方运转更多是依靠有名望的精英们维持。

---

[1] 杨念群：《"感觉主义"的谱系：新史学十年的反思之旅》，北京大学出版社2012年版，第254页。

[2] 何瑜根据《清文宗实录》的研究结果显示，文官系统中七品及以上官员死亡达429人，督抚、布政使、按察使等正三品以上省级官员占15%，更多的为地方州县官。"殉节"者372人，被斩或病故者57人；武官八旗系统骁骑校等以上正六品官员阵亡260人，省级绿营系统三品以上阵亡者达204人。地方行政损毁超过30%的省份超过10个，包括皖、赣、桂、苏、湘、黔、鄂、闽、晋、粤，而其中前七省的行政损毁率又都超过了50%。参见何瑜：《晚清中央集权体制变化原因再析》，载《清史研究》1992年第1期。

与此同时，朝廷与地方间信息、交通系统的破坏，导致中央与地方陷入日渐隔阂状态。地方原有的驿传系统失灵，[1]而且部分贸易路线遭切断，[2]甚至因为战争的影响，原有的白银经由驿递起运京师的财政体制也一并受到破坏。在整个太平天国运动时期，南方大面积陷入"孤岛"状态，各省以厘金、海关税、鸦片税及各种商业税为军事支援的做法，改变了18世纪以来一切支出仰仗朝廷的状态。[3]如此情形无疑助长了各地的自主倾向，客观上导致了地方与省府和朝廷的日渐疏离。

其二，地方州县官任期缩短。笔者以发生士子群体罢考事件，且具有职官相对完整记载的33处州县为基层单位进行统计，[4]得出以下结论：19世纪地方州县官平均任期相较于18世纪大幅缩短，而且南方地区的平均任期比北方更短。具体而言，18世纪地方州县官平均任期为2.93年，而19世纪的平均任期为1.71年，降幅达到41.64%。笔者所得出的19世纪州县官平均任期较张仲礼的估计稍高，但总体趋势一致。[5]

在这33处发生士子罢考的州县中，地域为北方者为11处，而处于南方者达22处，比例达到1∶2，一定程度上体现了罢考事件南多北少的态势。若以南北地域作为考察切入点，则在18世纪发生罢考的北方州县中，地方官的平均任期为3.42年/任，而南方州县地方官平均任期为2.42年/任。类似的是，19世纪发生罢考的北方州县地方官平均任期为1.72年/任，而南方州县地方官平均任期为1.7年/任。总体上，北方州县官较南方州县官任期为长。这种以地方权力真空为切入点的南北差异考察，在一定程度上解释了为何南

---

〔1〕例如，由山东进入江宁的水路两线，江宁进入安徽、山东进入苏州等驿传线路，均被封锁和阻隔，福建、广东等省内的信息传递也因道路问题被阻。更为先进的电报通信手段用于清代军事和信息传递最早可追溯至光绪二年（1876年）福建的海防策略，而全国的电信全面建设、使用则要迟至19世纪80年代。参见［日］千叶正史：《近代交通体系と清帝国の变貌——电信鉄道ネットワークの形成と中国国家统合の变容》，日本经济评论社2006年版，第60页。

〔2〕Rowe, William T., *Hankow: Commerce and Society in a Chinese City, 1796–1889*, Stanford University Press, 1984, p.77.

〔3〕彭雨新：《清末中央与各省财政关系》，载李定一、包遵彭、吴相湘编纂：《中国近代史论丛——政治》（第二辑第五册），正中书局1963年版，第3页。

〔4〕33处州县中，直隶2处，山东4处，河南3处，甘肃1处，陕西1处，江苏5处，浙江2处，广东4处，四川1处，安徽2处，福建3处，湖南4处，湖北1处。

〔5〕根据张仲礼的研究，19世纪地方州县官平均任期为1.7—0.9年/任。张仲礼著，李荣昌译：《中国绅士——关于其在19世纪中国社会中作用的研究》，上海社会科学院出版社1991年版，第57页。

第五章　对抗与妥协：19世纪地方精英对罢考事件的介入

方多发士子罢考事件，而北方相对较少。相较于北方资料的缺失，更多史料指向19世纪下半叶南方精英更为直接地介入士子罢考案（表5-1）。

表5-1　涉及士子罢考的33处州县职官任期转变情况

省份	州县	清前期地方官数量（人次）	清前期地方官平均任期（年/任）	清后期地方官数量（人次）	清后期地方官平均任期（年/任）	资料来源
直隶	南乐	1644—1795年 35	4.31	1796—1902年 70	1.51	光绪朝《南乐县志》卷3《官师志》
	沧县	1644—1795年 64	2.36	1796—1911年 53	2.13	民国《沧县志》卷7《职官》
山东	掖县	1646—1759年 113	4.52	—	—	乾隆朝《掖县志》卷3《职官》
	金乡	1644—1796年 33	4.58	1796—1857年 46	1.33	同治朝《金乡县志》卷2《职官》
	茌平	1644—1795年 39	3.87	1796—1910年 58	1.97	民国《茌平县志》卷8《职官》
	济宁州	1644—1795年 65	2.32	1796—1911年 66	1.74	道光朝《济宁直隶州志》卷6《职官》
河南	西平	1645—1795年 39	3.85	1796—1911年 62	1.85	民国《西平县志》卷16《职官表》
	新蔡	1645—1789年 36	4	—	—	乾隆朝《新蔡县志》卷5《官师》
	项城	1645—1795年 63	2.38	1796—1911年 77	1.49	宣统朝《项城县志》卷3《秩官表》

· 171 ·

续表

省份	州县	清前期地方官数量（人次）	清前期地方官平均任期（年/任）	清后期地方官数量（人次）	清后期地方官平均任期（年/任）	资料来源
甘肃	高台	1725—1795年 32	2.19	1796—1911年 67	1.72	民国《高台县志》卷4《官制》
陕西	扶风	1645—1795年 46	3.2	1796—1815年 11	1.73	嘉庆朝《扶风县志》卷10《官师表》
江苏	泰州	1645—1795年 62	2.42	1796—1826年 21	1.43	道光朝《泰州志》卷13《职官表》
江苏	靖江	1645—1795年 58	2.59	1796—1873年 43	1.79	同治朝《靖江县志》卷10《职官志》
江苏	太仓	1645—1795年 97	1.55	1796—1911年 76	1.51	民国《太仓州志》卷11《职官》
江苏	砀山	1645—1760年 48	2.4	—	—	乾隆朝《砀山县志》卷6《职官》
江苏	吴县	1645—1795年 108	1.39	1796—1911年 78	1.47	民国《吴县志》卷7《职官表》
浙江	鄞县	1646—1795年 55	2.71	1796—1874年 65	1.2	光绪朝《鄞县志》卷18《职官》
浙江	嵊县	1646—1795年 52	2.92	1796—1911年 85	1.35	民国《嵊县志》卷9《职官》
广东	兴宁	1647—1795年 66	2.24	1796—1852年 46	1.22	咸丰《兴宁县志》卷4《官师志》

第五章 对抗与妥协：19世纪地方精英对罢考事件的介入

续表

省份	州县	清前期地方官数量（人次）	清前期地方官平均任期（年/任）	清后期地方官数量（人次）	清后期地方官平均任期（年/任）	资料来源
	南海	—	—	1879—1910年 28	1.14	宣统《南海县志》卷9《职官表》
	四会	1647—1795年 48	3.08	1796—1896年 53	1.89	民国《四会县志》编5《职官》
	东莞	1646—1795年 68	2.19	1796—1911年 78	1.47	民国《东莞县志》卷42《职官》
四川	万载	1645—1795年 49	3.06	1796—1911年 64	1.8	民国《万载志》卷5《职官》
安徽	六安	1644—1795年 18	8.3	1796—1874年 21	3.71	同治朝《六安州志》卷17《官师志》
	桐城	1645—1795年 39	3.85	1796—1827年 11	2.82	道光朝《桐城县志》卷6《职官》
福建	惠安	1645—1795年 72	2.1	1796—1834年 29	1.31	道光朝《惠安县志》卷5《职官》
	屏南	1735—1795年 34	1.77	1796—1909年 59	1.92	民国《屏南县志》之《职官志》
	明溪	1645—1795年 61	2.46	1796—1911年 59	1.95	民国《明溪县志》卷8《职官》
湖南	溆浦	1647—1795年 63	2.35	1796—1911年 85	1.34	民国《溆浦县志》卷5《职官》

· 173 ·

续表

省份	州县	清前期地方官数量（人次）	清前期地方官平均任期（年/任）	清后期地方官数量（人次）	清后期地方官平均任期（年/任）	资料来源
	通道	1647—1795年 61	2.43	—	—	嘉庆朝《通道县志》卷5《秩官志》
	长沙	1647—1795年 78	1.9	—	—	嘉庆朝《长沙县志》卷15《职官》
	耒阳	1647—1795年 80	1.85	1796—1886年 78	1.15	光绪朝《耒阳县志》卷4《职官》
湖北	黄冈	1645—1795年 61	2.5	1796—1879年 46	1.8	光绪《黄冈县志》卷6《职官》
总计	33州县	—	2.93	—	1.71	

19世纪州县官任职周期相较于18世纪大为缩短的状况，使得精英阶层在地方上的优势更加明显，即使一些州县官员在任内展现出强硬的执政作风，地方精英也会在其短暂任期之后占据地方行政权力的真空地带，施行自己的主张，最终依旧是由精英阶层控制地方社会。正如冉玫烁（Rankin, Mary Backus）所言：

"地方精英在公共领域比地方官更具优势，因为官员往往就任一段时间后即赴任他职，而衙门的差役们缺乏社会支持。如果面对一位毫无同情心的地方官，精英们将采取'软策略'，待其离任后再施行主张。最终，受人尊敬的地方精英控制了公共领域，既因为他们被官方接受，又因为他们在地方社会的资源。"[1]

日本学者小林一美也认为在我国清代知县任期较短的情况下，地方具有自治的倾向，以致"地方的社会福祉与公共事业由上层士绅和下层士绅

---

[1] Mary Backus, Rankin, "Some Observations on a Chinese Public Sphere", *Modern China*, Vol. 19, No. 2, 1993, pp. 158-182.

所承担"。[1]

19世纪地方权力真空的情况，在一定程度上导致了州县官更加仰仗地方精英佐理任内行政事务。恰如张仲礼所言，"绅士常常自行其是，官府只能默认或者勉强容忍"。[2]这种状况无疑导致了州县官员与地方精英走得更近。当地方发生士子群体罢考事件时，作为外省人且"势单力孤"的州县官，在失去朝廷支持和责官的背景下，或出于任内平安以求升转，或出于地方政务仰仗精英群体的因素，往往乐于亲自接受士绅调和，而非强硬解决。相反，地方精英却以罢考作为手段对抗州县官府，以达成自己的目的。

二、有关中国19世纪下半叶地方精英能动性的研究

在19世纪下半叶官方控制力持续下降之际，地方精英的能动性与权势进一步增强，逐渐填补了地方权力空间内的真空地带。精英们更容易参与到地方行动中，这也为他们直接介入罢考案提供可能。本部分关于学界对19世纪下半叶地方精英能动性已有研究的综述性论述，一方面体现出"精英"[3]一词在19世纪的延伸与复杂性，另一方面彰显了这一群体能动性增强的总体趋势。

在19世纪下半叶，就地域上而言，江南、华南这些经济发达的区域的地方精英能动性相较于其他地方更强。对于这种现象的一个合理解释是，除了南方这些区域原有的经济基础和地方精英传统，[4]自19世纪60年代起开展的洋务运动，无疑扩大了精英在地方上的权势。[5]虽然本著作的核心是讨论中央

---

[1] [日]小林一美：《中华世界の国家と民衆》（下卷），汲古书院2008年版，第382页。

[2] 张仲礼著，李荣昌译：《中国绅士——关于其在19世纪中国社会中作用的研究》，上海社会科学院出版社1991年版，第57页。

[3] 在本小节关于学界对19世纪下半叶地方精英能动性研究的学术回顾中，对"地方精英"一词在定义上有所延伸，即将地方社会中扮演领导者角色的人物均纳入"精英"意涵之下，囊括了具有科举功名者、地方团练领导者，具有影响力的商人、实业家等，而不包括宗教领域的精英。但是，当本小节具体叙述罢考事件中的"精英"时，则回归到开篇的定义，即与科举、功名直接相关。

[4] 根据李伯重的研究，在1850年前的三个世纪中，江南地区的工业已经达到早期工业化水平，且工业在江南经济中的比例日渐提高。至19世纪初，工业的地位已与农业不相上下，江南地方已经"过度工业化"了。参见李伯重：《江南的早期工业化（1550~1850年）》，社会科学文献出版社2000年版，第30—31页。

[5] 在江南、华南的各种商业中，如火柴厂、制糖厂、铸钱、生纱、缫丝厂中，都有地方精英的身影。即使在经济没有特别发达的福建，一系列的民营企业也均由地方士绅着手创办。如闽浙总督卞宝第在光绪十八年（1892年）"与地方士绅筹商，于省会设立织布局"，以与洋货竞争。参见中国史学会主编：《中国近代史资料丛刊·洋务运动》（第七册），上海人民出版社1952年版，第526页。

与地方关系的内在流变，但是我们也不应完全将"冲击—回应"所带来的客观影响排除在外。[1]江南与华南的地方精英们更多地涉足商业、军事、外交等领域，无疑对扩大他们在地方上的影响有积极的作用。

地方精英权势在地方扩张的具体表现，则又以地方教育机构的兴建、公共设施的维护和对饥荒的处理为代表。梁其姿在对长江下游的地方基础教育的论述中，证明了18世纪地方精英能动性在书院兴建中逐渐上升的事实，[2]这也成为士绅力量崛起的代表。19世纪下半叶新建书院数量的快速上升（表5-2），更体现了精英们在地方权力的扩张，甚至被罗威廉视为地方自治和地方主义的拐点。[3]冉玫烁更将浙江地方书院的兴建视为士绅自主性的增强所致，体现了地方与国家联系的削弱，而非增强。[4]

表5-2 乾隆时期与1850—1900年间广东、江苏、浙江三省新建书院对比

省份	乾隆时期新建书院数量	1850—1900年新建书院数量
广东省	17.2座/10年	22座/10年
江苏省	10.3座/10年	16座/10年
浙江省	8.8座/10年	16.8座/10年

资料来源：Keenan, Barry, "Lung-Men Academy in Shanghai and the Expansion of Kiangsu's Educated Elite, 1865-1911", in Elman, Benjamin A. and Woodside, Alexander, *Education and Society in Late Imperial China, 1600-1900*, University of California Press, 1994, pp. 493-524.

在公共设施领域，萧邦齐（Schoppa, R. Keith）通过三河坝的修筑模式证

---

[1] 斯蒂芬·哈尔西的《权力之争：欧洲帝国主义与中国现代国家的建构》（*Quest for Power: European Imperialism and the Making of Chinese Statecraft*）一书强调为了应对外来威胁清王朝在19世纪通过技术革新而达到的成就。该著作与本著作有一个共通点，即笔者与哈尔西均认为是清王朝通过自我结构的内部调试，维系了其在19世纪的有效统治，只不过本著作侧重国家内部控制模式的转变，而哈尔西强调应对外来威胁下的技术革新。参见Halsey, Stephen R., *Quest for Power: European Imperialism and the Making of Chinese Statecraft*, Harvard University Press, 2015.

[2] Leung, Angela Ki Che, "Elementary Education in the Lower Yangtze Region in the Seventeenth and Eighteenth Centuries", in Elman, Benjamin A. and Woodside, Alexander eds., *Education and Society in Late Imperial China, 1600-1900*, University of California Press, 1994, pp. 381-416.

[3] Rowe, William T., *China's Last Empire: The Great Qing*, Belknap Press, 2009, p. 159.

[4] Mary Backus Rankin, *Elite Activism and Political Transformation in China: Zhejiang Province, 1865-1911*, Stanford University Press, 1986, p. 53.

第五章 对抗与妥协：19世纪地方精英对罢考事件的介入

明，在18世纪，官方总是在地方工程的发起、实施和维护中起到重要的领导作用，而至19世纪，尤其是在后太平天国时期的长江下游地区，地方精英发挥了更大的作用，官方的触手相应退却。[1]

面对饥荒危机，江南地方士绅逐渐突破传统赈灾模式，不再被动依赖朝廷及省府的救济与灾情勘定，而是自己行动起来维护地方秩序和社区利益。19世纪下半叶，在某些方面，精英们颠覆了18世纪的国家传统，他们以地方"私"属性的"总局"和义仓的建设填补了官方供给的不足。[2]例如，在光绪朝"丁戊奇荒"（1877—1878年）的江南，上海、杭州、苏州、扬州等地方士绅就自发设立赈灾局，并筹集到100万两白银以供救济之用。这种地方精英自发的运作模式，与李鸿章在1878年于天津和上海设立的官方赈济局相区分。[3]

除了地方精英对教育、地方公共事业和商业的参与，在长江下游与华南地区，地方团练和公约组织的影响力更为强大，控制它们的精英们有更大的自主权和发言权。[4]在下文将要提及的平阳县和广宁县罢考事件中，地方精英和士子们都与团防局有紧密联系。正因如此，这些地方领袖与朝廷越来越疏远，甚至在某些问题上公开声称"能为国家效力，不愿从抚也"。[5]

当然，这种地方精英能动性的增强与权势的扩张也不局限于江南和华南

---

[1] Schoppa, R. Keith, "Dike Building and Repair in the Three-River Microregion, 1686-1926: Patterns in Practical Governance", in Antony, Robert J. and Leonard, Jane Kate eds., *Dragons, Tigers, and Dogs: Qing Crisis Management and the Boundaries of State Power in Late Imperial China*, Cornell University East Asia Program, 2002, pp. 129-153.

[2] Will, Pierre-Etienne, *Bureaucracy and Famine in Eighteenth-Century China*, Stanford University Press, 1990; Han, Seunghyun, *After the Prosperous Age: State and Elites in Early Nineteenth-Century Suzhou*, Harvard University Asia Center, 2016.

[3] [美]艾志端著，曹曦译：《铁泪图：19世纪中国对于饥馑的文化反应》，江苏人民出版社2011年版，第153页。

[4] 在三元里抗英事件后，广州府成立了数个地方团练局，而自乾隆年间兴建的升平社学成为地方团练司令部所在地，并在1842年以梁廷枏为名义、何玉成为实际团练领导者。根据《续修南海县志》记载，此时的每一个团练局自称有万人（同治朝《续修南海县志》卷19，第10—11页）。同属广州府的花县，其团练局事务由宋蔚谦领导，他是"进士宋廷桢之子，由廪生中道光庚子科举人，咸丰壬子恩科进士，钦点刑部主事捐升郎中……总理团练局务，出力尤多"（民国《花县志》卷9《人物·列传》，第12页）。

[5] 广东的地方精英对朝廷和省府的"夷人"政策表示不满，"粤中之绅士则曰此众怒不可以说动也。又曰吾乡之民能为国家效力，不愿从抚也"。参见（清）夏燮：《中西纪事》卷13，文海出版社1962年版，第117页。

地区,在华北、西南与华中地区亦是如此。直隶与浙江海塘兴修状况相似,本是国家管控下的"千里长堤",在18世纪是"民堤官修"的形式,至同光之际则变成了"官堤民修"。这两种兴筑形式在修筑主体、客体、资金来源以及修筑过程等方面均有不同,体现出公共事务权力在朝廷、地方、民间三者之间的转换。[1]在奉天,当清末发生鼠疫时,沈阳总商会的地方精英立刻行动起来,主导慈善堂和地方社区的卫生事务,这些"精英行动主义者……希望能够更多地介入地方政府"。[2]在天津,盐商阶层同样成为地方事业主导,并且不再局限于商业范围,而是扩展到其他领域,导致地方与朝廷张力日益加强。[3]

在西南的四川,成都"市民在由地方精英领导的非官方的组织中生活",[4]自贡盐区的精英们也越来越自主地关注社区治安、民生等方面的建设,具有功名的生员、举人等逐渐加入地方社区自治的队伍中。[5]自贡北部资阳县的地方士绅则借助协议公局自定税率,并每年参与决算所征收粮食,其作为地域社会维护秩序的核心,为地方州县所承认。[6]

在19世纪下半叶的华中商业中心汉口,商人阶层和那些持有功名的"士商"在城镇组织起行会及行业联盟,以协调地方安全、商业、消防、慈善等各种事务,成为这种商业城镇自治的基础。发展至"19世纪末,无论是在官府看来,还是在平民眼中,汉口都是一个明确的城市实体了",[7]而在后太平天国时期,地方自治性质的行会和联盟迅速弥补了官府在空间统治上的不足。

---

[1] 李诚:《从"千里长堤"兴修看清代社会权力的转移》,载《河北大学学报(哲学社会科学版)》2015年第2期。

[2] [美]班凯乐著,朱慧颖译:《十九世纪中国的鼠疫》,中国人民大学出版社2015年版,第179页。

[3] Kwan Man Bun, *The Salt Merchants of Tianjin: State-Making and Civil Society in Late Imperial China*, University of Hawai'i Press, 2001, pp. 10–11, 153–155.

[4] 王笛著,李德英、谢继华、邓丽译:《街头文化:成都公共空间、下层民众与地方政治,1870—1930》,中国人民大学出版社2006年版,第75页。

[5] 在清末成立的议事机构中,这些持有功名者和商人成为政治实体。根据曾小萍(Madeleine Zelin)的研究,在20位贡井议员和40位自流井议员组成的议事会中,有22名生员和2名以上举人,他们在地方行政、军事、审判和检察等方面发挥了重要作用。参见[美]曾小萍著,董建中译:《自贡商人:近代早期中国的企业家》,江苏人民出版社2014年版,第279页。

[6] [日]山田贤著,曲建文译:《移民的秩序——清代四川地域社会史研究》,中央编译出版社2011年版,第216页。

[7] [美]罗威廉著,江溶、鲁西奇译:《汉口:一个中国城市的商业和社会(1796—1889)》,中国人民大学出版社2005年版,第412页。

可以说在19世纪下半叶，"官府与地方社会领导层之间达成了某种平衡；在19世纪的发展历程中，这种平衡逐步向后者倾斜。正式宣称的权力与非正式实际运作的权力之间所存在的这种差异，并非只有汉口才有，而是多元社会的地方政治中普遍存在的现象"。[1]换言之，名义上朝廷在地方的治权代表州县政府和州县官的权力，在实际运行中，这些权力很大程度上被收入了地方精英的手中。虽然学者们广泛的研究展现出19世纪下半叶地方精英能动性增强具有跨地域的特点，但从精英们对罢考事件的介入这一角度看，还是存在一定的南北差异。就目前收集到的史料看，南方精英们的能动性要高于北方，相应地，在士子群体罢考问题上，南方士绅会更强有力地介入案件，或利用罢考与州县官直接对抗，或者事后斡旋，给予士子保护。

三、地方精英直接介入士子罢考案的可能性

正如前两部分所论述的，随着中央权力的衰弱和在地方事务上的撤退，在19世纪中叶以后，朝廷更是不得不仰赖地方士绅，以致大部分地方事务均落入地方乡绅之手，而朝廷容忍了这一权势的转移。[2]在地方士子遇到地方官不公对待，并以罢考形式进行抗议后，一方面，地方精英可以为罢考士子京控、省控提供资金支持；另一方面，地方精英直接利用自身的人脉网络，通过地方绅局或机构的推选，和州县官、省府官员甚至朝廷进行斡旋，形成朝廷、省府与地方围绕罢考这一问题的博弈。

在光绪时期宿松府考复试时，考卷内出题误将"水信无分于东西"中的"信"写作"性"，导致士子脱巾大噪。当县令弹压时，众士子蜂拥上堂，抢出已经考完的首场试卷，当场焚毁一千余份。当时考场混乱，"打毁房屋，捣碎物件汹涌之声莫可名状"，[3]考试难以继续，造成了科场罢考事件。对于案件的处理，官方虽然率先扣押了生童4人，并开列了10名士子名单送地方精英拘交，但地方以其中有某工部主政之子、前任川省某按察使之孙、廪保之

---

[1] [美]罗威廉著，江溶、鲁西奇译：《汉口：一个中国城市的商业和社会（1796—1889）》，中国人民大学出版社2005年版，第414页。

[2] [美]魏定熙著，张蒙译：《权力源自地位：北京大学、知识分子与中国政治文化，1898—1929》，江苏人民出版社2015年版，第20页。参见 Keenan, Barry C., *Imperial China's Last Classical Academies: Social Change in the Lower Yangzi, 1864-1911*, Institute of East Asian Studies, 1994.

[3] 《宿松闹考》，载《益闻录》1898年第1762期，第142页。

孙为由与地方官协商，后者也不再将"激变良民律"放在心上。经过精英们的介入与斡旋，最终的解决方案是：由乡宦出面至县署赔礼道歉，而所毁坏的财物和考卷照价赔偿。[1]在该次罢考事件中，很可能知府和知县并没有按照应有的规定上报案情，在这种背景下，更不要谈及严厉处罚了。地方精英更为直接地介入此次罢考案件，甚至对地方官希图协拿罢考士子的方案说"不"，凸显了19世纪下半叶"非官方"与"官方"的较量与妥协。

总体而言，19世纪下半叶，朝廷所面对的财政持续匮乏、信息网络阻隔、地方权力真空等多重困境，促使地方精英权力进一步扩展。这种扩展使得地方精英的声音在国家语境下得以增强，他们在地方事业的兴建上从人力、物力、财力等各个方面有了更多的发言权。事实上，这种变化正是从18世纪的朝廷垂直管控模式转向19世纪朝廷与地方相互维系的互动模式的缩影。

相应地，19世纪下半叶，州县官越来越仰赖甚至听从地方精英的倡议，早已将朝廷禁止士绅和地方官过于紧密，以防形成利益共同体的禁令抛在脑后。尤其在南方，地方不再如18世纪时仰赖中央和省府调控，而是以州县甚至乡镇作为中心，开始独立性地发展以保持地方事务正常运行。故此，19世纪初期脆弱的地方政府与精英之间力量的平衡被打破，特别是在经过了太平天国运动后，清朝从"主威权重"的中央集权主义，转向了"内轻外重"的地方精英主义。

第二节 "官"与"非官"的博弈——科场罢考

19世纪下半叶，随着朝廷对待罢考的原则由"责士'转向'责官"，州县官不再如清中前期那般厉行查办罢考问题，而是在遇到罢考时与地方精英进行商讨。一方面，在地方精英阶层的保护下，士子群体虽然罢考，却得以免于"激变良民律"的严厉处罚；另一方面，州县官也乐于"因地制宜"，以求任内平安。

一、同治朝广宁县罢考案——"官"与"非官"的"冲突—融合"模式

广东肇庆府下辖的广宁县，位于珠江三角洲的西北部，地处北江支流绥

---

[1]《宿松闹考》，载《益闻录》1898年第1762期，第142页。

第五章 对抗与妥协：19世纪地方精英对罢考事件的介入

江中游，与四会、清远、怀集、阳山等县交界。广宁县经济并不十分发达，但地方乡族组织十分强大，其中陈氏家族就是代表。该家族主要居住于南街护国村。有清一代，广宁县因地缘与经济因素，科举并不十分兴盛，在罢考事件发生以前，仅有10位举人，而其中5位正是来自南街的陈氏家族。[1]这也为后来的新任知县杜凤治第一次任内所发生的罢考事件埋下了伏笔。

杜凤治是浙江绍兴府山阴县人，举人出身。在同治五年（1866年），年已四十六岁的杜凤治"由拣选知县，遵例捐知县，双单月不积班"，[2]被选为广东肇庆府广宁县知县。杜凤治作为寓居候选10年的"新官"，刚一上任自然希望能够漂亮地完成收粮任务，以作为自己的政绩。因此，他对于士绅和百姓交粮工作督促特别严厉，屡次催征，显然在地方精英们眼中，杜凤治属于"作风强硬"的地方官。但是，广宁县的地方精英们并没有等待他去职后再施行自己的主张，而是通过正面交锋的方式，拉开了冲突的序幕。

先是因杜凤治催逼过急，在同治六年（1867年）初就已经有士绅陈昌时向肇庆府知府控告，但因人数尚少，不成规模，没有形成大的事端。其后，整个广宁县士绅联合起来向布政司联名上书指控杜凤治浮收钱粮。地方精英们的抗议模式不同于以往，他们成立了"革除陋规公局"，[3]以副贡生周友元、生员刘骥、何应球作为代表，携书赴省城控诉，却被布政使以"劣绅刁控，挟制官长，目无法纪"为由拘押，后被保释。不过这也证明了省控这条路的失效。广宁县的地方精英们为了达到逼走知县杜凤治的目的，决定一方面继续向省府施加压力，另一方面由士绅散发白头帖，攻击杜凤治及其幕僚，不久在省城便有了杜凤治凌虐绅士的传言。虽然有广东巡抚蒋益澧支持知县杜凤治，但是两广总督瑞麟和蒋益澧的矛盾，使得事情尚有转圜的余地。在两广总督和按察使的干预下，广宁县士绅得以全身而退，但是驱除杜凤治的目的并未达到。为了达到这一目的，最终形成了广宁县精英群体与杜凤治公开对抗的局面。广宁县精英们计划在当年十一月举行县试时发动罢考，以最终达到逼迫杜凤治就范的目的。甚至杜凤治本人亦闻言"周友元、刘骥已归，

---

[1] 广宁县政协《广宁文史》编辑组编：《广宁文史》（第二辑），1984年版，第55页。

[2] 中国第一历史档案馆编：《清代官员档案履历全编》（第26册），广西师范大学出版社1997年版，第629页。

[3] 张研：《清代县级政权控制乡村的具体考察——以同治年间广宁知县杜凤治日记为中心》，大象出版社2011年版，第323页。

与陈应星朋比，有阻挠县试之说"。[1]

　　这些广宁县士绅有自己的公局组织，其中便有陈氏族人代表陈应星。他既是县仓务局绅士，又是团练公局局绅，且具有举人功名，还是当地文治书院的山长。他对于士子群体有决定性的影响，自然而然地成了地方精英的领袖，也成了组织与策划这次士子罢考事件的核心人物。除了举人陈应星，参与这次罢考策划与组织的其他主要地方精英还包括：举人冯毓熊、杨桂芳（1868 年中三甲第一百三十一名进士）、陈益元，副贡周友元，廪生陈升元、雷凤恒，生员刘骥、何应球等。这向我们展现了本次罢考事件对抗的双方：一方是在地方上势单力孤的知县杜凤治，另一方是几乎涵盖了广宁县所有主要精英的士绅群体。其余参与者以廪生为主，他们在诸神像前焚香设案，共同盟誓，决定发动罢考。通过杜凤治事后对自己酿成士子罢考的"悔恨"心态，并结合当时朝廷大力"责官"的时代背景，笔者推断士子们齐心筹划罢考的目的是促使朝廷对杜凤治"任内失职"予以纠察，从而以"责官"原则逼走新任知县杜凤治。

　　按清制，县试、府试和院试时，生童必须由廪生担保后才具备考试资格。因此，参加盟誓的诸位生员以及举人陈应星和被革除功名的副贡周友元等，联合去各处劝说 15 位廪生不要给生童出具保结。他们希望不以罢考之名，而行罢考之实。陈应星的策动使得廪生们"畏其凶焰，不敢出头"，广宁县士绅的计划获得成功，广宁县试无法如期举行，罢考已成。杜凤治起初也曾请举人何瑞国代为调剂、转圜，而且极力劝说部分廪生出面具保，但在其日记中已经记录下他对于此科无法开考的判断：

　　"考事探得毫无转意。全是陈应星、陈升元（陈益元胞弟）、周友元、刘骥四人把持，已要诸廪神前焚香设誓，何调停开谕具不听从，老是说要照他们所定减钱粮，又要立时将周友元、刘骥、何应球功名开复。童生见如此情形，去者日多；廪生亦半散归。初十之期，恐难考试，罢考定矣。"[2]

　　甚至在陈应星等发动士子罢考以后，作为知县的杜凤治颇有后悔之感，认为这场罢考事件起因于自己听从幕友的建议，将广宁县精英的种种"不法

---

[1]（清）杜凤治：《杜凤治日记》第五本，《宁阳日记》，同治六年十一月初一日。
[2]（清）杜凤治：《杜凤治日记》第五本《宁阳日记》，同治六年十一月初八日。

第五章 对抗与妥协：19世纪地方精英对罢考事件的介入

行为"向省府密告，以致最终精英以罢考为手段直接对抗。在日记中，杜凤治记录道：

> "究之此祸起于前之密禀。予本不肯递（密函），而劝予者大言煌煌，以为若再养痈，何以办事？予一时耳软，听之似亦有理，遂缮发。臬台之挑饬为此禀，劣绅之仇怨亦为此禀。予实早见及此。可知凡事需自定主意，他人真不可靠也。思之怏怏，言之恨恨。"[1]

虽然罢考已成事实，但杜凤治以广宁县士绅"闹考县试"为名向省府汇报，并没有用日记中的"罢考"一词，为官府和地方精英双方留下了转圜的空间。省府闻言广宁县罢考，县试无法举行，立刻派候补知府周毓贵和候补知县俞增光到广宁县查办此案。杜凤治虽然于同治六年（1867年）十一月二十九日、十二月初一日两次补行考试，且有600余名士子参加了补试，但县试罢考事实无法更改，而在嘉庆之后地方官不能使地方安静即为有过的"责官"原则下，杜凤治已经难辞其咎。加之杜凤治过于强硬的作风，使得地方官府与士绅关系十分紧张，对杜凤治的处罚只是时间问题。

经过巡抚蒋益澧调护和杜凤治自己的"活动"，朝廷和省府达成一致意见，并没有将杜凤治革职，而是将他从广宁县调至邻近的四会县，朝廷和省府对于策划罢考事件的士子和全县廪生没有作出处罚，甚至参与策划罢考的举人杨桂芳在次年（1868年）还得以进士及第，广宁县的精英们达到了他们的目的。从该事例我们看到的是地方官与士绅冲突的一面，也是地方精英随着能动性的增强，利用罢考与州县官的直接对抗，从而达到按照地方设定的（而非官方的）钱粮比率交纳粮税的目的。

杜凤治在调任四会县两年后，再次回到广宁县出任知县。经过上次罢考事件后，回任知县的杜凤治似乎也明白了在广宁县应行的"为官之道"。因此，杜凤治二任广宁县知县后，一改催逼钱粮的急迫作风，态度与策略发生了一百八十度的转变，变成了"纯用笼络，乐得用之，于公事不无裨益"。[2]精英们见杜凤治作出如此姿态，也都对杜凤治表现出表面上的恭敬。

---

[1] 张研：《清代县级政权控制乡村的具体考察——以同治年间广宁知县杜凤治日记为中心》，大象出版社2011年版，第334页。

[2] （清）杜凤治：《杜凤治日记》第十六本，《广宁回任日记》，同治九年闰十月初二日。

第二次出任广宁县知县的杜凤治,不仅在征收钱粮、地方公共事务等问题上和精英们相互商讨,而且当地方士子,特别是在上一次罢考事件中与杜凤治发生直接冲突与对抗的陈应星,以举人身份赴京应会试时,杜凤治竟然自掏腰包,派人"持帖送行",赠其洋银6元以为盘缠。陈应星等士子不仅前来答谢,还请地方其他士绅配合杜凤治办理地方仓谷等事宜。邱捷通过《杜凤治日记》发现了更多杜凤治重回广宁县时恭敬地与陈应星商谈的记载,总体上是"官绅合作融洽的记录"。[1]正是因为杜凤治在第二次出任广宁县知县后真正代表了"地方",才使得其与精英们相得益彰,保持了任内的安静,进而升调南海县知县。

在这次罢考事件中,最为重要的变化是以杜凤治为代表的地方官员与精英间的"冲突—融合"模式。这一模式是在19世纪朝廷危机和地方能动性增强后的普遍形态。该案中的州县官被精英们"逼迫就范"后,转变成为地方利益的一部分,虽然征粮进度和总额不如预期,却赢得了精英们的合作。在势单力薄的州县官与地方精英直接对抗后,双方完成了权力上的妥协。值得注意的是,朝廷并未直接介入该案的争端处理和量刑判决之中,更对地方精英以罢考调任知县杜凤治的意图予以默认。这完全不同于18世纪甚至19世纪上半叶的情形。也许正在恢复元气中的朝廷根本无暇顾及地方事务,从而将地方事务"开放"给地方处理。

广宁县精英以罢考与地方官发生直接冲突并逼其就范,实际上也凸显出一种"去中心化"的趋势,即州县官作为朝廷驻扎地方的代表,他们的权力在19世纪以后被日益侵夺,"这种去中心化的改变被地方士绅和数以千计的地方士子群体控制"。[2]广宁县罢考案是在19世纪朝廷态度与统治策略转变的大背景下,地方精英利用罢考手段与地方官直接对抗的具体体现。

二、光绪朝温州府平阳县罢考案——精英的斡旋与权力的妥协

（一）背景

平阳县隶属于浙江温州府,与瑞安、永嘉、乐清等县毗邻。为更好地理

---

［1］ 邱捷:《知县与地方士绅的合作与冲突——以同治年间的广东省广宁县为例》,载《近代史研究》2006年第1期。

［2］ Ocko, Jonathan, "Gentry Official Conflict in the Restoration KiangSu Countryside", in Cohen, Paul A. and Schrecker, John E. eds., *Reform in Nineteenth-Century China*, Harvard University Asia Center, 1976, pp. 215-216.

第五章 对抗与妥协：19世纪地方精英对罢考事件的介入

解这一围绕罢考开展的地方博弈事件，笔者先对本次罢考事件的背景做一梳理，其中的核心关键词是"江南民团"与孙诒让。

首先是"江南民团"。平阳县下江南垟所成立的"江南民团"，由平阳县大族杨配篯倡建。据载，杨氏家族"世以赀雄于乡""有田数千亩"。虽然科举屡次不中，但杨配篯捐得中书舍人职衔，并与同乡太仆孙衣言和侍读孙锵鸣兄弟交好。孙衣言自谓"年少踸弛，见君肃然"。孙诒让称"杨公治乡团，保江南功甚伟，先君常言其贤，自以为不及"。[1] 在太平天国军兴以后，杨配篯以民团力量防御乡梓，后又对抗金钱会。在杨氏倡导下，地方士绅响应杨配篯号召，一时"江以南皆入团，团者数十万人。先入会者皆出会为团，配篯复率诸富民益出私财储火药治兵器，筑土城沿江数十里，凡防御之具毕备"。[2] 正是在杨氏家族的领导下，江南垟成为唯一未见兵祸之地，后乡人专为杨配篯建"杨公祠"以为纪念。杨配篯去世后，其子杨纯约、杨镜澄及从子杨佩芝继续率领"江南民团"，一时"大小数百村皆听约束"。在这样的背景下，无疑以杨配篯为代表的杨氏家族成为地方精英的代表，杨氏家族所率领的"江南民团"成为地方士绅群体的政治核心。平阳大族士绅如陈安澜、温和锵、夏成瑚、黄庆澄、陈际中等均成为"江南民团"绅董，并得到朝廷封赏（表5-3）。

表5-3 "江南民团"主要人物、功名情况及朝廷封赠

姓名	身份	封赠	备注
杨佩芝	府经历、县丞	赏给五品衔	杨配篯从子，后与杨纯约一同率领民团
祝登云	同知知府	赏蓝翎	
陈安澜	贡生		世雄于赀
温和锵	训导	优先选用	温氏，平阳大族，史载"丁壮数千"

---

[1] 民国《平阳县志》卷39《人物志八》，收录于《中国方志丛书·华中地方》第72号，成文出版社1970年版，第397页。

[2] 民国《平阳县志》卷39《人物志八》，收录于《中国方志丛书·华中地方》第72号，成文出版社1970年版，第397页。

续表

姓名	身份	封赠	备注
杨纯约	训导	遇缺选用	杨配箴长子,与杨佩芝一同率领民团
陈际中	廪生	训导	平阳龙湖书院山长,与瑞安孙氏交好
夏成瑚	监生	从九品用	"江南民团"主要策划人,倡建"杨公祠"
杨镜澄		补诸生	杨配箴二子,率领民团,为黄庆澄、项廷骐之师
黄庆澄	举人	"江南民团"副董	
金晦	举人		黄庆澄、刘绍宽之师,金乡狮山书院掌教
周吉人	廪生	以训导用	
王庭瑄	增生	以训导用	
吴树森	附生	以训导用	
池凤辉	监生	从九品用	
程炯	州同	六品顶戴	
王禹绩	增生	州同衔	
郑兆璜		州同衔,五品衔	
潘垂绪	五品封赠	赏戴蓝翎	
林国珊	从九品	县丞	
钱庆言	贡生	主簿	
何宝珍	贡生	巡检	
徐锡铠	监生	巡检	
李登龙	贡生	加六品衔	
罗堃镕	俊秀	从九品用	
王元祺、林良才、陈禧、宋焜、王振刚、蔡云祺	廪生	加六品衔	

续表

姓名	身份	封赠	备注
王元禧、刘鸣书、缪文澜、陈祥、余琛、岳桂山、程庆升、蔡保东、洪有浮、竺有梅、项价人、蔡庆彬、何宝森、蒋熊	生员	加六品衔	
江赓东、温和斌、周磊人	民团职员	加六品衔	
陈大镕	军功	加六品衔	
施拱辰	童生	加八品衔	

资料来源：民国《平阳县志》卷39《人物志八》，收录于《中国方志丛书·华中地方》第72号，成文出版社1970年版，第397页；民国《平阳县人物稿》，收录于朱海闵等编：《浙江图书馆藏稀见方志丛刊》，国家图书馆出版社2011年版。

在本次罢考事件的解决过程中，另外一位核心人物是代表"江南民团"与州县、知府和省府交涉的孙诒让。孙诒让，字仲容，温州府属瑞安县人，孙衣言之子。作为地方精英的代表，孙诒让有强烈的地方意识，其所著《温州经籍志》即囊括了府属永嘉、乐清、瑞安、平阳、泰顺、玉环六县，被视为"一郡文献之帜志"。孙诒让与上文的杨氏家族可谓世家通交。杨镜澄在年少时即从孙衣言读书，甚至在孙衣言被弹劾回乡后，杨镜澄被招到孙家家塾同孙诒让一同学习，被孙衣言称赞为"有吏能""翰苑才"，这就奠定了孙杨两家交好的基础。此外，孙氏家族在瑞安所设立的"白布会"与"江南民团"形成协作，曾共同抵抗金钱会对地方的袭扰。正是在这种背景和关系下，与杨氏家族关系颇深的孙诒让，作为地方代表介入此案再合适不过，而此案也成为以杨氏家族为代表的温州地方精英和官方冲突与妥协的典型代表。

（二）缘起

1886年5月26日，当浙江省温州府府试临近之时，有平阳县廪生杨某和童生张某住在温州府城小南门客栈，结果二人东西失窃，当即报案，向衙门罗列丢失物品清单。第二日，张姓生童又到捕役署催促他们尽快查办。陆捕厅当即传唤捕快办案，令张某回住所静候。但傍晚时分，张姓生童却邀集士子十余人前往捕役厅，向衙门施压。为了缓和事端，主事者将捕快责骂，但众士子尚不知趣，与捕快发生口角之争，甚至演变为争斗，因为差役人众多，故"不能敌，受挫而回"。虽然张某因丢失财物有道理，但反复逼催，甚至屡屡施压，致使发生争执，就凸显了士子群体"仗势欺人"的一面。

张姓士子受挫后，不愿善罢甘休，回到住所后，先将遭遇诉诸廪生杨某（杨子闾[1]），声称捕快对他们"凌辱斯文"。杨某口称"是可忍孰不可忍"，与他们一道去衙门索取15元补偿。知府李士彬和训导吴广文希望众士子先考试，再速速结案。但士子们不从，声称"尔等欲过此要紧关头，延迟了事"。[2]士子们"竟将捕署仪门及衔牌案桌挤毁"，[3]冲突间杨某被衙役殴打（另一种说法是，廪生张燮为官吏所辱。张燮，即上文中的童生张某[4]）。

杨某被衙役殴打的消息传回江南后，杨佩芝（当时"江南民团"的领导者）"引义为力争，得值士论翕服比受代诸生相率阻道者以百数"。[5]生员黄庆澄、金晦代杨镜澄出面策划罢考。于是在杨氏家族和"江南民团"的支持下，士子们公然闹署，甚至众人到县衙门礼房将考试点名册拿走，并声称童生张某受伤严重，以致不能考试。其余士子亦声言，如果不能将殴打士子的差役查办，就发动罢考。[6]结果本应当晚入府贡院的士子们"竟无一人入场者"，[7]导致5月28日应该进行的县试无法进行，罢考已成，以致"郡尊大窘"。

在《申报》所载的《论温州闹考事》一文中，也对平阳士子虽有理却咄咄逼人的处理方式提出了批评，其文载：

"温州文童之闹考也，其初由于失窃。考寓被窃，报捕厅以求缉捕是亦情

---

[1] 杨子闾，为杨镜澄之侄。下文提及的支持并策划士子罢考的黄庆澄、金晦二人均属于"江南民团"精英阶层的一员。

[2] 《考童又闹》，载《益闻录》1886年第576期，第308页。

[3] 《考童又闹》，载《益闻录》1886年第576期，第308页。

[4] 民国《平阳县志》卷39《人物志八》，收录于《中国方志丛书·华中地方》第72号，成文出版社1970年版，第398页。

[5] 民国《平阳县人物稿》，收录于朱海闵等编：《浙江图书馆藏稀见方志丛刊》，国家图书馆出版社2011年版，第353页。

[6] 《考童又闹》，载《益闻录》1886年第576期，第308页。

[7] 《考童又闹》，载《益闻录》1886年第576期，第308页。

理之常，无足异者……该童犹以为不足……是而率众入署，固请严缉门丁捕役，不知时务，尚欲以官势相禁吓，遂致一倡百和。公案遭摧，印架被毁，一再激怒而竟至于罢考，此其咎似有所在矣。然而考寓被窃究系贼之所为，非捕署之有以指使之也。平日捕务废弛，此惟上宪可以责之，非童天王所应管也。"[1]

但是事件并没有结束，而是有进一步蔓延的态势。罢考士子们并不就此罢休，在永嘉和乐清两县5月29日的县考开始点名入场但尚未开考之时，平阳县的罢考士子们到两县闹事，竟以"伊等不考"为语公然阻考，致使永嘉、乐清两县县试同样无法进行。平阳县士子群体在考棚外"擂鼓呐喊，拆毁棚栏，闯进试院头门"。[2]闻信已经赶到永嘉、乐清两县的平阳县汤知县与府教谕一同阻拦，却无法制止士子所为。至第二天清晨，永嘉、乐清文童和平阳县生童各自散去。[3]

以上这一幕就是发生在光绪十二年（1886年）浙江温州府平阳县的士子群体罢考大案。从该案中，我们可以了解以"江南民团"为背景的平阳县地方精英的"肆无忌惮"。诚如裴宜理所言，"团练势力成为官府与民中间的桥梁，作为地方社会的权利掮客，调和着政权与地方社会的利益。然而，当这一利益被证明威胁到地方精英时，团练反而成了群体性反对朝廷所需的渠道"。[4]面对如此重大且牵涉两县的罢考—阻考—闹署系列案件，本应受到严厉处罚的士子们，在以孙诒让为代表的温州士绅直接介入和出面调解下，最终却安然无恙，杨佩芝甚至为此而"乡居望益重。邑有大事令就咨，决不避嫌怨"。[5]

（三）进展与初步判决

罢考事发后，孙诒让受到地方士绅公约的请求，应允代表地方拜访温州府知府，并希望知府能够给士子机会。一方面，孙诒让与杨镜澄等为通家之

---

[1]《论温州闹考事》，载《申报》1886年7月12日，第1版。
[2]《闹考案结》，载《益闻录》1886年第610期，第515页。
[3]《闹考案结》，载《益闻录》1886年第610期，第515页。
[4] Perry, Elizabeth J., *Challenging the Mandate of Heaven: Social Protest and State Power in China*, M. E. Sharpe, 2002, p. 34.
[5] 民国《平阳县志》卷39《人物志八》，收录于《中国方志丛书·华中地方》第72号，成文出版社1970年版，第398页。

好；另一方面，他本出自官宦世家，又有功名在身，且为硕学名儒，因此正是非常合适的人选。实际上，温州府知府李士彬得知案情后，也一时无法应对，倘若严办、带兵弹压，未必有"江南民团"势力大，若毫不纠办，又怕无法交差。正当此时，孙诒让的到访让处于两难境地中的知府李士彬找到了台阶下。经过商讨，他不仅不按律例以聚众罢考上报、论处，甚至对涉事生员也不作革除功名的处罚，只是将此事轻描淡写地以"混闹"禀报巡抚，严刑查办差役，对地方学官不能化解、劝导士子也给予处分，而"当有绅士出场寰请府尊依旧收考后，太守俯念童生无知"[1]准许士子继续参加府考。虽然策划士子群体罢考的黄庆澄、金晦两名生员被革去功名，但不久后就被开复。

在以孙诒让为代表的精英介入与斡旋后，知府对平阳县罢考士子不仅不按律处罚，而且继续收考以图息事宁人之做法，体现了嘉庆之后地方官处理士子罢考案件的一贯原则。在本案中，我们再次看到了地方精英与府州县互动，并以回护地方的姿态试图了结案件。然而，该案并没有结束，而是随着在案件中吃亏并受到训斥的平阳县学训导吴广文将案件翻出而再生波折。

（四）波折

训导吴广文将士子罢考事件上报到巡抚、学政处，希图挽回颜面。在得知案情原委后，督抚和学政对于这一棘手的案件既不能置若罔闻，又不愿真的按律过激处理。在两相权衡下，时任浙江学政的瞿鸿禨代表省府出面给平阳县士子下达了一份晓谕告示，开场即言"士子读书应试乃进身之始，自宜安分守法。挟制罢考刑律綦严，岂可甘蹈法纪"，[2]接以雍正十二年（1734年）上谕。但是，在告示下半段宣布处理办法时，瞿鸿禨口风一转，言经同巡抚商讨后，本要从严惩治，但"姑念一时糊涂，且人数过多，未便竟兴大狱"，[3]要求在罢考、阻考和闹署过程中的倡首者以十人为限，自首或者由廪保和地方士绅交出，判处扣考的惩罚，而其余众人均予以宽免。

虽然学政只是提出要给予带头罢考士子扣考的处罚，但是告示一出，以杨镜澄、孙诒让为代表的温州士绅一片哗然，认为案件已经过去数月，何必旧案新提，以致"死灰复燃"。平阳县地方精英们当即联合修书给省学政瞿鸿

---

[1]《考童又闹》，载《益闻录》1886年第576期，第308页。
[2]《闹考案结》，载《益闻录》1886年第610期，第515页。
[3]《闹考案结》，载《益闻录》1886年第610期，第516页。

第五章　对抗与妥协：19世纪地方精英对罢考事件的介入

檥诘问此事，并要求同样惩治告状的平阳县训导吴广文。文载："各绅士以为此案前经了结，府中早已悬牌收考，何以事隔数月，倏又旧案翻新，总由平阳学训导吴广文据情禀揭，以致死灰复燃。"[1]实际上，在早些时候平阳县修志一事中，地方士人对训导吴广文就多有不满。在孙诒让的信函中即有"吴某修志事荒谬甚众，不及详陈"[2]，可见双方的矛盾早就存在。在这次地方精英的禀文中有言："此案前据孙绅诒让等联名禀诉，已发交提调查明详覆矣。兹复据该绅等公禀，各情殊多失实，不可不明白晓示。据此案业经该府悬牌收考已为暂结，迄今数月，忽又重兴斯狱者，实始于平阳训导吴承志（即吴广文）之禀。"[3]

面对士绅的质疑，学政瞿鸿禨回复道："国家之所以整齐天下者，纲纪也。该生等目无法纪至如此，试思督抚、学政何以置之不问乎？"[4]这一答复无非是告诉地方精英们，有人状告至省府，以致督抚和自己无法置若罔闻，全然不予处罚。所以学政总要处理几个士子，以平息舆论。正因如此，当地方精英们的矛头直指告状的吴广文后，学政瞿鸿禨也在回复中让精英们放心，其早已经过查证后洞悉是非曲直，并不会以府县教官所言为凭据，其言："虚实轻重，本院自有权衡，即使训导罗织正人，借快夙愿，本院岂无闻见，何能任其夸张此等风影无据之谈！该绅等无容过虑。"[5]

瞿鸿禨一方面令士绅们放心，另一方面也希望士绅给予配合。最后，精英们也得到了督抚、学政的保证，即"不以株连累无辜之众，是即地方之幸，亦使者所深望也"[6]。在告示和回复传到平阳县后，地方精英们一同接领宪批，由杨镜清出面代为传达，晓示地方。经过地方商议，决定按照瞿鸿禨所拟定人数，以杨铭勋、陈凤书、胡维垣、方煊光、陈和锵、颜德馨、殷汝芳、管振声、周烈光和李叶英十人上报，但又称在名单中的周烈光已经病故，而殷汝芳与管振声府考并未入场打闹，希望从这十人中，能够再豁免三人。无疑这是士绅和省府的又一次讨价还价行为。学政碍于地方精英们和官府的关

---

[1]《闹考案结》，载《益闻录》1886年第610期，第516页。
[2]（清）孙诒让：《籀庼遗文》（上册），收录许嘉璐主编：《孙诒让全集》，中华书局2013年版，第274页。
[3]《闹考案结》，载《益闻录》1886年第610期，第516页。
[4]《闹考案结》，载《益闻录》1886年第610期，第516页。
[5]《闹考案结》，载《益闻录》1886年第610期，第516页。
[6]《闹考案结》，载《益闻录》1886年第610期，第516页。

系，最终以"该生等再四请求，悔过之心尚出诚挚"，将病故的周烈光排除在外，其余诸人盖行扣考，但也只是停他们一科考试，其他涉事的廪生如朱洪辰、洪兆鳌、诸葛钧、缪文润等停廪半年。

实际上，学政还给予被处罚的扣考士子另一条退路。学政在回文中提到，对于发动罢考、阻考和打砸官署的扣考士子诸人，下届科考"不得以原名应试"。[1]这就为士子大开方便之门，暗示他们改换姓名再应考下科考试。对于报告此事的平阳县训导吴广文，学政则批语："当众童聚众闹时，并未传集各廪保出为管束，亦属咎无可辞，着记大过一次。"[2]

实际上，于罢考事发后一年，孙诒让以地方士绅代表的身份，特地向瞿鸿禨修书《致浙江学政禀》，为被革除功名的士子求情，以图恢复功名。文章开头即点明主旨："诒让等为革生悔悟情深，观光志切，仰求恩准开复，以励人才而申士论。"[3]孙诒让在其文中特意点明去年涉事罢考的士子如黄庆澄等"出自名门，夙端儒品，束身修学，素行无疵"，故此他认为这些涉事士子"或以为可恕"。最后，孙诒让以较大篇幅强调了他和他所代表的士绅与这些被革除功名士子的关系，既向学政求情开复功名，又向省府展现了温州地方精英们的影响力。其文载：

"伏念宪台培植士林，有加无已。而该革生摈弃经年，深可矜惜。绅等与该革生等生同里闬，于其品学夙所稔悉。为此合词沥叩恩施格外，俯念该革生因案被累，向无劣迹，且悔悟自新，与怙悛者尚属有间，特予开复，俾遂其观光之志，则人才益励，士论亦申，实为大德。谨禀。"[4]

(五) 尾声

经吴广文再次挑起而不得不由学政瞿鸿禨代表省府处理的罢考事件，最终得到了对双方而言均不痛不痒的判决结果。一方面，涉事士子没人依"光棍例"或"激变良民律"获以重刑，绝大部分士子安然无恙，功名保存，依

---

[1]《闹考案结》，载《益闻录》1886年第610期，第516页。

[2]《闹考案结》，载《益闻录》1886年第610期，第516页。

[3]（清）孙诒让：《籀庼遗文》（上册），收录于许嘉璐主编：《孙诒让全集》，中华书局2013年版，第284页。

[4]（清）孙诒让：《籀庼遗文》（上册），收录于许嘉璐主编：《孙诒让全集》，中华书局2013年版，第284—285页。

旧可以参加科考，对前途无碍。这体现了省府秉承嘉庆朝以来的朝廷态度，是对18世纪重刑设计的一种扬弃。另一方面，对告发事件的吴广文也只是记过处理，并没有将其革职，事后吴广文也可赴省"注销"其过。这反映出省府管控大局的平衡姿态。可以说，这样判决既没有遵循学政所率先搬出的雍正帝谕旨精神，也没有贯彻嘉庆朝以来的责官原则，而是采取尽量不处理的方式，以达到缓解对立双方情绪的目的。

本案让我们再次明晰了19世纪士子罢考事件发生后的三大趋势：首先，在嘉庆朝以后，随着对罢考士子处罚力度减轻，地方官员往往希图息事宁人，求得任内政绩，尽快迁转。这就是温州府知府李士彬在孙诒让出面调解时，会在困局中找到台阶，继续收考士子的原因。其次，官府对地方士子群体和地方精英群体作出妥协。知府、知县在很大程度上尊重地方意愿，平息士子罢考案，反映出19世纪地方精英能动性和权势的扩张现实。在该案中，以杨氏家族为核心的"江南民团"精英圈作为整个案件的核心，无疑起到了和州县、知府以至省府谈判、斡旋的砝码作用。最后，地方精英和学政等省级官员反复斡旋、互动与妥协后，最终依旧遵循学政的建议上报士子名单，并接受罚科扣考的处置结果。这证明了虽然地方精英强势介入罢考事件的处理过程，但是并没有脱离中央和省级政府管控的事实。

三、其他类似案例

其实不仅温州府如此，早在1883年，宁波府慈溪县即有士子群体扬言罢考而知府最终屈服的案例。事情起因自身家不清的慈溪县士子阮某希望参加上一年童生试，结果在府试时被童生群体攻讦，无法参加考试。该年县试之期临近，阮某希望再次参考，而廪生却均不肯认保。结果阮某告至知府处，知府宗元翰予以支持，要求廪生为阮某认保，并强行收卷。至府试开考，宗知府要发给阮氏卷子时，士子群体大哗，欲群体罢考，称让阮某一人考试。宗元翰"深恐罢考，不得已黜退阮某"，[1]才平息了士怨。这次士子的罢考表达，再次向我们展现出地方意图以罢考作为和官方直接对抗的手段。

类似的地方精英们以罢考为手段和地方官周旋的事例也发生在李鸿章的老家合肥。李氏族人在当地具有强大的影响力，而当地方官侵夺他们的利益

---

[1] 宁波市档案馆编：《〈申报〉宁波史料集》（一），宁波出版社2013年版，第463页。

时，李氏族人也会策动府县士子发起罢考，和地方官进行博弈。孙葆田任合肥县知县时，因为人正直处罚了李经楘（李鸿章之侄，李经羲的胞兄），却招致士子群体公禀不许处罚李氏，"众皆以罢考挟之"，其结果是孙葆田骑虎难下，"不得不虚张声势，以安舆情究之，李氏终未拿获，孙公亦自行告退，于事无济"。[1]通过此案例可见，以李氏为代表的地方士绅不仅能够发动族内士子罢考，甚至能够以其地方声望影响其他士子一同罢考。在李氏家族的庇护下，其结果可想而知，即知县去任而罢考士子安然无恙。士子群体以罢考为手段，和地方官周旋，进行权力谈判与妥协，更凸显了地方精英们在19世纪能动性和权势的扩展。[2]

广东肇庆府广宁县、浙江温州府平阳县和宁波府慈溪县、安徽庐州府合肥县等罢考案体现出，朝廷、地方官和士子群体三者之间的关系已经发生了微妙变化。在19世纪，随着朝廷对地方的管控力下降，对罢考案件的处罚变弱，而随着地方力量上升，州县官真正从朝廷任命的"治民"之官，变成"亲民"之官。19世纪的州县官，作为"外来人"，在朝廷"责官"和任期缩短的大趋势下，失去了如18世纪雍乾时期中央所赋予他们的绝对权力和支撑力量，故而倾向于选择迎合士绅群体的意愿，甚至成为地方利益的维护者。地方官和地方精英群体形成了一个利益相关的共同体，这也是19世纪朝廷与地方权力博弈的结果。

本章结语

在18、19世纪交替之际，清廷面临一系列挑战与危机，特别是由于财政匮乏和地方权力真空，朝廷不再如18世纪那样直接介入和参与地方公共事业的建设和维护，而是将统治触手回缩，更多依靠地方精英的参与。这种变化使18世纪雍、乾时期所建立起来的垂直管控模式无法继续维系，相应地，地方精英能动性得以增强，并继续发展于同光时期。在这种背景下，19世纪下半叶的地方精英们获得了更多的自主权，对于士子罢考的支持也不再停留于

---

〔1〕《河南大学堂办理不善议》，载《大公报天津版》1902年8月11日，第1版。

〔2〕本案发生在李鸿章逝世之后。李氏族人在朝廷内已没有直接的联系和背景，更多的是以地方具有影响力的大族和精英身份参与到这一事件之中。

第五章　对抗与妥协：19世纪地方精英对罢考事件的介入

文字发声，而是更为直接地介入罢考事件处理过程，或与州县形成对抗，或与省府直接斡旋。地方州县政府往往屈从于地方精英的诉求，成为地方利益保护者，进而使得地方精英与省级政府展开直接互动，从而形成中央与地方的权力妥协，达到回护罢考士子的目的。

经过19世纪初期至19世纪下半叶的流变，中央与地方、官方与非官方已悄然完成了平衡木两端权力的转换。自嘉庆朝始，针对科场罢考的处理虽然在律法层面少有改动，但在雍乾两朝对罢考士子施以严刑处罚数十年后，在嘉庆朝迎来了转变。嘉庆帝往往对士子罢考案件"软"处理，既不违反其父、祖之制，又给士子群体以"活"路，体现了其希望同士绅阶层紧密合作的姿态。这种处理方式印证了赖惠敏在研究清代犯奸案时提出的这一时期"立法从严，执法从宽"的主张。[1]与之同时，朝廷对于罢考的处罚原则"由责士转向责官"，在具体应对地方罢考问题时，对士子群体网开一面。

在这种背景下，中央更加依靠地方，而地方也从未脱离中央存在，正是这种相互间更加频繁的互动与维系，保证了清王朝在19世纪的持续统治。虽然地方精英主义转向是一种全国性的普遍现象，但不可否认，南方的地方精英们相较于北方更为明显地介入地方士子罢考案中。在本章中，肇庆府广宁县士子罢考案和温州府平阳县士子罢考案都可视为南方精英直接介入罢考事件的典型代表，前者展现出"官"与"非官"的冲突—融合模式，后者则表现出精英群体为保护罢考士子而介入判决过程，从而达成"官"与"非官"的妥协。本章围绕平衡木两端对于罢考事件的博弈，勾勒出一幅19世纪下半叶中央权力和管控力在地方进一步衰弱与退缩，而地方精英权力进一步扩展与增强，并与官方展开持续互动的画面。

---

[1]　赖惠敏：《法律与社会：论清代的犯奸案》，载邱澎生、陈熙远编：《明清法律运作中的权力与文化》，广西师范大学出版社2017年版，第232—280页。

结　语

第一节　阶层与可控性张力

虽然在清代地方社会中，士子个体的力量微不足道，对于地方社会的控制力与影响力也相对弱小，但当士子们的利益受到侵害时，这一具有强烈自我认同的特定群体，[1]就会通过他们特有的网络聚集起来，形成一股强大的力量。恰如发动罢考等反抗行为一样，士子群体足以在地方对州县官形成抗衡，以致形成地方官"礼一士则士林皆悦，辱一士则士林皆怨"的局面。但即使有如此对抗与张力存在，科场罢考仍属于同一阶层内的矛盾，而非两个阶层间的对立。在19世纪朝廷触手从地方回缩，控制力衰退，而地方能动性增强、影响力上升之际，士子们也只是以罢考作为权力妥协与平衡的工具。[2]

本著作认为，清代士子群体的科场罢考行为更多是为了群体利益，是表达诉求的方式之一，而绝少涉及对政权的反抗，更不会与统治者的"天命"

---

[1] 有清一代，士子群体不仅是良民这一"自由身份"群体中的上层集合体，更是连接官与民的桥梁。他们在地方社会中发挥重要的作用，享有经济、法律、礼仪等诸多特权，这也使得他们成为特权阶层的重要组成部分。久任地方官的汪辉祖（1731—1807年）认为"士"是官与民的中介，发挥着上传下达的重要作用，其言："官与民疏，士与民近……朝廷之法纪不能尽喻于民，而士易解析，谕之于士，使转谕于民，则道易明，而教易行。境有良士，所以辅官宣化也。……某乡有无地匪，某乡有无盗贼，吏役之言，不足为据，博采周咨，惟士是赖，故礼士为行政要务"（《学治臆说·上卷·礼士》）。士子群体所拥有的特权和他们"连接官民"的特殊地位，促使他们形成了群体认同与相对封闭的特性。

[2] 本著作的研究焦点落在科举体制内的士子群体上。按照学界认同的观点，士子属于统治基层的下端，他们的罢考行为展现了同一阶层内的矛盾张力，有别于农、工、商等阶层集体行为与统治阶层的对立。换句话说，对士子群体罢考的研究跳出了统治阶层与被统治阶层的阶级对立研究，而是讨论同一阶层内的矛盾与张力。

结 语

相联系。[1]换言之，士子群体罢考，只是希望借由科场这个平台与官方进行互动，满足地方或群体利益，而非希图挑战朝廷的统治。在笔者所统计的绝大多数的科场罢考事件中，罢考动因或方式终有清一代并没有发生大的转变，始终围绕士子群体自身利益和朝廷进行较量。因此，这种矛盾是一种"可控性张力"[2]（controllable tension）。

实际上，传统科举制度下的士子作为士绅阶层中人数众多的群体，有时只是以罢考作为一种表达诉求与权力制衡的手段，更多的时候他们是忠于朝廷和地方统治的，表现出传统科举制度下士子群体和朝廷统治层在王朝利益上的一致性。科举制度内的士子依旧会将大多的精力投入科场之中，参加各级别的科举考试。因此，作为一个"怀着为官期待"的群体，他们并非政府的对立面。士子在很大程度上是维护现行体制的主要群体，发挥着"安全阀"的功能（social safety valve）。[3]这一理论应用于罢考问题上即可解释为：士子为了共同利益而发动科场罢考，同时也将不满情绪发泄出来。作为统治阶层的下端，在他们的利益诉求得到满足或张力得以缓解后，在地方反而起到维护现有制度的积极作用。

光绪三十一年（1905年），随着科举制度的终结，科场罢考这种清代科举制下独特的群体反抗行为也一同成了历史。科举制度被废除后，士子群体脱离了朝廷授权与认可的科举体系，士子们被官方认可的"优势地位"荡然无存，下降至与农、工、商没有差异的同一水平。日本学者佐藤慎一将科举制度比作中国唯一的"权威分配装置"，在科举制度被废除后，"这种权威分配装置突然消失了，成功的阶梯既然消失了，不可避免地要在中国社会引起震荡"。[4]这种因科举制度消失引发的震荡体现了社会成功阶梯与社会阶层界

---

[1] 参见 Perry, Elizabeth J., *Challenging the Mandate of Heaven: Social Protest and State Power in China*, M. E. Sharpe, 2002.

[2] "可控性张力"是指罢考事件的双方（官方与非官方）都在可控的范围内将事件化解。一方面，官方可以通过派兵弹压、集权性压制或权力下放，与士子达成妥协，安抚士子。另一方面，士子只是召集同为"士"阶层之人参与罢考，而很少与农、工、商阶层配合、联系，这就使群体反抗的规模有所控制，并不会形成大规模叛乱。

[3] Coser, Lewis A., *The Functions of Social Conflict: An Examination of the Concept of Social Conflict and Its Use in Empirical Sociological Research*, Free Press, 1956, pp. 155—156.

[4] [日] 佐藤慎一著，刘岳兵译：《近代中国的知识分子与文明》，江苏人民出版社2011年版，第17—18页。

线消失，从而导致具有文化知识的士子降为和普通百姓一样的阶层，进而在社会地位上形成官民的二层分化，也在文化层面由官方语境下的"士子"转为独立思考的现代知识分子。正是这种科举制度前后的差异，凸显了清代士子群体科场罢考的独特性与重要性。

本著作对18、19世纪科场罢考案件所作对比分析，打破了清史研究中古代史与近代史的界限，强调中央对罢考问题的处理原则由责士到责官，地方精英从发声支持到直接介入罢考事件的转变，而这种变化更反映出清代统治策略的调整与"中央—地方"互动模式的重构。当然，在结论部分仍要再次重申绪论中的观点：朝廷的妥协退让并没有直接反映到律法和条例中，[1]更多的是在实际处罚上予以减轻，既有对士子免于处罚的事例，也有将原有处罚减等的情况发生。所以，关于士子群体罢考的"光棍例"和"激变良民律"依旧是悬在士子头上的利剑。虽然在19世纪朝廷仅在少数情况下会"亮剑"，但它依旧是对士子群体的潜在约束与威胁，处罚与否皆出自"圣裁"，是一种清代律法与实践的背离。这从一个侧面彰显了清朝在18、19世纪的国家管控上"张弛有度"且有成效的统治策略，也体现出在中央权力退却，地方精英崛起的19世纪，地方始终没有也无法脱离中央管控而存在的事实。

第二节　清代19世纪的统治

目前，学界早已基本形成共识：随着乾隆帝禅位给嘉庆帝，康乾盛世已成落日余晖，转而进入嘉道中衰期，随之而来的是外敌的入侵与一系列危机。但是，恰如本著作开篇所引用罗威廉提出的疑问，既然嘉道中衰，清代国势衰落，内忧外患接踵而至，为何清朝依旧能够继续且稳固地统治中国长达116年？虽然已有学者讨论了如重用汉人督抚和地方"制衡局面"的出现，从而保持了地方的稳定，但是真正深入地方层面探讨中央和地方互动模式的研究成果并不多见。笔者对以上问题的追索，并非意图扭转嘉庆以后清代国势和社会管控力衰弱的事实，而是希望通过追问19世纪清代统治策略是否发生转

---

[1] 针对处罚罢考士子的"激变良民律"截至清末并没有原则上的更动，更没有被废除。此外，一些"场规"也继续规范着士子科场行为。例如，《钦定科场条例》等文件的"场规"一节开篇即强调"士子入场，接卷后各归号舍。归号后不许私出棚栏，违者均即扶出。如有哄聚多人紊乱场规者，将为首之人照例究治"。参见《钦定科场条例》卷219《场规》。

变以及怎样转变，论述这种转变如何帮助清代统治层度过19世纪长达百年的重重危机，维持国家管控的有效性议题。

本著作以清代士子群体罢考作为着眼点，希望以小窥大，通过中央与地方围绕士子科场罢考问题的互动，展现出清代在18、19世纪交替和危机面前所作出的因应调整。在19世纪初期，以嘉庆帝为代表，对士子群体罢考案件"软化"处理背后，是社会动荡、地方精英崛起的时代背景，是国家行政管控力下降、财政情况急转直下与对地方管控上的日益衰弱与困乏。朝廷有意的妥协与退却，释放出更多的地方力量，将部分地方控制权转移到地方精英手中，并希望以此获得地方回报，是一种统治策略的转变，也是更为"节省成本"的统治模式。

正是这种统治策略的转变，促使嘉庆帝以后的朝廷在面对士子群体科场罢考问题时往往从轻处罚，免于死刑与严判。这种策略的转变并非朝廷的"心甘情愿"，而是随着社会的大背景变化，清朝政府平衡统治、处理危机的一种手段。也正是这种弹性策略使得清朝统治打破了18世纪中央集权下的垂直管理模式，在一定程度上形成了清朝在19世纪"上"与"下"、中央与地方、官方与非官方的精英群体间相互依靠和维系的格局，使清朝得以持续而有效地又统治了一个多世纪。清朝即使在面对内忧外患之时，也得以保持内部的相对完整与稳定。

通过研究，笔者并不认同詹姆斯·M.波拉切克（Polachek, James M.）的观点："地方士绅的成功，是对朝廷控制权的侵蚀。这些精英在地方上的成就是以分中央之权而取得的。因此，中央的衰落与失败并非源自统治理念的错误，而是因为控制结构的衰败所致。"[1]相反，笔者认为正是这种相互妥协的互动模式，有效地延续了清朝在19世纪的统治。总而言之，本著作通过对清代科场罢考问题的探究，阐述了中央与地方的互动关系，详细论证了朝廷对于士子群体罢考的处罚经历了从顺治、康熙至雍正、乾隆时期，以及从雍正、乾隆时期至嘉庆时期以后的两次转变。虽然需要全方位考虑这种转变的因素，但朝廷对罢考案件的处理态度呈现出"宽—严—宽"的趋势是成立的，而这种趋势又伴随着时代背景发生变化，凸显出清朝基层管控策略的动态

---

[1] Polachek, James, "Reform at the Local and Provincial Level", in Cohen, Paul A. and Schrecker, John E. eds., *Reform in Nineteenth-Century China*, Harvard University Asia Center, 1976, pp. 209-242.

调整。

因此，本著作的一个尝试性结论是：清代朝廷对士子群体科场罢考的态度与量刑的转变，是面对19世纪危机时灵活的统治策略调整。在这一策略调整背景下，中央触手回缩，地方精英能动性与权力得以提升。通过双方围绕罢考案件的博弈，可以管窥中央与地方在18、19世纪所进行的权力重构与妥协过程。虽然朝廷在19世纪的有意退却，软化应对科场罢考事件，使得地方在一定程度上脱离了中央的直接管控，形成中央与地方妥协互动的平衡维系格局，但这其实在社会动荡的19世纪释放出更多地方精英的力量，有力地维护了清朝统治的稳定与延续。

附　录

陈怡山福州学变记[1]

　　顺治辛丑二月，庠士邓譔字君述，弟志字君悦，因欠举人陈殿邦银久未清，殿邦妻王氏遣侄王钦祖、婿曹鸿芝逼取。譔无以应，并不能膳二人，二人怼归。遂以殿邦兄忠陛出名告于运司，行贿运使王志佐，立拿邓譔抵以盐饷。譔至，佐即掣签，譔称"生员"，佐曰："予打盐商。不打生员。"譔曰："生员不做盐商。"佐曰："忠陛抵汝盐饷，汝即盐商！"竟打三十板。于是十学林芬等数百人公愤，遍投上宪，邓譔哭于文庙。忠陛、钦祖惧，遂以亲友溷其中，抱先贤神牌造运司官署，毁公座，折衙门，盖欲以矛而刺盾也。两台发司道公审，越三月二十日，左布政翟凤翥、右布政于际清、按察使祁彦、提学道宋祖法、粮道陈台孙会同赴府学明伦堂会审，而陈家用贿布置已定矣。司道升堂危坐，顾盼呵斥，将呈内三百人逐名点过，敦敦为陈殿邦索逋，欲枷呈首数人。次呼邓譔，不分皂白，复责二十板。学道宋祖法尤高声喝骂。邓譔想此番求伸不得，必致重辱，累及朋友，已豫藏匕首，遂拔出自刺阶前，头血淋滴，慷慨而死。堂下观者万余人，狂呼哀痛，抛砖掷瓦，蜂拥而前，将排设公案捶击粉碎，中一人须而矮，以石子投中司道额，破之。司道踉跄走避，急召兵马护卫而去。诸生乃携邓譔尸置文庙庑下，抱持痛哭，复往抚按衙门哀诉。而司道途遇生员陈元铉（字复斋，即己酉举人名淮字自桐之父也）。及郑有祚、陈作霖三人，锁拿不放，遂发监禁。顷刻，烈风烈雷，大雨

---

[1] （清）缪荃孙：《艺风堂杂钞》，中华书局2010年版，第60—63页。

如注,盖天昏地黑云。时按抚范公讳平者居太夫人忧,在衙开丧,二更候,冒雨微行到学,果见邓生死状,即夜拿陈忠陞等十一人收监。次蚤,刘元蔚等赴院行吊,范公遂发放陈元铉等三人,仍出示晓谕,云"闽中士子,不特文章甲海内而且意气薄云霄",当即具题参王志佐擅责生员,以致自刎。诸生遂殓邓生,于乡贤祠设位而哭。绅衿庶民投柜助丧,壁上或文或联,或近体或古风、排律,不下千首,即卖菜佣亦以俚言当哭。十余日后,出殡南郊外,一路奔送皆白衣冠,涕泣呼号,哀声彻天。邓讌之事既毕,而诸生亦安静候旨在案矣。司道诸人竟欲肆其毒手,加士子以殴官、鼓噪、罢市之罪,将林芬、林晟、黄国璧、郑鳌毓、刘元蔚、陈章、陈谟、张星、高巖、林秋来、潘琦、刘新辉、林肇震、卢灼并陈元铉、郑有祚、陈作霖共十七人通详。适总督李率泰从漳回,与志佐为犬豕交,代志佐护短,欲诛诸生。范抚按启词以人告,候旨,而恶不果肆也。按院之疏未落,率泰又与致仕候代之抚院徐永祯,乘新旨有"绅衿欠粮解京"之语各省俱题"免解",而李、徐疏内以为欠粮者皆林芬等殴官所致,借此以激当事,使诸生罪无所逃而甘心焉。六月二十五日,范公回京,诸生感激祖送,近者水口,远者建宁,或以纸写其神或以木雕其像以志不忘。率泰闻之愈不悦,即于是日擒十七人监禁,并行学黜退邓讌衣巾。秋七月宋祖法行岁考,十学公集城隍庙,誓盟不听考。祖法执拿诸生,人情又嚣然。临场,惟卞鳌、庐登、翁钦仁等;百余人弃不入试。越九月,按院之疏下矣,陈忠陞、王钦祖、曹鸿芝俱褫革;王志佐削职,仍究其庇商情节;诸生只行学戒饬而已。率泰、永祯二疏,反责其违旨徇私。此中维持调护,皆范公力也。新抚院许公世昌遂行按司、转行刑厅审问志佐各官,承率泰风旨,竟开志佐罪。率泰遂扬言曰:"运司既无贿状,诸生缘何倡乱?"竟不释放、戒饬。泉州司李瞿廷谐献媚肆威,妄加罗织,人人诬以重辟,呈内无名三人,亦朦胧回详。许公屡驳,瞿终不开豁;奈许公回疏并不波及十七人,而一场深文亦枉费鼠狱矣。壬寅年,左布政翟凤翥调迁,假手其党李之芳上拾遗一疏,揭宋祖法不能约束诸生,因以中伤十七人。下其章于总督究问。"戒饬"之旨既虚,南冠之囚长系,依旧重新逐一研审,比前益加陷害。率泰回疏,极其诋毁,致诸生于死律。而范公在京刻刻周旋留意,当事诸大老无不稔知其事,竟置十七人不议罪,仍前"戒饬"在案。十一月,宗师陆密菴行考校、特请发落,以便入试。率泰大怒曰:"只消自家发落!"遂于初三日吊出十七人,竟违旨革去衣顶,解入衙门。内外森列数百名兵,

· 202 ·

严排许多枷锁、枪棍，各官屈膝左右。率泰据座指挥，虎须鹤眼，凛不可犯。而十七人亦壮心义胆，「略不畏惧，从容鱼贯至前俯伏。率泰发令曰："棍责呈首四十，余概三十板。"遂高喝将芬打四十棍，次及林晟，见其矮，触辙怒，又令曰："仍棍四十。"至第六名，即陈章，见其胡，又怒，换棍亦四十。盖一人胡而矮，曾投石破额，今乃混而分其罪于两人也。当是时毙杖下者，林肇震、张星已两人矣。陈章复将毙焉，卫士怜之，私将茶瓯打碎，代剜腿中腐肉，血流数武。须臾，心觉稍清，若有知者。已而，十七人打毕，左右曰："请出台下罪人"。率泰曰："可"。遂携出；家人在辕门候者各以门板抬回。道旁观者莫不掩泣吞声，垂涕而不敢言。嗟乎！率泰狼狗之心，自深快此举，以为人人必死，无留余者；岂知郑鳌毓至次年二月以病死；林芬以病至六月死；林晟最倔强，受棍时无啾唧之声，即羯奴亦啧啧称"矮秀才"不置，至庚戌年，冒寒而死；陈章并十一人，或年七十余，或八十，皆强健不衰。而忠陛逾时即死；王志佐去位即死；于际清、祁彦、宋祖法、瞿廷谐亦即相继而死。率泰则痈肠寸溃，流出月余，欲死不能；凤翥再任布政，亦疬瘵、脱颏，艰于饮食，求死不得；卒俱死于吾闽。为十二人所目击，人人称快焉。

嘉庆己未诸生罢考案始末[1]

　　嘉庆四年四月十七日，吴县生员吴三新以负杨敦厚钱，为知县甄辅廷杖责二十。是日孝端文皇后忌辰也。二十七日适院课，三新遍告同学，于是李福、顾莼等二三十人诉知府任兆炯，不听。五月十一日学政平恕考松江回至苏，诸生例于马头迎送，遂各具手版往谒将面诉，而地方官已贿，请严办诸生，有不可解之势矣。十二日学政观风书院，诸生以三新未革先杖不愿应考，到者寥寥。监院吕星垣遽以罢考揭报，于是巡抚宜兴、臬司署藩司通恩饬总捕同知李焜、长洲县令梁兰生、元和县令舒怀及吴县县令查办。焜等传集各学门斗，命开报姓名，有元和训导杨廷棐者，将四学富生及平日所心忮者开具小折，焜等遂一面拘传，一面刑门斗，遍令妄供，诸生或拘于土地庙戏台下，或拘于府署马厩中。是夜通臬司饮平学政酒，其署与总捕署相距数十家，

---

〔1〕　同治朝《苏州府志》卷149《杂记六》，光绪九年刻本。

李焜传一人卽书姓名送臬署，学政卽批斥革二字，未及一更已革二十余生。自十二至十六日计拘诸生二百余人，每集訊诸生受刑惨酷，窃听者塡街塞巷，有持梃以俟者，有登高以呼者，忿激之气不可遏抑，所具供李焜必加朱改削，勒令重写。有不遵者刑之。舒怀则诱诸生妄供富矜，及到案则又竭力周旋，为求钱计。梁兰生亦然。十六日兆炯自江间，戌刻示于门，将所拘诸生及已传而未到者单开晓谕，人心稍定。盖兆炯欲严办此案，恐制府掣肘，故赴江宁探意，而使李焜受首祸，名其诡诈如此。示云各学生员马头滋事一案，本府奉大宪札饬亲训，现遵宪札所开人数讯明情节，分别办理外，其宪札无名，先经厅县传审各生，一概省释。计开严寿图、尤正寰、蒋夔、吴嘉泰、顾昌言、顾震、吴鸿飞、陈本直、汪浩春、管步瀛、顾霖、殷家凤、朱煜、张锦江、毕树荣、黄容大、陈肇璜、陈秀方、黄晋、方城、高昂云、林焕、朱光勋、薛树涛、顾凌云、沈逢源、龚维、谈骏飞、施星联、王彦伯、顾镕、胡凤仪、陆文、张元镛、蒋濬、蔡琨、陈可贞、汪师谦、钱洽、申嘉谨、胡应清、高夔、陈基福、顾清祥、刘敷文、顾作霖、金延照、徐元钱、马照、施濂、周锦、严麟、尤秉经、徐荣、王元辰、张九苞、愿寅、李华、蒋厚福、吴文来、顾凌霄、申绳武、蒋元封等六十三人，自十七日后俱于府署内堂审训，声息不得通，如是者数日。至二十四日吴三新忽到案，供出盛朝瑞、姚成勋、郭治丰、郑廷翰、周学恭、毛成鼎、程腾沧、江元甫、陈瑾、汪朝选、王丙、陈元基、金文煜、郑安祖、王兆辰、张兴仁、李某、陆耀东凡十八人，王丙借给三新控督盘费，陈元基代三新草督词，李某、张兴仁家轿役随三新上控督状。陆耀东卽三新本路门斗，余则或旧居停，或旧友盍。三新先为兆炯许以重赏，嗾其反噬谓控督皆出自诸人意。二十六日解司通恩，卽以素纸勒令画供，有不服者加以刑。二十七日过院。六月初三日宜抚台按名一点无词组，人皆称为泥块。是日将马照发长洲县收禁，袁仁虎、王元辰发元和县收禁，余发各学看管。宜抚会同学政以纠众扛帮滋事，劣生照例严办具折入奏。折内所叙半属虚词，奉朱批："江苏文风最胜，士习安分，朕所深知，尔听一面之词办成大案，甄辅廷革职交费淳秉公质讯覆奏，钦此"。费淳覆奏吴三新之父在廷清还欠项开复，又将朱光勋等二十一名为误听马照纠约致罹褫革请开复，而以马照拟军，袁仁虎、王元辰拟徒。奉殊批："汝只据所闻办理，又存将就了事之见，外省恶习直堪痛恨，余有旨，钦此"。七月二十一日，奉廷寄着玉德会同新巡抚岳起秉公查审。八月十三四日，先后到苏。十五日新学政钱樾亦自京来，命任知府将马、袁、王三人提禁发学，任抗不遵。三鼓后学政严札饬臬司转饬长、元两县出三生于狱，交长元、学官收管。十六日黎明，学政牌示本部院而奉谕旨将长、元、吴三学革生马照、袁仁虎、王元辰、朱光勋、张九苞、谈骏飞、金廷照、尤正寀、严寿图、严麟、张兴仁、陆文、郭文灿、陈可贞、倪秉圭、李福、顾莼、王彦伯、张元镛、严昌曾、吴文来、顾寅、汪师谦、朱煜、吴三新等二十五名俱开复衣顶，诸生益当感激圣恩，深加儆惕，毋干咎戾。二十一日学政诣苏州，府学行香，令生员合词具折谢恩代为申奏。二十四日，学政先同江阴、玉德、岳起仍谋拘提严鞫，于九月初四日传唤马照、袁仁虎、王元辰三人，仍以素纸勒供，将马照拟军留养，袁仁虎、王元辰拟徒，朱光勋等二十二人开复衣顶，具折覆奏。袁、王二人于十一月二十六日赴扬州、邳州。五年正月，恭遇纯皇帝升祔恩诏释。此案诸生中尚无受刑殒命者。若书院值路门斗，以受刑毙命、东城地保某以奉牌拘人自缢。审案各官如费总督纯，孙布政日秉，钱学政樾，江宁知府许兆椿皆心知其冤，欲解救而无及者。其次常州府吕燕昭，太仓州汪廷昉，虽与兆炯等同时承审，而颇费调护。长洲教谕汪广堂，吴县教谕洪守义，训导程廉未曾开报一生，府教授汪佑煌，训导秦智鍂于李总捕饬传开报滋事姓名时言：府学实无一人，如必欲妄开，情愿听参。李焜亦无如何，宜兴、平恕、甄辅廷俱被劾去。后李焜为其子夤缘入泮，为湖南学政吴省兰参奏，戍伊犁。奉朱批："天网恢恢疏而不漏"。盖指己未事也。初狱未具兆炯，召书院门斗俞闻合具姓名，鞭挞横施，臀肉尽脱，俞坚不承及。事急青浦王司寇昶致书学政，浙西张侍郎焘致书巡抚切责之。（本陆嵩己未诸生案始末。俞闻朱绶《知止堂集》作俞文。）

参考文献

一、基本史料类

1. 政书类

《清实录》

康熙、雍正、乾隆、嘉庆、光绪《大清会典》。

乾隆朝《钦定大清通礼》，文渊阁四库全书版。

乾隆朝《钦定大清会典则例》。

乾隆朝《皇朝文献通考》。

嘉庆朝《钦定礼部则例》。

嘉庆朝《钦定大清会典事例》。

光绪朝《钦定大清会典事例》。

（清）素尔讷《钦定学政全书》，收录于沈云龙主编：《近代中国史料丛刊》（第30辑），文海出版社1968年版。

张荣铮、刘勇强、金懋初点校：《大清律例》，天津古籍出版社1993年版。

贺长龄《皇朝经世文编》。

奎润纂修：《钦定科场条例》，岳麓书社2020年版。

2. 档案与诏令奏议类

中国第一历史档案馆编：《康熙朝汉文朱批奏折汇编》，档案出版社1984—1985年版。

中国第一历史档案馆编：《雍正朝汉文朱批奏折汇编》，江苏古籍出版社1989年版。

中国第一历史档案馆编：《清代档案史料丛编》，中华书局1987—1990年版。

中国第一历史档案馆藏：宫中各处档案。

中国第一历史档案馆藏：军机处档案。

台北"故宫博物院"编：《宫中档乾隆朝奏折》，1982年。

台北"故宫博物院"编：《宫中档光绪朝奏折》，1982年。

故宫博物院明清档案部编：《李煦奏折》，中华书局1976年版。

中国第一历史档案馆、福建师范大学历史系合编：《清末教案》，中华书局1998年版。

中国第一历史档案馆：《嘉庆年间皂役及其子孙冒捐冒考史料》，载《历史档案》1998年第1期。

中国第一历史档案馆编：《嘉庆道光两朝上谕档》，广西师范大学出版社2000年版。

中国第一历史档案馆编：《雍正朝起居注》，中华书局1996年版。

《道咸同光奏议》收录于沈云龙主编：《近代中国史料丛刊》（第34辑），文海出版社1966年版。

（清）祝庆祺等编：《刑案汇览三编》，北京古籍出版社2004年版。

中国第一历史档案馆：《乾嘉时期科举冒籍史料》，载《历史档案》2000年第4期。

中国第一历史档案馆：《嘉庆朝江西万载县土棚学额纷争案》，载《历史档案》1994年第1期。

故宫博物院编：《史料旬刊》（第26册），1935年。

吴晗辑：《朝鲜李朝实录中的中国史料》（第11册），中华书局1980年版。

故宫博物院：《清代文字狱档》，上海书店出版社1986年版。

吴忠匡总校订：《满汉名臣传》，黑龙江人民出版社1991年版。

（清）赵尔巽等撰：《清史稿》，中华书局1977年版。

王钟翰点校：《清史列传》，中华书局2005年版。

3. 报刊类

《罢考》，载《申报》1876年1月11日，第2版。

《纪贵省乡闹事》，载《申报》1876年12月7日，第2版。

《闹考结案》，载《申报》1886年11月1日，第2版。

《生员被责续闻》，载《申报》1887年3月16日，第2版。

《罢考述闻》，载《申报》1898年11月9日，第2版。

《黄州罢考》，载《申报》1901年7月2日，第2版。

《黄州罢考续闻》，载《申报》1901年7月3日，第2版。

《黄州闹考三志》，载《申报》1901年7月6日，第2版。

《闹考述闻》，载《申报》1903年4月29日，第2版。

《黄州闹考》，载《杭州白话报》1901年第4期。

《河南大学堂办理不善议》，载《大公报天津版》1902年8月11日，第1版。

《书院罢考》，载《益闻录》1883年第274期。

《考童又闹》，载《益闻录》1886年第576期。

《闹考余谈》，载《益闻录》1886年第580期。

《闹考案结》，载《益闻录》1886年第610期。

《汉江闹考》，载《益闻录》1892年第1153期。
《闹考巨案》，载《益闻录》1892年第1185期。
《打官焚轿》，载《益闻录》1896年第1541期。
《宿松闹考》，载《益闻录》1898年第1762期。
《考童闹教》，载《益闻录》1898年第1777期。

4. 方志类

康熙朝《宜春县志》，康熙四十七年刻本。
乾隆朝《福建通志》，乾隆二年刻本。
乾隆朝《福州府志》，乾隆十九年刊本。
乾隆朝《凤翔府志》，乾隆三十一年刻本。
乾隆朝《绥宁县志》，乾隆十九年刻本。
乾隆朝《益阳县志》，乾隆十三年刻本。
乾隆朝《宁乡县志》，乾隆十三年刻本。
道光朝《广宁县志》，1933年刊本。
道光朝《歙县志》，道光八年刻本。
道光朝《徽州府志》，道光七年刻本。
道光朝《义宁州志》，道光四年刻本。
咸丰朝《郏县志》，咸丰九年刻本。
咸丰朝《兴宁县志》，咸丰六年刻本。
咸丰朝《靖江县志稿》，咸丰七年活字本。
同治朝《安仁县志》，同治十一年刻本。
同治朝《苏州府志》，光绪九年刊本。
同治朝《续修南海县志》，同治十一年刻本。
同治朝《上江两县志》，同治十三年刻本。
同治朝《续修扬州府志》，同治十三年刻本。
同治朝《鄮县志》，同治十二年刻本。
同治朝《义宁州志》，同治十二年刻本。
同治朝《金乡县志略》，同治元年刻本。
光绪朝《重修安徽通志》，光绪七年刻本。
光绪朝《定远县志》，光绪元年刻本。
光绪朝《耒阳县志》，光绪十一年刻本。
光绪朝《江西通志》，光绪七年刻本。
光绪朝《定安县志》，光绪四年刻本。
光绪朝《高明县志》，光绪二十年刻本。

光绪朝《贵池县志》，光绪九年刻本。
光绪朝《昆新两县续修合志》，光绪六年刻本。
光绪朝《容县志》，光绪二十三年刻本。
光绪朝《丹阳县志》，光绪十一年刻本。
光绪朝《无锡金匮县志》，光绪七年刻本。
光绪朝《吴江县续志》，光绪五年刻本。
光绪朝《丹徒县志》，光绪五年刻本。
光绪朝《靖江县志》，光绪五年刻本。
光绪朝《溧阳县续志》，光绪二十五年刻本。
光绪朝《续修云梦县志略》，光绪九年刻本。
光绪朝《溧水县志》，光绪十五年刻本。
光绪朝《续修正安州志》，光绪三年刻本。
光绪朝《永明县志》，清光绪三十三年刻本。
光绪朝《黄冈县志》，光绪八年刻本。
光绪朝《武进阳湖县志》，光绪五年刻本。
光绪朝《善化县志》，清光绪三年刻本。
光绪朝《宜兴荆溪县新志》，光绪八年刻本。
光绪朝《屏南县志》，光绪三十四年刻本。
宣统朝《宜荆续志》，1921年刻本。
民国《花县志》，1924年铅印本。
民国《麻城县志续编》，1935年铅印本。
民国《咸宁长安两县续志》，1936年铅印本。
民国《顺德县志》，1929年刻本。
民国《高淳县志》，1918年刻本。
民国《瓮安县志》，1915年铅印本。
民国《甘泉县续志》，1937年刻本。
民国《郧西县志》，1937年石印本。
民国《宁乡县志》，1941年活字本。
民国《万载县志》，1940年木活字本。
民国《沧县志》，1933年铅印本。
民国《交河县志》，1917年刻本。
民国《东莞县志》，1927年铅印本。
民国《阳江志》，1925年刻本。
民国《郾城县记》，1934年刻本。

民国《吴县志》，1933年铅印本。
民国《屏南县志》，民国抄本。
民国《闽侯县志》，1933年刻本。
民国《清远县志》，1937年铅印本。
民国《平阳县志》，1926年刻本。
牛占城修，周之桢纂：《茌平县志》，1935年铅印本。
民国《兴城县志》，1927年铅印本。
民国《明溪县志》，1943年铅印本。
民国《宿迁县志》，1935年铅印本。
（清）郭则沄著，栾保群点校：《洞灵小志·续志·补志》，东方出版社2010年版。
民国《新安县志》，1939年石印本。
民国《平阳县志人物稿》，收录于朱海阁等主编：《浙江图书馆藏稀见方志丛刊》（第41册），国家图书馆出版社2011年版。
《保定人物志》编辑委员会编：《保定人物志》，中央文献出版社2011年版。

5. 笔记小说与文集类

（清）陈宏谋《从政遗规》。
（清）陈怡山《海滨外史》。
（清）戴名世《忧庵集》。
（清）董沛《正谊堂文集》。
（清）杜凤治《杜凤治日记》。
（清）方大湜《平平言》。
（清）冯桂芬《显志堂稿》。
（清）桂超万《养浩斋诗稿》。
（清）郭柏苍《竹间十日话》。
（清）郭则沄《十朝诗乘》。
（清）黄六鸿《福惠全书》。
（清）黄印《锡金识小录》。
（清）雷梦麟《读律琐言》。
（清）李慈铭《越缦堂日记》。
（清）李绂《穆堂类稿》《穆堂别稿》。
（清）梁松年《英夷入粤纪略》。
（清）龙启瑞《经德堂文集》。
（清）缪荃孙《艺风堂杂钞》。
（清）欧阳兆熊、金安清《水窗春呓》。

（清）钱国祥《苏州府长元吴三邑诸生谱》。

（清）钱思元《吴门补乘》。

（清）钱泳《履园丛话》。

（清）全祖望撰，朱铸禹汇校集注：《全祖望集汇校集注》卷 34，上海古籍出版社 2000 年版。

（清）邵亨豫《雪泥鸿爪》。

佚名《说元室述闻》。

（清）孙诒让《籀庼遗文》。

（清）铁保《梅庵自编年谱》。

（清）汪辉祖《学治臆说》。

（清）王凤生《牧令书》。

（清）吴文镕《吴文节公遗集》。

（清）夏荃《退庵笔记》。

（清）夏燮《中西纪事》。

（清）萧奭《永宪录》。

（清）徐珂《清稗类钞》。

（清）薛福成《庸庵笔记》。

（清）薛允升《读例存疑》。

（清）严荣《清王述庵先生昶年谱》。

（清）叶梦珠《阅世编》。

（清）叶廷琯《鸥陂渔话》。

（清）佚名《民抄董宦事实》。

（清）俞扬《泰州旧事摭拾》。

（清）俞樾《茶香室丛钞》。

（清）袁守定《图民录》。

（清）戴肇辰《学仕录》。

（清）昭梿《啸亭杂录》。

（清）诸联《明斋小识》。

（清）朱绶《知止堂文集》。

二、今人论著

1. 中文专著

[美] 艾志端著，曹曦译：《铁泪图：19 世纪中国对于饥馑的文化反应》，江苏人民出版社

2011年版。

[澳大利亚]安东篱著,李霞译:《说扬州:1550—1850年的一座中国城市》,中华书局2007年版。

[日]岸本美绪著,刘迪瑞译:《清代中国的物价与经济波动》,社会科学文献出版社2010年版。

[美]白凯著,林枫译:《长江下游地区的地租、赋税与农民的反抗斗争:1840—1950》,上海书店出版社2005年版。

柏桦:《父母官:明清州县官群像》,新华出版社2015年版。

[美]班凯乐著,朱慧颖译:《十九世纪中国的鼠疫》,中国人民大学出版社2015年版。

卜键:《国之大臣:王鼎与嘉道两朝政治》,陕西人民出版社2015年版。

[美]步德茂著,张世明、刘亚丛、陈兆肆译:《过失杀人、市场与道德经济:18世纪中国财产权的暴力纠纷》,社会科学文献出版社2008年版。

[美] D.布迪、C.莫里斯著,朱勇译:《中华帝国的法律》,江苏人民出版社1993年版。

蔡少卿:《中国近代会党史研究》,中华书局1987年版。

陈宝良:《明代儒学生员与地方社会》,中国社会科学出版社2005年版。

陈长文:《明代科举文献研究》,山东大学出版社2008年版。

陈桦主编:《多元视野下的清代社会》,黄山书社2008年版。

陈会林:《地缘社会解纷机制研究——以中国明清两代为中心》,中国政法大学出版社2009年版。

陈兴德:《二十世纪科举观之变迁》,华中师范大学出版社2008年版。

陈秀宏:《唐宋科举制度研究》,北京师范大学出版社2012年版。

陈永明:《清代前期的政治认同与历史书写》,上海古籍出版社2011年版。

戴逸:《乾隆帝及其时代》(插图本),中国人民大学出版社2008年版。

戴逸主编:《简明清史》(第一册),人民出版社2000年版。

邓洪波、龚抗云编著:《中国状元殿试卷大全》(上下卷),上海教育出版社2006年版。

董健主编:《中国现代戏剧总目提要》,南京大学出版社2003年版。

丁辉、陈心蓉:《嘉兴历代进士研究》,黄山书社2012年版。

多洛肯:《清代浙江进士群体研究》,中国社会科学出版社2010年版。

[美]杜赞奇著,王福明译:《文化、权力与国家:1900—1942年的华北农村》,江苏人民出版社2010年版。

方汉奇等:《中国新闻传播史》,中国人民大学出版社2002年版。

费孝通著,惠海鸣译:《中国绅士》,中国社会科学出版社2006年版。

费孝通等:《皇权与绅权》,生活·读书·新知三联书店2013年版。

费孝通:《乡土中国》,北京大学出版社2012年版。

[美] 费正清著，张理京译：《美国与中国》（第四版），世界知识出版社 1999 年版。

冯尔康主编：《中国社会结构的演变》，河南人民出版社 1994 年版。

冯尔康：《18 世纪以来中国家族的现代转向》，上海人民出版社 2005 年版。

冯贤亮：《明清江南的州县行政与地方社会研究》，上海古籍出版社 2015 年版。

[美] 傅佛果著，陶德民、何英莺译：《内藤湖南：政治与汉学（1866—1934）》，江苏人民出版社 2016 年版。

高翔：《近代的初曙：18 世纪中国观念变迁与社会发展》（下），故宫出版社 2013 年版。

葛剑雄：《中国人口发展史》，福建人民出版社 1991 年版。

葛虚存撰：《清代名人轶事》，江苏广陵古籍刻印社 1993 年版。

关文发：《嘉庆帝》，吉林文史出版社 1993 年版。

关晓红：《科举停废与近代中国社会》，社会科学文献出版社 2013 年版。

[美] 郭安瑞著，[美] 郭安瑞、朱星威译：《文化中的政治：戏曲表演与清都社会》，社会科学文献出版社 2018 年版。

郭长海、付珊：《金上京科举制度研究》，哈尔滨工业大学出版社 2013 年版。

郭成康、林铁钧：《清朝文字狱》，群众出版社 1990 年版。

韩策：《科举改制与最后的进士》，社会科学文献出版社 2017 年版。

[美] 韩书瑞、罗友枝著，陈仲丹译：《十八世纪中国社会》，江苏人民出版社 2008 年版。

[美] 韩书瑞著，刘平、唐雁超译：《山东叛乱：1774 年王伦起义》，江苏人民出版社 2009 年版。

何炳棣著，葛剑雄译：《明初以降人口及其相关问题（1368—1953）》，生活·读书·新知三联书店 2000 年版。

何炳棣：《明清社会史论》，联经出版事业股份有限公司 2013 年版。

何忠礼：《科举与宋代社会》，商务印书馆 2006 年版。

何忠礼：《南宋科举制度史》，人民出版社 2009 年版。

胡传章、哈经雄：《董必武传记》，湖北人民出版社 2006 年版。

胡春惠：《民初的地方主义与联省自治》，中国社会科学出版社 2001 年版。

胡恒：《皇权不下县？：清代县辖政区与基层社会治理》，北京师范大学出版社 2015 年版。

胡平：《清代科举考试的考务管理制度研究》，中国社会科学出版社 2012 年版。

胡祥雨：《清代法律的常规化：族群与等级》，社会科学文献出版社 2016 年版。

黄志繁：《"贼""民"之间：12—18 世纪赣南地域社会》，生活·读书·新知三联书店 2006 年版。

贾小叶：《晚清大变局中督抚的历史角色——以中东部若干督抚为中心的研究》，上海书店出版社 2008 年版。

贾志扬：《宋代科举》，东大图书股份有限公司 1995 年版。

经君健：《清代社会的贱民等级》，中国人民大学出版社 2009 年版。
姜传松：《清代江西乡试研究》，华中师范大学出版社 2010 年版。
荆诗索、柯岩初主编：《帝国崩溃前的影像》，山西人民出版社 2011 年版。
［英］克拉克·阿神尔著，刘海岩译：《中国旅行记（1816—1817 年）——阿美士德使团医官笔下的清代中国》，上海古籍出版社 2012 年版。
［美］孔飞力著，陈兼、陈之宏译：《中国现代国家的起源》，生活·读书·新知三联书店 2013 年版。
［英］拉尔夫·达仁道夫著，林荣远译：《现代社会冲突——自由政治随感》，中国社会科学出版社 2000 年版。
李伯重：《江南的早期工业化（1550~1850 年）》，社会科学文献出版社 2000 年版。
李典蓉：《清朝京控制度研究》，上海古籍出版社 2011 年版。
李桂芝：《辽金科举研究》，中央民族大学出版社 2012 年版。
李国荣：《清朝十大科场案》，人民出版社 2007 年版。
李弘祺：《宋代官学教育与科举》，联经出版事业公司 1994 年版。
李汇群：《闺阁与画舫：清代嘉庆道光年间的江南文人和女性研究》，中国传媒大学出版社 2009 年版。
李礼：《转向大众：晚清报人的兴起与转变（1872—1912）》，北京师范大学出版社 2017 年版。
李润强：《清代进士群体与学术文化》，中国社会科学出版社 2007 年版。
李世愉：《清代科举制度考辩》，沈阳出版社 2005 年版。
李世愉、胡平：《中国科举制度通史·清代卷》，上海人民出版社 2015 年版。
李树：《中国科举史话》，齐鲁书社 2004 年版。
李细珠：《地方督抚与清末新政——晚清权力格局再研究》，社会科学文献出版社 2012 年版。
［美］李榭熙著，雷春芳译：《圣经与枪炮——基督教与潮州社会（1860~1900）》，社会科学文献出版社 2010 年版。
李新达：《中国科举制度史》，文津出版社 1995 年版。
李焯然主编：《明清研究：现状的探讨与方法的反思》，香港教育图书公司 2006 年版。
梁启超撰，朱维铮导读：《清代学术概论》，上海古籍出版社 1998 年版。
梁元生著，陈同译：《上海道台研究——转变社会中之联系人物，1843—1890》，上海古籍出版社 2003 年版。
［美］林达·约翰逊主编，成一农译：《帝国晚期的江南城市》，上海人民出版社 2005 年版。
林满红著，詹庆华等译：《银线：19 世纪的世界与中国》，江苏人民出版社 2011 年版。

刘海峰：《科举制与科举学》，贵州教育出版社 2004 年版。

刘海峰：《科举学导论》，华中师范大学出版社 2005 年版。

刘海峰、李兵：《中国科举史》，东方出版中心 2004 年版。

刘海峰主编：《科举制的终结与科举学的兴起》，华中师范大学出版社 2006 年版。

刘海峰主编：《科举学的形成与发展》，华中师范大学出版社 2009 年版。

刘海峰等：《中国考试发展史》，华中师范大学出版社 2002 年版。

刘虹、石焕霞、张森：《清代直隶科举研究》，科学出版社 2012 年版。

刘兰肖：《晚清报刊与近代史学》，中国人民大学出版社 2007 年版。

刘伟：《晚清督抚政治：中央与地方关系研究》，湖北教育出版社 2003 年版。

刘文鹏：《清代驿传及其与疆域形成关系之研究》，中国人民大学出版社 2004 年版。

刘希伟：《清代科举冒籍研究》，华中师范大学出版社 2012 年版。

刘志伟：《在国家与社会之间：明清广东地区里甲赋役制度与乡村社会》，中国人民大学出版社 2010 年版。

[美] 路康乐著，王琴、刘润堂译：《满与汉：清末民初的族群关系与政治权力（1861—1928）》，中国人民大学出版社 2010 年版。

罗检秋：《嘉庆以来汉学传统的衍变与传承》，中国人民大学出版社 2006 年版。

[美] 罗威廉著，江溶、鲁西奇译：《汉口：一个中国城市的商业和社会（1796—1889）》，中国人民大学出版社 2005 年版。

[美] 罗威廉著，鲁西奇、罗杜芳译：《汉口：一个中国城市的冲突和社区（1796—1895）》，中国人民大学出版社 2008 年版。

[美] 罗威廉著，陈乃宣等：《救世——陈宏谋与十八世纪中国的精英意识》，中国人民大学出版社 2013 年版。

罗玉东：《中国厘金史》，商务印书馆 2010 年版。

罗志田：《道出于二：过渡时代的新旧之争》，北京师范大学出版社 2014 年版。

吕芳上：《从学生运动到运动学生》，"中央研究院" 近代史研究所 1994 年版。

吕叔湘：《语文常谈及其他》，上海教育出版社 1990 年版。

[美] 曼瑟尔·奥尔森著，陈郁、郭宇峰、李崇新译：《集体行动的逻辑》，上海三联书店、上海人民出版社 1995 年版。

毛晓阳：《清代科举宾兴史》，华中师范大学出版社 2014 年版。

孟森：《明清史讲义》（全二册），中华书局 1981 年版。

孟森：《心史丛刊》，辽宁教育出版社 1998 年版。

[美] 明恩溥著，午晴、唐军译：《中国乡村生活》，时事出版社 1998 年版。

倪玉平：《清代漕粮海运与社会变迁》，上海书店出版社 2005 年版。

倪玉平：《清朝嘉道财政与社会》，商务印书馆 2013 年版。

彭信威:《中国货币史》,上海人民出版社 1958 年版。
齐浩滨编注:《庭州古今诗词选》,新疆人民出版社 1994 年版。
钱实甫编:《清代职官年表》,中华书局 1980 年版。
秦宝琦、孟超:《秘密结社与清代社会》,天津古籍出版社 2008 年版。
钱茂伟:《明代的科举家族:以宁波杨氏为中心的考察》,中华书局 2014 年版。
邱捷:《晚清民国初年广东的士绅与商人》,广西师范大学出版社 2012 年版。
瞿同祖著,范忠信、晏锋译:《清代地方政府》,法律出版社 2003 年版。
瞿同祖:《瞿同祖论中国法律》,商务印书馆 2014 年版。
[日] 森田明著,雷国山译:《清代水利与区域社会》,山东画报出版社 2008 年版。
[日] 森正夫等编,周绍泉等译:《明清时代史的基本问题》,商务印书馆 2013 年版。
[日] 山本进著,李继锋、李天逸译:《清代社会经济史》,山东画报出版社 2012 年版。
[日] 山田贤著,曲建文译:《移民的秩序——清代四川地域社会史研究》,中央编译出版社 2011 年版。
商伟著,严蓓雯译:《礼与十八世纪的文化转折:〈儒林外史〉研究》,生活·读书·新知三联书店 2012 年版。
商衍鎏:《清代科举考试述录及有关著作》,百花文艺出版社 2004 年版。
[美] 施坚雅主编,叶光庭等译:《中华帝国晚期的城市》,中华书局 2000 年版。
[美] 史景迁著,温洽溢译:《改变中国:在中国的西方顾问》,广西师范大学出版社 2014 年版。
史媛媛:《清代前中期新闻传播史》,福建人民出版社 2008 年版。
史志宏:《清代户部银库收支和库存统计》,福建人民出版社 2009 年版。
[美] 斯蒂芬·R.麦金农著,牛秋实、于英红译:《中华帝国晚期的权力与政治:袁世凯在北京与天津 1901—1908》,天津人民出版社 2013 年版。
宋梧刚、潘信之:《唐才常传》,吉林人民出版社 1997 年版。
孙家红:《清代的死刑监候》,社会科学文献出版社 2007 年版。
(明)汤显祖等原辑,(明)袁宏道等评注,柯愈春编纂:《中国古代短篇小说集》,人民日报出版社 2011 年版。
[荷] 田海著,赵凌云等译:《讲故事:中国历史上的巫术与替罪》,中西书局 2017 年版。
汪维真:《明代乡试解额制度研究》,社会科学文献出版社 2009 年版。
王炳照、徐勇主编:《中国科举制度研究》,河北人民出版社 2002 年版。
王春晓:《乾隆时期戏曲研究——以清代中叶戏曲发展的嬗变为核心》,中国书籍出版社 2013 年版。
王德昭:《清代科举制度研究》,中华书局 1984 年版。
王笛著,李德英、谢继华、邓丽译:《街头文化:成都公共空间、下层民众与地方政治,

1870—1930》，中国人民大学出版社 2006 年版。

王笛：《走进中国城市内部——从社会的最底层看历史》，清华大学出版社 2013 年版。

王尔敏：《晚清政治思想史论》，华世出版社 1976 年版。

王汎森：《权力的毛细管作用：清代的思想、学术与心态》（修订版），联经出版事业股份有限公司 2014 年版。

王汎森：《权力的毛细管作用：清代的思想、学术与心态》（修订版），北京大学出版社 2015 年版。

［美］王国斌著，李伯重、连玲玲译：《转变的中国：历史变迁与欧洲经验的局限》，江苏人民出版社 2014 年版。

王国平主编：《苏州史纲》，古吴轩出版社 2009 年版。

王宏斌：《清代价值尺度：货币比价研究》，生活·读书·新知三联书店 2015 年版。

王凯旋：《明代科举制度研究》，万卷出版公司 2012 年版。

王凯旋：《中国科举制度史》，万卷出版公司 2012 年版。

王开玺：《清代外交礼仪的交涉与论争》，人民出版社 2009 年版。

王明伦选编：《反洋教书文揭帖选》，齐鲁书社 1984 年版。

王日根：《中国科举考试与社会影响》，岳麓书社 2007 年版。

王日根等：《中国科举通史·清代卷》，人民出版社 2022 年版。

王瑞成：《晚清的基点——1840—1843 年的汉奸恐慌》，中国社会科学出版社 2012 年版。

王铁崖编：《中外旧约章汇编》（第一册），生活·读书·新知三联书店 1957 年版。

王学深：《清代科举制度史论稿》，中国政法大学出版社 2024 年版。

［美］王业键著，高风等译：《清代田赋刍论（1750—1911）》，人民出版社 2008 年版。

王振忠：《明清徽商与淮扬社会变迁》（修订版），生活·读书·新知三联书店 2014 年版。

［德］韦伯著，康乐等译：《韦伯作品集Ⅱ：经济与历史 支配的类型》，广西师范大学出版社 2004 年版。

［美］魏定熙著，张蒙译：《权力源自地位：北京大学、知识分子与中国政治文化，1898—1929》，江苏人民出版社 2015 年版。

［美］魏斐德著，廖彦博译：《大清帝国的衰亡》，时报文化出版企业股份有限公司 2011 年版。

［美］魏斐德著，王小荷译：《大门口的陌生人：1839—1861 年间华南的社会动乱》，新星出版社 2014 年版。

魏光奇：《官治与自治——20 世纪上半期的中国县制》，商务印书馆 2004 年版。

［法］魏丕信著，徐建青译：《18 世纪中国的官僚制度与荒政》，江苏人民出版社 2003 年版。

［美］卡尔·A. 魏特夫著，徐式谷译：《东方专制主义：对于集权力量的比较研究》，中国

社会科学出版社 1989 年版。
巫仁恕：《激变良民：传统中国城市群众集体行动之分析》，北京大学出版社 2011 年版。
吴吉远：《清代地方政府司法职能研究》，故宫出版社 2014 年版。
吴滔：《清代江南市镇与农村关系的空间透视——以苏州地区为中心》，上海古籍出版社 2010 年版。
吴滔、[日] 佐藤仁史：《嘉定县事——14 至 20 世纪初江南地域社会史研究》，广东人民出版社 2014 年版。
吴元丰、成崇德、牛平汉编：《清代边疆满文档案目录》（第 3 册·内蒙古卷），广西师范大学出版社 1999 年版。
吴宗国：《唐代科举制度研究》，辽宁大学出版社 1992 年版。
伍承乔编：《清代吏治丛谈》卷 1，文海出版社 1966 年版。
伍跃：《中国的捐纳制度与社会》，江苏人民出版社 2013 年版。
[美] 萧公权著，汪荣祖译：《近代中国与新世界：康有为变法与大同思想研究》，江苏人民出版社 1997 年版。
[美] 萧公权著，张皓、张升译：《中国乡村：论 19 世纪的帝国控制》，联经出版社 2014 年版。
谢宏维：《和而不同——清代及民国时期江西万载县的移民、土著与国家》，经济日报出版社 2009 年版。
星汉：《清代西域诗研究》，上海古籍出版社 2009 年版。
许大龄：《清代捐纳制度》，哈佛燕京学社 1950 年版。
许颖：《清代文官行政处分程序研究》，中国社会科学出版社 2011 年版。
徐茂明：《江南士绅与江南社会（1368—1911 年）》，商务印书馆 2004 年版。
徐宗泽：《中国天主教传教史概论》，上海书店出版社 2010 年版。
杨念群：《何处是"江南"？：清朝正统观的确立与士林精神世界的变异》，生活·读书·新知三联书店 2010 年版。
杨念群：《"感觉主义"的谱系：新史学十年的反思之旅》，北京大学出版社 2012 年版。
杨启樵：《揭开雍正皇帝隐秘的面纱》，上海书店出版社 2002 年版。
杨启樵：《雍正帝及其密折制度研究》，上海古籍出版社 2003 年版。
叶楚炎：《明代科举与明中期至清初通俗小说研究》，百花洲文艺出版社 2009 年版。
叶晓川：《清代科举法律文化研究》，知识产权出版社 2008 年版。
员创生主编：《运城人物》（古代部分），天马图书有限公司 2002 年版。
余来明：《元代科举与文学》，武汉大学出版社 2013 年版。
[美] 曾小萍著，董建中译：《州县官的银两——18 世纪中国的合理化财政改革》，中国人民大学出版社 2005 年版。

［美］曾小萍著，董建中译：《自贡商人：近代早期中国的企业家》，江苏人民出版社 2014 年版。

张国骥：《清嘉庆道光时期政治危机研究》，岳麓书社 2012 年版。

张杰：《清代科举家族》，社会科学文献出版社 2003 年版。

张力、刘鉴唐：《中国教案史》，四川省社会科学院出版社 1987 年版。

张瑞龙：《天理教事件与清中叶的政治、学术与社会》，中华书局 2014 年版。

张晓兰：《清代经学与戏曲：以清代经学家的戏曲活动和思想为中心》，上海古籍出版社 2014 年版。

张研、牛贯杰：《19 世纪中期中国双重统治格局的演变》，中国人民大学出版社 2002 年版。

张研：《清代县级政权控制乡村的具体考察——以同治年间广宁知县杜凤治日记为中心》，大象出版社 2011 年版。

张烨：《明清时期山东地区基层士人研究》，上海人民出版社 2015 年版。

张仲礼著，李荣昌译：《中国绅士——关于其在 19 世纪中国社会中作用的研究》，上海社会科学院出版社 1991 年版。

郑锐达：《移民、户籍与宗族：清代至民国期间江西袁州府地区研究》，生活·读书·新知三联书店 2009 年版。

郑天挺：《探微集》，中华书局 1980 年版。

郑天挺主编：《清史》（上、下编），天津人民出版社 2011 年版。

［日］中川忠英编著，方克、孙玄龄译：《清俗纪闻》，中华书局 2006 年版。

周蓓：《清代基层社会聚众案件研究》，大象出版社 2013 年版。

周宗奇：《清代文字狱》，人民文学出版社 2010 年版。

朱承山、刘玉平主编：《济宁古代史》，中国社会出版社 2012 年版。

朱金甫、张书才主编：《清代典章制度辞典》，中国人民大学出版社 2011 年版。

2. 英文专著

Bartlett, Beatrice S., *Monarchs and Ministers: The Grand Council in Mid-Ch'ing China, 1723–1820*, University of California Press, 1991.

Benedict, Carol, *Bubonic Plague in Nineteenth-Century China*, Stanford University Press, 1996.

Bernhardt, Kathryn, *Rents, Taxes, and Peasant Resistance: The Lower Yangzi Region, 1840–1950*, Stanford University Press, 1992.

Brokaw, Cynthia and Reed, Christopher A. eds., *From Woodblocks to the Internet: Chinese Publishing and Print Culture in Transition, Circa 1800 to 2008*, Brill, 2010.

Buoye, Thomas M., *Manslaughter, Markets, and Moral Economy: Violent Disputes Over Property Rights in Eighteenth-Century China*, Cambridge University Press, 2006.

Burgess, John S., *The Guilds of Peking*, Columbia University Press, 1928.

Chaffee, John W. , *The Thorny Gates of Learning in Sung China: A Social History of Examinations*, Cambridge University Press, 1985.

Chang, Michael G. , *A Court on Horseback: Imperial Touring and the Construction of Qing Rule, 1680-1785*, Harvard University Asia Center, 2007.

Chow, Kai-Wing, *The Rise of Confucian Ritualism in Late Imperial China: Ethics, Classics, and Lineage Discourse*, Stanford University Press, 1994.

Chow, Kai-Wing, *Publishing, Culture, and Power in Early Modern China*, Stanford University Press, 2004.

Daniel McMahon, *Rethinking the Decline of China's Qing Dynasty: Imperial Activism and Borderland Management at the Turn of the Nineteenth Century*, Routledge, 2015.

Dennerline, Jerry, *The Chia-Ting Loyalists: Confucian Leadership and Social Change in Seventeenth-Century China*, Yale University Press, 1981.

Dodgen, Randall A. , *Controlling the Dragon: Confucian Engineers and the Yellow River in Late Imperial China*, University of Hawai'i Press, 2001.

Edgerton-Tarpley, Kathryn, *Tears From Iron: Cultural Responses to Famine in Nineteenth-Century China*, University of California Press, 2008.

Elman, Benjamin A. , *From Philosophy To Philology: Intellectual and Social Aspects of Change in Late Imperial China*, Harvard University Asia Center, Harvard University, 1984.

Elman, Benjamin A. , *Classicism, Politics, and Kinship: The Ch'ang-Chou School of New Text Confucianism in Late Imperial China*, University of California Press, 1990.

Elman, Benjamin A. and Woodside, Alexander, *Education and Society in Late Imperial China, 1600-1900*, University of California Press, 1994.

Elman, Benjamin A. , *A Cultural History of Civil Examinations in Late Imperial China*, University of California Press, 2000.

Elman, Benjamin A. , *Civil Examinations and Meritocracy in Late Imperial China*, Harvard University Press, 2013.

Esherick, Joseph W. , *The Origins of the Boxer Uprising*, University of California Press, 1987.

Esherick, Joseph W. and Rankin, Mary Backus, *Chinese Local Elites and Patterns of Dominance*, University of California Press, 1990.

Fairbank, John K. , *The Cambridge History of China: Volume 10: Late Ch'ing 1800-1911, Part 1*, Cambridge University Press, 1978.

Fairbank, John K. and Liu, Kwang-Ching eds. , *The Cambridge History of China: Volume 11: Late Ch'ing, 1800-1911, Part 2*, Cambridge University Press, 1980.

Fei, Hsiao-Tung, *China's Gentry: Essays on Rural-Urban Relations*, The University of Chicago

Press, 1980.

Feuerwerker, Albert, *State and Society in Eighteenth-Century China: The Ch'ing Empire in Its Glory*, University of Michigan Center for Chinese Studies, 1976.

Finnane, Antonia, *Speaking of Yangzhou: A Chinese City, 1550-1850*, Harvard University Asia Center, 2004.

Freedman, Maurice, *Lineage Organisation in South-Eastern China*, Athlone Press, 1958.

Ho, Ping-ti, *The Ladder of Success in Imperial China: Aspects of Social Mobility, 1368-1911*, Columbia University Press, 1962.

Goldman, Andrea, *Opera and the City: The Politics of Culture in Beijing, 1770-1900*, Stanford University Press, 2012.

Grantham, A. E., *A Manchu Monarch: An Interpretation of Chia Ch'ing*, University Publication of America, 1976.

Gray, Jack, *Rebellions and Revolutions: China from the 1800s to the 1980s*, Oxford University Press, 1990.

Grieder, Jerome B., *Intellectuals and the State in Modern China: A Narrative History*, Free Press, 1981.

Guy, R. Kent, *Qing Governors and Their Provinces: The Evolution of Territorial Administration in China, 1644-1796*, University of Washington Press, 2010.

Halsey, Stephen R., *Quest for Power: European Imperialism and the Making of Chinese Statecraft*, Harvard University Press, 2015.

Han, Seunghyun, *After the Prosperous Age: State and Elites in Early Nineteenth-Century Suzhou*, Harvard University Asia Center, 2016.

Hegel, Robert E., *True Crimes in Eighteenth-Century China: Twenty Case Histories*, University of Washington Press, 2009.

Hobsbawm, E., *Primitive Rebels*, W. W. Norton & Company, 1959.

Hsiao, Kung Chuan, *Rural China: Imperial Control in the Nineteenth Century*, University of Washington Press, 1960.

Huang, Martin, *Literati and Self-Re/Presentation: Autobiographical Sensibility in the Eighteenth-Century Chinese Novel*, Stanford University Press, 1995.

Hummel, Arthur W. ed., *Eminent Chinese of the Ch'ing Period (1644-1912): Volume 2*, United States Government Printing Office, 1944.

Hung, Ho-Fung, *Protest With Chinese Characteristics: Demonstrations, Riots, and Petitions in the Mid-Qing Dynasty*, Columbia University Press, 2011.

Hymes, Robert P., *Statesmen and Gentlemen: The Elite of Fu-Chou Chiang-Hsi, in Northern and

Southern Sung, Cambridge University Press, 1996.

Man-Cheong, Iona, *The Class of 1761: Examinations, States, and Elites in Eighteenth-Century China*, Stanford University Press, 2004.

Jaap van Ginneken, *Collective Behavior and Public Opinion: Rapid Shifts in Opinion and Communication*, Routledge, 2003.

Jones, William C. Cheng Tianguan and Jiang Yonglin, *The Great Qing Code*, Clarendon Press, 1994.

Judge, Joan, *Print and Politics: "Shibao" and the Culture of Reform in Late Qing China*, Stanford University Press, 1996.

Kahn, Harold L., *Monarchy in the Emperor's Eyes: Image and Reality in the Ch'ien-Lung Reign*, Harvard University Press, 1971.

Keenan, Barry C., *Imperial China's Last Classical Academies: Social Changes in the Lower Yangzi, 1864-1911*, California University Press, 1994.

Koh, Khee Heong, *A Northern Alternative: Xue Xuan (1389-1464) and the Hedong School*, Harvard University Asia Center, 2011.

Kuhn, Philip A., *Rebellion and Its Enemies in Late Imperial China, Militarization and Social Structure, 1796-1864*, Harvard University Press, 1970.

Kutcher, Norman, *Mourning in Late Imperial China: Filial Piety and the State*, Cambridge University Press, 1999.

Kwan Man Bun, *The Salt Merchants of Tianjin: State-Making and Civil Society in Late Imperial China*, University of Hawai'i Press, 2001.

Lee, Sukhee, *Negotiated Power: The State, Elites, and Local Governance in Twelfth-to Fourteenth-Century China*, Harvard University Asia Center, 2014.

Leonard, Jane, *Controlling From Afar: The Daoguang Emperor's Management of the Grand Canal Crisis, 1824-1826*, Center for Chinese Studies, University of Michigan, 1996.

Mackinnon, Stephen R., *Power and Politics in Late Imperial China: Yuan Shi-Kai in Beijing and Tianjin, 1901-1908*, University of California Press, 1981.

Mary Backus Rankin, *Elite Activism and Political Transformation in China: Zhejiang Province, 1865-1911*, Stanford University Press, 1986.

McMahon, Daniel, *Rethinking the Decline of China's Qing Dynasty: Imperial Activism and Borderland Management at the Turn of the Nineteenth Century*, Routledge, 2014.

Danton, George H., *The Culture Contacts of the United States and China: The Earliest Sino-American Culture Contacts, 1784-1844*, Columbia University Press, 1931.

Menzel, Johanna M. ed., *The Chinese Civil Service; Career Open to Talent?* D. C. Heath and Company, 1966.

Meyer-Fong, Tobie, *Building Culture in Early Qing Yangzhou*, Stanford University Press, 2003.

Meyer-Fong, Tobie, *What Remains: Coming to Terms With Civil War in 19th Century China*, Stanford University Press, 2013.

Miles, Steven B. , *The Sea of Learning: Mobility and Identity in Nineteenth-Century Guangzhou*, Harvard University Asia Center, 2006.

Min, Tu-Ki, *National Polity and Local Power: The Transformation of Late Imperial China*, Harvard University Asia Center, 1989.

Miyazaki, Ichisada, *China's Examination Hell: The Civil Service Examinations of Imperial China*, John Weatherhill, 1976.

Mote, Frederick W. , *Imperial China 900-1800*, Harvard University Press, 1999.

Chang Woei Ong, *Men of Letters Within the Passes: Guanzhong Literati in Chinese History, 907-1911*, Harvard University Asia Center, 2008.

Park, Robert E. and Burgess, E. W. , *Introduction to the Science of Sociology*, University of Chicago Press, 1921.

Perdue, Peter C. , *Exhausting the Earth: State and Peasant in Hunan, 1500-1850*, Harvard University Asia Center, 1987.

Perry, Elizabeth, *Rebels and Revolutionaries in North China, 1845-1945*, Stanford University Press, 1980.

Perry, Elizabeth J. , *Shanghai on Strike: The Politics of Chinese Labor*, Stanford University Press, 1993.

Perry, Elizabeth J. , *Challenging the Mandate of Heaven: Social Protest and State Power in China*, M. E. Sharpe, 2002.

Perry, Elizabeth J. and Selden, Mark eds. , *Chinese Society: Change, Conflict and Resistance*, Routledge, 2003.

Peterson, Willard J. ed. , *The Cambridge History of China, Vol. 9: The Ch'ing Dynasty , Part 1: To 1800*, Cambridge University Press, 2002.

Nathan, Andrew J. , Rawski, Evelyn S. and Johnson, David, *Popular Culture in Late Imperial China*, University of California Press, 1985.

Remer, C. F. , *A Study of Chinese Boycotts*, The Johns Hopkins Press, 1933.

Tong, James, *Disorder Under Heaven: Collective Violence in the Ming Dynasty*, Stanford University Press, 1991.

Rowe, William T. , *Hankow: Commerce and Society in a Chinese City, 1796-1889*, Stanford University Press, 1984.

Rowe, William T., *Hankow: Conflict and Community in a Chinese City, 1796-1895*, Stanford University Press, 1989.

Rowe, William T., *Saving the World: Chen Hongmou and Elite Consciousness in Eighteenth-Century China*, Stanford University Press, 2002.

Rowe, William T., *Crimson Rain: Seven Centuries of Violence in a Chinese County*, Stanford University Press, 2006.

Rowe, William T., *China's Last Empire: The Great Qing*, Belknap Press, 2009.

Rowe, William T., *Speaking of Profit: Bao Shichen and Reform in Nineteenth-Century China*, Harvard University Asia Center, 2018.

Sarason, Seymour Bernard, *The Psychological Sense of Community: Prospects for a Community Psychology*, Jossey-Bass Inc. Pub., 1974.

Schrecker, John E., *The Chinese Revolution in Historical Perspective*, 2nd Edition, Greenwood Publishing Group, 2004.

Skinner, William, *The City in Late Imperial China*, Stanford University Press, 1977.

Smelser, Neil J., *Theory of Collective Behavior*, Academic Press, 1981.

Smith, George, *A Narrative of an Exploratory Visit to Each of the Consular Cities of China, and to the Islands of Hong Kong and Chusan: In Behalf of the Church Missionary Society, in the Years 1844, 1845, 1846*, Seeley, Burnside & Seeley, 1847.

Sommer, Matthew H., *Sex, Law, and Society in Late Imperial China*, Stanford University Press, 2000.

Spence, Jonathan D., *The Search for Modern China*, W. W. Norton & Company, 1991.

Naquin, Susan, *Shantung Rebellion: The Wang Lun Uprising of 1774*, Yale University Press, 1981.

Thornton, Patricia M., *Disciplining the State: Virtue, Violence, and State-Making in Modern China*, Harvard University Press, 2007.

Tilly, Richard, Tilly and Charles, Tilly, Louise, *The Rebellious Century, 1830-1930*, Harvard University Press, 1975.

Tilly, Charles, *From Mobilization to Revolution*, Addison-Wesley, 1978.

Richard von Glahn, *The Economic History of China: From Antiquity to the Nineteenth Century*, Cambridge University Press, 2016.

Wakeman, Frederic and Grant, Carolyn eds., *Conflict and Control in Late Imperial China*, University of California Press, 1975.

Wakeman, Frederic, *The Great Enterprise: The Manchu Reconstruction of Imperial Order in Seventeenth-Century China*, University of California Press, 1985.

Wakeman, Frederic, *Strangers at the Gate: Social Disorder in South China, 1839-1861*, University of California Press, 1997.

Wang, David Der-Wei and Shang Wei, *Dynastic Crisis and Cultural Innovation: From the Late Ming to the Late Qing and Beyond*, Harvard University Asia Center, 2005.

Wang, Wensheng, *White Lotus Rebels and South China Pirates: Crisis and Reform in the Qing Empire*, Harvard University Press, 2014.

Watt, John R., *The District Magistrate in Late Imperial China*, Columbia University Press, 1972.

Weerdt, Hilde De, *Competition Over Content: Negotiating Standards for the Civil Service Examinations in Imperial China (1127–1279)*, Harvard University Asia Center, 2007.

Wei, Betty Peh-T'i, *Ruan Yuan, 1764–1849: The Life and Work of a Major Scholar-Official in Nineteenth-Century China Before the Opium War*, Hong Kong University Press, 2006.

Westad, Odd Arne, *Restless Empire: China and the World Since 1750*, Basic Books, 2012.

Will, Pierre-Etienne, *Bureaucracy and Famine in Eighteenth-Century China*, Stanford University Press, 1990.

Wong, R. Bin, *China Transformed: Historical Change and the Limits of European Experience*, Cornell University Press, 1997.

Wright, Mary C., *The Last Stand of Chinese Conservatism: The T'ung-Chih Restoration, 1862–1874*, Stanford University Press, 1957.

Wu, Silas H. L., *Communication and Imperial Control in China: Evolution of the Palace Memorial System, 1693–1735*, Harvard University Press, 1970.

Zelin, Madeleine, *The Merchants of Zigong: Industrial Entrepreneurship in Early Modern China*, Columbia University Press, 2006.

Zelin, Madeleine, *The Magistrate's Tael: Rationalizing Fiscal Reform in Eighteenth-Century Ch'ing China*, University of California Press, 1992.

3. 日文专著

［日］岸本美绪:《明清交替と江南社会——十七世纪中国の秩序问题》，东京大学出版社1999年版。

［日］安野省三:《明清史散论》，汲古书院2013年版。

［日］并木頼寿、井上裕正:《中华帝国の危机》，中央公论社1997年版。

［日］宫崎市定:《雍正帝：中国の独裁君主》，中央公论社1996年版。

［日］谷川道雄、森正夫:《中国民众叛乱史》，平凡社1983年版。

［日］古尾宽编:《民众反乱と中华世界——新しい中国史像の构筑に向けて》，汲古书院2012年版。

［日］吉泽诚一郎:《爱国主义の创成ナショナリズムから近代中国をみる》，岩波新书2003年版。

［日］吉泽诚一郎：《清朝と近代世界 19 世纪》，岩波新书 2010 年版。
［日］菊池秀明：《清代中国南部の社会变容と太平天国》，汲古书院 2008 年版。
［日］千叶正史：《近代交通体系と清帝国の变貌——电信铁道ネットワークの形成と中国国家统合の变容》，日本经济评论社 2006 年版。
［日］石桥秀雄编：《清代中国的若干问题》，山东画报出版社 2011 年版。
［日］小林一美：《中华世界の国家と民众》（下卷），汲古书院 2008 年版。
［日］佐藤慎一：《近代中国の知识人と文明》，东京大学出版社 1996 年版。

4. 中文文章

［美］艾尔曼：《科举考试与帝制中国晚期的政治、社会与文化》，载张聪、姚平主编：《当代西方汉学研究集萃·思想文化史卷》，上海古籍出版社 2012 年版。

［日］岸本美绪：《冒捐冒考诉讼与清代地方社会》，载邱澎生、陈熙远编：《明清法律运作中的权力与文化》，联经出版事业股份有限公司 2009 年版。

［日］岸本美绪：《论清代户部银库黄册》，载［日］石桥秀雄编，杨宁一、陈涛译：《清代中国的若干问题》，山东画报出版社 2011 年版。

［日］岸本美绪：《明清时代的身份感觉》，载［日］森正夫等编，周绍泉等译：《明清时代史的基本问题》，商务印书馆 2013 年版。

白新良：《康熙朝奏折和来华西方传教士》，载《南开学报》2003 年第 1 期。

卜永坚：《史料介绍——〈新安客籍例案录〉》，载《田野与文献：华南研究资料中心通讯》2010 年第 58 期。

［美］步德茂：《18 世纪山东的杀害亲人案件：贫穷、绝望与讼案审理中的政治操作》，载邱澎生、陈熙远编：《明清法律运作中的权力与文化》，联经出版事业股份有限公司 2009 年版。

常建华：《士习文风：清代的科举考试与移风易俗——以〈乾隆中晚期科举考试史料〉为中心》，载《史林》2008 年第 2 期。

陈国栋：《哭庙与焚儒服——明末清初生员层的社会性动作》，载《新史学》1992 年第 1 期。

陈开科：《失败的使团与失败的外交——嘉庆十年中俄交涉述论》，载《近代史研究》2011 年第 4 期。

陈雯怡：《从朝廷到地方——元代去思碑的大盛与应用场域的转移》，载《台大历史学报》2014 年第 54 期。

陈志学、徐学初：《帝国基石之蚀：清代绅衿阶层流氓化趋向论析》，载《中华文化论坛》2011 年第 4 期。

戴建兵、靳志雄：《清代朝廷与府县的关系——以乾隆与正定府为中心的探究》，载《湖湘论坛》2013 年第 4 期。

范金民:《鼎革与变迁:明清之际江南士人行为方式的转向》,载《清华大学学报(哲学社会科学版)》2010 年第 2 期。

冯玉荣:《明伦、公议、教化——明末清初明伦堂与江南地方社会》,载《史林》2008 年第 2 期。

[日]夫马进:《晚明杭州的城市改革和民变》,载[美]林达·约翰逊主编,成一农译:《帝国晚期的江南城市》,上海人民出版社 2005 年版。

付庆芬:《清初"江南奏销案"补证》,载《江苏社会科学》2004 年第 1 期。

龚咏梅:《孔飞力清史研究述略》,载朱政惠编:《中国学者论美国中国学》,上海辞书出版社 2008 年版。

郭成康:《帝王心理与文字狱》,载《寻根》2003 年第 2 期。

[韩]韩承贤著,廖振旺译:《文治下的抗议:嘉庆四年苏州士人的集体抗议与皇帝的反应》,载《"中央研究院"近代史研究所集刊》2012 年第 75 期。

和卫国:《乾隆朝钱塘江海塘工程经费问题研究——兼论十八世纪清朝政府职能的全面加强》,载《清史研究》2009 年第 3 期。

何瑜:《晚清中央集权体制变化原因再析》,载《清史研究》1992 年第 1 期。

贺晓燕:《清代生童罢考、闹考、阻考之风述评》,载《探索与争鸣》2009 年第 8 期。

胡维革、郑权:《文化冲突与反洋教斗争——中国近代"教案"的文化透视》,载《东北师大学报》1996 年第 1 期。

黄明光:《明代科举制度研究》,浙江大学 2005 年博士学位论文。

霍红伟:《化民与从俗——国家与社会中的清代生员》,载《河北师范大学学报(哲学社会科学版)》2013 年第 3 期。

[美]姜士彬:《明清社会的信息沟通方式、阶级与意识》,载张聪、姚平主编:《当代西方汉学研究集萃·思想文化史卷》,上海古籍出版社 2012 年版,第 277—322 页。

李诚:《从"千里长堤"兴修看清代社会权力的转移》,载《河北大学学报(哲学社会科学版)》2015 年第 2 期。

[美]李榭熙:《清代地方史:权力、动乱与网络——1990 年以来以英语发表的清史著作综述之六》,载国家清史编纂委员会编译组:《清史译丛(第三辑)》,中国人民大学出版社 2005 年版。

[新加坡]李焯然:《从清谈到经世:晚明思想变迁的再检讨》,载《学海》2010 年第 3 期。

梁洪生:《从"异民"到"怀远"——以"怀远文献"为重心考察雍正二年宁州移民要求入籍和土著罢考事件》,载张建民主编:《10 世纪以来长江中游区域环境、经济与社会变迁》,武汉大学出版社 2008 年版。

卢仲维:《乡绅与反洋教运动》,载《近代史研究》1986 年第 1 期。

[美] 罗威廉著，师江然译：《乾嘉变革在清史上的重要性》，载《清史研究》2012 年第 3 期。

罗艳春：《教育、族群与地域社会——清中叶江西万载书院初考》，载常建华主编：《中国社会历史评论》（第七卷），天津古籍出版社 2006 年版。

吕实强：《重庆教案》，载《"中央研究院"近代史研究所集刊》1972 年第 3 期。

马俊亚：《被妖魔化的群体——清中期江南基层社会中的"刁生劣监"》，载《清华大学学报（哲学社会科学版）》2013 年第 6 期。

[美] 倪德卫：《反抗传统与传统的反抗》，载张聪、姚平主编：《当代西方汉学研究集萃·思想文化史卷》，上海古籍出版社 2012 年版。

牛贯杰：《从"守望相助"到"吏治应以团练为先"——由团练组织的发展演变看国家政权与基层社会的互动关系》，载《中国农史》2004 年第 1 期。

[美] 彭慕兰：《对帝制晚期中国经济的反思：1730 年前后—1930 年间的发展、崩解和衰退》，载单国钺主编：《当代西方汉学研究集萃·中古史卷》，上海古籍出版社 2012 年版。

彭雨新：《清末中央与各省财政关系》，载李定一、包遵彭、吴相湘编纂：《中国近代史论丛——政治》（第二辑第五册），正中书局 1963 年版。

邱捷：《知县与地方士绅的合作与冲突——以同治年间的广东省广宁县为例》，载《近代史研究》2006 年第 1 期。

瞿同祖：《清律的继承和变化》，载《历史研究》1980 年第 4 期。

唐晓涛：《客商与地方土著的冲突与调适——清初至太平天国前浔州府社会面貌探讨》，载《厦门大学学报（哲学社会科学版）》2013 年第 1 期。

汤光龙：《道光朝捐监之统计》，载汤象龙：《中国近代财政经济史论文选》，西南财经大学出版社 1987 年版。

汤象龙：《鸦片战争前夕中国的财政制度》，载汤象龙：《中国近代财政经济史论文选》，西南财经大学出版社 1987 年版。

王鸿泰：《明清的士人生活与文人文化》，载邱仲麟主编：《中国史新论：生活与文化分册》，联经出版事业股份有限公司 2013 年版。

王学深：《"凌辱斯文"与清代生员群体的反抗——以罢考为中心》，载《清史研究》2016 年第 1 期。

王学深：《评 Seunghyun Han After the Prosperous Age: State and Elites in Early Nineteenth-Century Suzhou（盛世之后：十九世纪初苏州地方士绅与国家）》，载《汉学研究》2017 年第 35 卷第 1 期。

王学深：《清前期基层管控视域下的科场罢考案与律法适用》，载《清史研究》2022 年第 2 期。

王一娜：《晚清珠三角地区公约、公局的缘起及初期演变》，载《广东社会科学》2011年第6期。

王跃生：《清代生监的社会功能初探》，载《社会科学辑刊》1988年第4期。

巫仁恕：《明清江南东岳神信仰与城市群众的集体抗议——以苏州民变为讨论中心》，载李孝悌编著：《中国的城市生活》，联经出版事业股份有限公司2005年版，第149—206页。

巫仁恕：《从抗议到陈情：新型群众集体行动的兴起与清朝官府的对应》，载邹振环、黄敬斌执行主编：《明清以来江南城市发展与文化交流》，复旦大学出版社2011年版。

吴密：《"汉奸"考辩》，载《清史研究》2010年第4期。

吴琦、肖丽红：《清代漕粮征派中的官府、绅衿、民众及其利益纠葛——以清代抗粮事件为中心的考察》，载《中国社会经济史研究》2008年第2期。

吴艳红：《试论明代中后期生员的司法参与》，载柳立言主编：《性别、宗教、种族、阶级与中国传统司法》，"中央研究院"历史语言研究所2013年版。

谢宏维、张研：《清中晚期至民国时期江西万载的土客冲突与国家应对》，载《江西社会科学》2004年第2期。

徐祖澜：《乡绅之治与国家权力——以明清时期中国乡村社会为背景》，载《法学家》2010年第6期。

杨歌：《学额纷争、移民族群和法律实践：以嘉庆朝广东新安县和江西万载县为例》，载《杭州师范大学学报（社会科学版）》2013年第2期。

杨国安：《控制与自治之间：国家与社会互动视野下的明清乡村秩序》，载《光明日报》2012年11月29日，第11版。

[英]马克·埃尔文：《市镇与水道：1480—1910年的上海县》，载[美]施坚雅主编，叶光庭等译：《中华帝国晚期的城市》，中华书局2000年版。

易名：《"哭庙"辨》，载《学术研究》1983年第5期。

余彦文、赵瑞群：《近代黄州府贡院生员闹考事件述略》，载《黄冈师专学报》1999年第1期。

余子明：《清末地方自治与城市近代化》，载《人文杂志》1998年第3期。

袁行云：《清乾隆间扬州官修戏曲考》，收录于中国社会科学院历史研究所编：《古史文存》（明清卷下册），社会科学文献出版社2004年版。

张德昌：《清代鸦片战争前之中西沿海通商》，载《清华大学学报（自然科学版）》1935年第1期。

张德顺：《江南士人群体与太平天国文化冲突述论》，载《人文杂志》2002年第1期。

张玉芬：《论嘉庆初年的"咸与维新"》，载《清史研究》1992年第4期。

赵鼎新：《西方社会运动与革命理论发展之述评——站在中国的角度思考》，载《社会学研究》2005年第1期。

周慧惠:《嘉庆间鄞县童生罢考事件考》,载天一阁博物馆编:《科举与科学文献国际学术研讨会论文集》(下册),上海书店出版社 2011 年版。

周蓓、张研:《清代基层社会聚众案件的量化分析》,载《学术界》2012 年第 1 期。

周蓓:《清代社会控制机制的立法考察——以基层社会聚众案件为中心》,载《中州学刊》2013 年第 8 期。

周向阳:《清代应对"群体性事件"的立法研究》,载《求索》2010 年第 2 期。

5. 英文文章

Antony, Robert J., "Subcounty Officials, the State, and Local Communities in Guangdong Province, 1644–1860", in Antony, Robert J. and Leonard, Jane Kate eds., *Dragons, Tigers, and Dogs: Qing Crisis Management and the Boundaries of State Power in Late Imperial China*, Cornell University East Asia Program, 2002, pp. 27–60.

Barr, Allan, "Pu Songling and the Qing Examination System", *Late Imperial China*, Vol. 7, No. 1, 2011, pp. 87–111.

Brokaw, Cynthia, "Commercial Woodblock Publishing in the Qing (1644–1911) and the Transition to Modern Print Technology", in Brokaw, Cynthia and Reed, Christopher A. eds., *From Woodblocks to the Internet: Chinese Publishing and Print Culture in Transition, Circa 1800 to 2008*, Brill, 2010, pp. 39–58.

Chamberlain, Heath B., "On the Search for Civil Society in China", *Modern China*, Vol. 19, No. 2, 1993, pp. 199–215.

Chang, Wen-jen, "Legal Education in Ch'ing China", in Elman, Benjamin A. and Woodside, Alexander, *Education and Society in Late Imperial China, 1600–1900*, University of California Press, 1994, pp. 292–339.

Chow, Kai-Wing, "Discourse, Examination, and Local Elite: The Invention of the T'ung-ch'eng School in Ch'ing China", in Elman, Benjamin A. and Woodside, Alexander, *Education and Society in Late Imperial China, 1600–1900*, University of California Press, 1994, pp. 183–219.

Elman, Benjamin A., "Political, Social, and Cultural Reproduction Via Civil Service Examinations in Late Imperial China", *The Journal of Asian Studies*, Vol. 50, No. 1, 1991, pp. 7–28.

Elman, Benjamin A., "Changes in Confucian Civil Service Examinations from the Ming to the Ch'ing Dynasty", in Elman, Benjamin A. and Woodside, Alexander, *Education and Society in Late Imperial China, 1600–1900*, University of California Press, 1994, pp. 111–149.

Feuchtwang, Stephan, "School-Temple and City God", in Skinner, William, *The City in Late Imperial China*, Stanford University Press, 1977, pp. 581–608.

Guy, Kent. R., "Quotidian Cosmopolitanism in Qing Provincial Government", in Ming Hui Hu and Johan Elverskog eds., *Cosmopolitanism in China*, *1600-1950*, Cambria Press, 2016, pp. 51-87.

Han, Seunghyun, "The Punishment of Examination Riots in the Early to Mid-Qing Period", *Late Imperial China*, Vol. 32, No. 2, 2011, pp. 133-165.

Han, Seunghyun, "Changing Roles of Local Elites from the 1720s to the 1830s", in Peterson, Willard J. ed., *The Cambridge History of China: Volume 9: The Ch'ing Dynasty to 1800*, Part 2, Cambridge University Press, 2016, pp. 650-701.

Hartwell, Robert M., "Demographic, Political, and Social Transformations of China, 750-1550", *Harvard Journal of Asiatic Studies*, Vol. 42, No. 2, 1982, pp. 365-442.

Hung, Ho-Fung, "Cultural Strategies and the Political Economy of Protest in Mid-Qing China, 1740-1839", *Social Science History*, Vol. 33, No. 1, 2009, pp. 75-115.

Huang, Philip C. C., "'Public Sphere' / 'Civil Society' in China?: The Third Realm Between State and Society", *Modern China*, Vol. 19, No. 2, 1993, pp. 216-240.

Hymes, Robert, *Prominence and Power in Sung China: The Local Elite of Fu-chou, Chiang-Hsi*, Dissertation from the University of Pennsylvania, 1979.

Johnson, Daivd, "Communication, Class, and Consciousness in Late Imperial China", in Nathan, Andrew J., Rawski, Evelyn S. and Johnson, David, *Popular Culture in Late Imperial China*, University of California Press, 1985, pp. 34-72.

Jones, Susan Mann and Kuhn, Philip A., "Dynastic Decline and the Roots of Rebellion", in John K. Fairbank ed., *The Cambridge History of China: Volume 10: Late Ch'ing 1800-1911*, Part 1, Cambridge University Press, 1978, pp. 116-119.

Keenan, Barry, "Lung-Men Academy in Shanghai and the Expansion of Kiangsu's Educated Elite, 1865-1911", in Elman, Benjamin A. and Woodside, Alexander, *Education and Society in Late Imperial China*, *1600-1900*, University of California Press, 1994, pp. 493-524.

Kobayashi, Kazumi, "The Other Side of Rent and Tax Resistance Struggles: Ideology and the Road to Rebellion", in Linda Grove and Christian Daniels eds., *State and Society in China: Japanese Perspectives on Ming-Qing Social and Economic History*, University of Tokyo Press, 1984, pp. 215-243.

Kracke, Edward A., "Family vs. Merit in Chinese Civil Service Examinations Under the Empire", *Harvard Journal of Asiatic Studies*, Vol. 10, No. 2, 1947, pp. 103-123.

Kracke, Edward A., "Region, Family and Individual in the Chinese Examination System", in Fairbank, John K. ed., *Chinese Thought and Institutions*, University of Chicago Press, 1957, pp. 258-260.

Lee, Leo Ou-Fan and Nathan, Andrew J., "The Beginnings of Mass Culture: Journalism and Fiction in the Late Ch'ing and Beyond", in Nathan, Andrew J., Rawski, Evelyn S. and Johnson, David, *Popular Culture in Late Imperial China*, University of California Press, 1985, pp. 360–395.

Leonard, Jane Kate, "Negotiating Across the Boundaries of State Power: Organizing the 1826 Sea Transport Experiment", in Antony, Robert J. and Leonard, Jane Kate eds., *Dragons, Tigers, and Dogs: Qing Crisis Management and the Boundaries of State Power in Late Imperial China*, Cornell University East Asia Program, 2002, pp. 183–212.

Leung, Angela Ki Che, "Elementary Education in the Lower Yangtze Region in the Seventeenth and Eighteenth Centuries", in Elman, Benjamin A. and Woodside, Alexander eds., *Education and Society in Late Imperial China, 1600–1900*, University of California Press, 1994, pp. 381–416.

Leung, Philip Yuen-Sang, " Crisis Management and Institutional Reform: The Expectant Officials in the Late Qing", in Antony, Robert J. and Leonard, Jane Kate eds., *Dragons, Tigers, and Dogs: Qing Crisis Management and the Boundaries of State Power in Late Imperial China*, Cornell University East Asia Program, 2002, pp. 61–78.

Lojewski, Frank A., "Local Reform and Its Opponents: Feng Kuei-Fen's Struggle for Equality in Taxation", in Cohen, Paul A. and Schrecker, John E. eds., *Reform in Nineteenth-Century China*, Harvard University Asia Center, 1976, pp. 128–136.

Madsen, Richard, "The Public Sphere, Civil Society and Moral Community: A Research Agenda for Contemporary China Studies", *Modern China*, Vol. 19, No. 2, 1993, pp. 183–198.

Mann, Susan Jones, "Merchant Investment, Commercialization, and Social Change in the Ningpo Area", in Cohen, Paul A. and Schrecker, John E. eds., *Reform in Nineteenth-Century China*, Harvard University Asia Center, 1976, pp. 41–48.

Mary Backus Rankin, "Local Reform Currents in Chekiang Before 1900", in Cohen, Paul A. and Schrecker, John E. eds., *Reform in Nineteenth-Century China*, Harvard University Asia Center, 1976, pp. 221–230.

Mary Backus Rankin, " 'Public Opinion' and Political Power: Qingyi in Late Nineteenth Century China", *The Journal of Asian Studies*, Vol. 41, No. 3, 1982, pp. 453–484.

Mary Backus Rankin, "Some Observations on a Chinese Public Sphere", *Modern China*, Vol. 19, No. 2, 1993, pp. 158–182.

Mary Backus Rankin, "Managed by the People: Officials, Gentry, and the Foshan Charitable Granary, 1795–1845", *Late Imperial China*, Vol. 15, No. 2, 1994, pp. 1–52.

McMahon, Daniel, "Dynastic Decline, Heshen, and the Ideology of the Xianyu Reforms", *Tsing Hua Journal of Chinese Studies*, New Series, Vol. 38, No. 2, 2008, pp. 231–255.

Mosca, Matthew, "The Literati Rewriting of China in the Qianlong-Jiaqing Transition", *Late Imperial China*, Vol. 32, No. 2, 2011, pp. 89-134.

Mote, Frederick W., "The Intellectual Climate in Eighteenth-Century China", in Ju-Hsi Chou and Claudia Brown eds., *Chinese Painting Under the Qianlong Emperor*, Art Media Resources Ltd, 1999, pp. 33-55.

Nivison, David S., "Protest Against Conventions and Conventions of Protest", in Arthur F. Wright, *The Confucian Persuasion*, Stanford University Press, 1960, pp. 177-201.

Ocko, Jonathan, "Gentry Official Conflict in the Restoration KiangSu Countryside", in Cohen, Paul A. and Schrecker, John E. eds., *Reform in Nineteenth-Century China*, Harvard University Asia Center, 1976, pp. 215-216.

Perdue, Peter C., "Insiders and Outsiders: The Xiangtan Riot of 1819 and Collective Action in Hunan", *Modern China*, Vol. 12, No. 2, 1986, pp. 166-201.

Polachek, James, "Gentry Hegemony: Soochow in the T'ung-Chih Restoration", in Wakeman, Frederic and Grant, Carolyn eds., *Conflict and Control in Late Imperial China*, University of California Press, 1975, pp. 211-256.

Polachek, James, "Reform at the Local and Provincial Level", in Cohen, Paul A. and Schrecker, John E. eds., *Reform in Nineteenth-Century China*, Harvard University Asia Center, 1976, pp. 211-214.

Rowe, William T., "The Problem of 'Civil Society' in Late Imperial China", *Modern China*, Vol. 19, No. 2, 1993, pp. 139-157.

Rowe, William T., "Introduction: The Significance of the Qianlong-Jiaqing Transition in Qing History", *Late Imperial China*, Vol. 32, No. 2, 2011, pp. 74-88.

Schoppa, R. Keith, "Dike Building and Repair in the Three-River Microregion 1686-1926: Patterns in Practical Governance", in Antony, Robert J. and Leonard, Jane Kate eds., *Dragons, Tigers, and Dogs: Qing Crisis Management and the Boundaries of State Power in Late Imperial China*, Cornell University East Asia Program, 2002, pp. 129-153.

Shigeta, Atsushi, "The Origins and Structure of Gentry Rule", in Grove, Linda and Daniels, Christian eds., *State and Society in China: Japanese Perspectives on Ming-Qing Social and Economic History*, University of Tokyo Press, 1984, pp. 335-385.

Naquin, Susan, "The Transmission of White Lotus Sectarianism in Late Imperial China", in Nathan, Andrew J., Rawski, Evelyn S. and Johnson, David, *Popular Culture in Late Imperial China*, University of California Press, 1985, pp. 255-291.

Tanaka, Masatoshi, "Popular Uprisings, Rent Resistance, and Bond Servant Rebellion in the Late Ming", in Grove, Linda and Daniels, Christian eds., *State and Society in China: Japanese Perspectives on Ming-Qing Social and Economic History, University of Tokyo Press, 1984, pp. 165-214.

Thompson, Roger, "Statecraft and Self-Government: Competing Visions of Community and State in Late Imperial China", *Modern China*, Vol. 14, No. 2, 1988, pp. 188-221.

Wakeman, Frederick, "Introduction: The Evolution of Local Control in Late Imperial China", in Wakeman, Frederic and Grant, Carolyn eds., *Conflict and Control in Late Imperial China*, University of California Press, 1975, pp. 1-25.

Wakeman, Frederick, "Rebellion and Revolution: The Study of Popular Movements in Chinese History", *The Journal of Asian Studies*, Vol. 36, No. 2, 1977, pp. 201-237.

Wakeman, Frederick, "The Civil Society and Public Sphere Debate: Western Reflections on Chinese Political Culture", *Modern China*, Vol. 19, No. 2, 1993, pp. 108-138.

Waley-Cohen, Joanna, "The Stranger Paths of Banishment: Exile to the Xinjiang Frontier in Mid-Qing China", PhD dissertation, Yale University, 1987.

Wang Fan-Sen, "Political Pressures on the Cultural Sphere in the Ch'ing Period", in Peterson, Willard J. ed., *The Cambridge History of China: Volume 9: The Ch'ing Dynasty to 1800*, Part 2, Cambridge University Press, 2016, pp. 606-648.

Wong, R. Bing, "Food Riots in the Qing Dynasty", *The Journal of Asian Studies*, Vol. 41, No. 4, 1982, pp. 767-788.

Woodside, Alexander, "State, Scholars, and Orthodoxy, the Ch'ing Academies, 1736-1839", in Liu, Kwang-Ching ed., *Orthodoxy in Late Imperial China*, University of California Press, 1990, pp. 158-186.

Yang, C. K., "Some Preliminary Statistical Patterns of Mass Actions in Nineteenth-Century China", in Wakeman, Frederic and Grant, Carolyn eds., *Conflict and Control in Late Imperial China*, University of California Press, 1975, pp. 174-210.

Yuan, Tsing, "Urban Riots and Disturbances", in Jonathan D. Spence and John E. Wills eds., *From Ming to Ch'ing: Conquest, Region, and Continuity in Seventeenth-Century China*, Yale University Press, 1979, pp. 279-312.

Zheng, Xiaowei, "Loyalty, Anxiety, and Opportunism: Local Elite Activism During the Taiping Rebellion in Eastern Zhejiang, 1851-1864", *Late Imperial China*, Vol. 30, No. 2, 2009, pp. 39-83.

6. 日文论文

［日］滨岛敦俊：《明清江南城隍考》，收入唐代史研究会编：《中国都市历史的研究》，刀水书房1988年版。

［日］滨岛敦俊：《从「民望」到「乡绅」——十六、十七世纪的江南士大夫》，收录于

《大阪大学文学院文学研究科纪要》第 41 卷，2000 年。
［日］夫马进：《明末反地方官士变》，载《东方学报》52（创立五十周年记念论集），1980 年。
［日］夫马进：《明末反地方官士变补论》，载《富山大学人文学部纪要》1980 年。
［日］宫崎市定：《明清苏松地方の士大夫と民众——明代史素描の试み》，载《史林》第 37 卷第 3 号，1954 年。
［日］荒木敏一：《雍正二年の罢考事件と田文镜》，载《东洋史研究》第 15 卷第 4 号（1957 年 3 月）。
［日］金弘吉：《清代前期の罢市试论：その概観と事例考察》，载《待兼山论丛·史学篇》26，1992 年。
［日］铃木中正：《清末攘外运动の起源》，载《史学杂志》第 62 卷第 10 号，1953 年。
［日］山根幸夫：《河南省商城县の绅士层の存在形态》，载《东洋史研究》第 40 卷第 2 号（1981 年 9 月）。
巫仁恕著，［日］吉田建一郎译：《明清都市民变研究の再检讨——集合行动の角度から》，载［日］山本英史编：《近世の海域世界と地方统治》，汲古书院 2010 年版。
巫仁恕著，［日］小野泰教译：《都市の民变から辛亥革命へ》，载《辛亥革命百周年纪念论集》，岩波书店 2012 年版。
［日］中谷刚：《清代都市骚扰的形态与理论——乾隆八年の福建》，载《和田博德教授古稀纪念：明清时代的法与社会》，汲古书院 1993 年版。

参考文献

《大阪大学文学部・文学研究科纪要》第 41 卷，2001 年。

[日] 尾崎康：《宋末元初的刊记》，载《尚友书林》51（汲古书院出版发行），1980 年。

[日] 尤袤撰，阿部隆一等校补：《新编〈遂初堂书目〉人文研究所本》，1980 年。

[日] 柳田节子：《南宋期地方官吏与士人——关于胡颖的事迹》，载《宋林》第 37 卷第 2 号，1954 年。

[日] 近藤一成：《秦九韶的数学与士大夫》，载《东洋史研究》第 57 卷第 4 号，1955 年 3 月。

[日] 榎本涉：《关于宋代的市舶司，兼论其规制与舶商务》，载《青南史学史学》第 20，1992 年。

[日] 铃木中正：《宋代商业及社会经济》，载《中国政治》第 42 卷第 10 号，1931 年。

[日] 山内正博：《两南的商税及宋一元的交代过程》，载《宫崎大学教育学部纪要》第 40（社会科学），1981 年。

莫宝 著，[日] 青山定雄访：《关于宋代的社会变动——士大夫阶层的形成》，收入《山本达郎编：《从中世的东亚》，山川出版社 2010 年版。

陈景良，[日] 冈野诚校：《经中的官诉——比较法史的视点》，载《中外法学研究》年 2012 年版。

[日] 小林健太郎：《湘南地区军的经营——四川天府的地理形成》，载《和田博德教授追悼论文集：明清时代的法与社会》，东方书店 1992 年版。